法学课程群课程思政研究

郭 莉 张鸣胜 主编

东南大学出版社
SOUTHEAST UNIVERSITY PRESS
·南京·

图书在版编目（CIP）数据

法学课程群课程思政研究 / 郭莉，张鸣胜主编. —南京：东南大学出版社，2022.12
　ISBN 978-7-5766-0433-7

　Ⅰ.①法… Ⅱ.①郭… ②张… Ⅲ.①高等学校-思想政治教育-中国-文集 Ⅳ.①G641-53

中国版本图书馆 CIP 数据核字（2022）第 227733 号

法学课程群课程思政研究
Faxue Kechengqun Kecheng Sizheng Yanjiu

主　　编	郭莉　张鸣胜
出版发行	东南大学出版社
社　　址	南京市四牌楼 2 号（邮编：210096　电话：025-83793330）
网　　址	http://www.seupress.com
责任编辑	孙松茜
责任校对	子雪莲
封面设计	王　玥
责任印制	周荣虎
经　　销	全国各地新华书店
印　　刷	广东虎彩云印刷有限公司
开　　本	700mm×1000mm　1/16
印　　张	12.75
字　　数	257 千字
版　　次	2022 年 12 月第 1 版
印　　次	2022 年 12 月第 1 次印刷
书　　号	ISBN 978-7-5766-0433-7
定　　价	68.00 元

（本社图书若有印装质量问题，请直接与营销部联系。电话：025-83791830）

前 言
Preface

长期以来,思政课教学是高等学校思想政治工作主要渠道和方式之一。对于专业课教学是否也可以成为思政工作的渠道,专业课如何与思政结合,从而更好地实现教书育人的效果,是高等学校教育工作者面临的新的课题。

2016年全国高校思想政治工作会议上,习近平总书记强调"其他各门课都要守好一段渠、种好责任田,使各类课程与思想政治理论课同向同行,形成协同效应","要坚持显性教育和隐性教育相统一,挖掘其他课程和教学方式中蕴含的思想政治教育资源,实现全员全程全方位育人"。这就要求高等学校的思政工作不仅要在思政课上下功夫,也要在其他各类课程包括专业课的教学上下功夫,在专业教学过程中,协同发挥思政教育的作用。

2017年5月3日,习近平总书记考察中国政法大学并就全面依法治国、法治人才培养和青年成长成才发表重要讲话,强调:全面依法治国是一个系统工程,法治人才培养是其重要组成部分。法治人才培养上不去,法治领域不能人才辈出,全面依法治国就不可能做好。要坚持立德树人、德法兼修,培养一大批高素质法治人才。习近平总书记在肯定我国法学教育和法治人才培养成效的基础上,准确指出了存在的一些问题和不足,其中一个问题就是"有的法学教育重形式轻实效,法治人才培养重专业轻思想政治素质"。2021年12月6日,习近平总书记在中央政治局第三十五次集体学习时指出,要完善法治人才培养体系,"要把新时代中国特色社会主义法治思想落实到各法学学科的教材编写和教学工作中,推动进教材、进课堂、进头脑,努力培养造就更多具有坚定理想信念、强烈家国情怀、扎实法学根底的法治人才"。习近平总书记关于法治人才培养的系列讲话,不仅强调了法治人才培养的重要性,而且对法治人才的培养提出了政治素质和道德品质方面的更高的要求。同时,习近平总书记对法治人才的培养方式指明了方向。

2020年5月28日教育部印发实施《高等学校课程思政建设指导纲要》(以下简称《纲要》),围绕"培养什么人、怎样培养人、为谁培养人"的根本问题,系统阐释了新时代课程思政建设的目标、要求、内容等。《纲要》强调,各地各高校要切实加强课程思政建设的组织领导,因地制宜制定工作方案,健全工作机制,建立党委统一领导、教务部门牵头抓总、相关部门协同联动、院系推进落实的工作格局。《纲要》还强调:"落实立德树人根本任务,必须将价值塑造、知识传授和能力培养三者融为一体、不可割裂。全面推进课程思政建设,就是要寓价值观引导于知识传授和能力培养之中,帮助学生塑造正确的世界观、人生观、价值观,这是人才培养的应有之义,更是必备内容。"《纲要》还要求,课程思政必须结合相关专业课程,包括"经济学、管理学、法学类专业课程。要在课程教学中坚持以马克思主义为指导,加快构建中国特色哲学社会科学学科体系、学术体系、话语体系。要帮助学生了解相关专业和行业领域的国家战略、法律法规和相关政策,引导学生深入社会实践、关注现实问题,培育学生经世济民、诚信服务、德法兼修的职业素养"。

由此可见,在法治人才的培养过程中,法学课程教学不仅是一个专业教学过程,也是一个思政教育的过程。换句话说,大学法学的教育既要做经师,也要做人师,我们既要讲依法治国,也要以德育人、德法兼修,这两者都是并重的,我们不能只传授学生们法律知识,而忽视他们的思想政治素养。我们应该把法学专业课程教学与思政教育融为一体,相得益彰。

在这样的背景下,从2018年起,南京航空航天大学在全国率先举办"爱国奋斗·南航担当"系列思政公开课,举办了首届课程思政教学竞赛,成立了课程思政教学研究中心,坚持课程思政元素进教学大纲,深度融入相关教学章节中,要求课程门门有思政、教师人人讲育人,涌现出一大批课程思政教学优秀典型。2021年,南航有3门课程成为教育部课程思政示范课程、4门课程成为江苏省课程思政示范课程、2个专业被评为首批江苏省课程思政示范专业,学校被评为首批江苏省课程思政示范高校。

南京航空航天大学人文与社会科学学院按照学校要求,结合社会科学专业课程特点,要求全体教师在知识传授的同时,注重价值塑造与能力培养的结合,深入提炼教学内容的思政元素,强化整体设计,努力培养德法兼修的社会主义法治人才。学院通过开展课程思政建设理论与教学研究,探索创新课程思政建设方法路径。法律系知识产权法和大学生法律风险防范2门课程获评学校思政课示范课程。法律系党支部将课程思政作为2022年支部工作的重点,通过对开展课程思政需要挖掘的内容、融入的设计、教学的实施路径等进行教学研究,增强教师"为党育人、为国育才""培养新时代中国特色社会主义建设者和接班人"的使命意识。

在研究的过程中,我们发现,事实上关于课程思政,高校尚无系统且固定的建设模式,具体课程的思政路径是大家研究的重点,表现在研究结果(出版物)上,往往是以一个专业的某一门具体课程的思政研究路径为主,覆盖某一专业的大多数核心课程的系统化的课程思政研究几乎没有;研究中理论研究较多,具有参考价值的具体的研究范式较少,所以本书想提供给大家一些具体的思路和范例。在课程的挑选上,体现出两个特点:一是覆盖了法理学、宪法学、行政法学、民法学、刑法学、国际法学等法学绝大多数法学专业核心课程;二是以实体法课程为主,因为实体法课程的思政元素具有多样性,使得课程思政元素内化到课程中的方式能通过更多范例体现。

之后,我们将法律系对课程思政研究已有一定的积累且依然不辍深耕的老师组织起来,参加本书的撰写工作,并给大家明确了本书的内容、形式和特点。参加本书撰写工作的老师,有的获得过校级教学优秀奖,有的参加过校级课程思政大赛,有的参加过省教学竞赛,还有些做过课程思政的相关研究。在各位老师的辛勤努力和各方的积极配合之下,最终的成果也符合我们对于本书的预期。

本书最终以多篇课程思政研究论文的形式呈现。论文内容具有研究方向的多样性。有的研究呈现一个较为完整的从该课程思政内涵到思政路径到范例的完整过程;有的研究聚焦该课程思政的某一点,比如思政方式、思政元素的挖掘等,做深入的思考和范例表达;有的研究是在结合课程具体知识点中凝炼的研究方向中发现思政意义再反哺教学。本书特点很突出:一是聚焦法学课程教学一线,除了对课程思政进行理论思考,还有具体的范例提供给读者,供其借鉴,实用性非常强;二是本书覆盖大部分法学核心课程,读者通过本书可以对不同的法学核心课程的思政内容和思政路径进行横向比较,这个过程既是对思政教育的更深一步理解,也是对不同的法学课程内容特点的更深一步把握。

本书尚有一些不足,参与本书编写的老师们还在教学中继续思考和努力,希望读者们批评指正!

郭莉　张鸣胜
2022 年 11 月

目 录

第一部分 法学课程思政的元素与方法研究

1. 法理学课程思政的问题、元素和方法 〔张鸣胜〕 ………………………… 3
2. 以人文故事为核心的法学课程思政教学改革路径 〔李彤〕 ……………… 14
3. 法律职业伦理课程思政教学路径探索 〔郑文革〕 ………………………… 27
4. 宪法学课程思政的载体表达——新旧两版马工程宪法学教材的"变"与"不变"
   〔洪骥〕 …………………………………………………………………… 39

第二部分 国内法学课程思政的探索

5. 宪法学课程思政的教学内容研究——以基本概念与研究方法论之融合为视角
   〔洪骥〕 …………………………………………………………………… 49
6. 论行政法教学中的课程思政建设 〔李成玲〕 …………………………… 61
7. 行政法学课程思政教学改革的理论逻辑与实现路径 〔张彧〕 …………… 74
8. 从本体到方法:刑法学课程思政的展开 〔刘耀彬 徐静〕 ……………… 88
9. 冲突与协调:刑法学课程思政中的外国理论 〔王腾〕 ………………… 100
10. 课程思政内涵与课程思政元素的挖掘——以知识产权法课程思政为例
    〔郭莉〕 ………………………………………………………………… 110
11. 论"混合所有制"改革背景下党组织参与国有企业公司治理的定位、路径和法律责任——从课程思政的角度切入 〔孙清白〕 ………………… 127

第三部分　国际法学课程思政的尝试

12　以课程思政促进国际私法教学改革的策略探析　［于焕］ …………… 143

13　国际私法与课程思政的统筹难题与机制构建　［何叶华］ …………… 155

14　课程思政视角下国际刑法学教学改革研究　［袁建军　陈洁］ ………… 172

15　国际经济法课程思政的理念、元素及方法：以南京航空航天大学法律系本科生国际经济法课程为例　［聂明岩］ ………………………………… 180

后记 …………………………………………………………………………… 195

第一部分

法学课程思政的元素与方法研究

1 法理学课程思政的问题、元素和方法

张鸣胜[①]

摘 要:基于法理学课程的性质和新时期对于法治人才培养的新要求,开展法理学课程思政势在必行。然而,实施法理学课程思政将面临如何认识和处理法理学课程思政与原法理学教学、思政课教学、习近平法治思想概论等课程的关系问题,解决问题开展法理学思政的教学工作,一方面须研究法理学课程思政的元素;另一方面要探索法理学课程思政的路径和方法,以期法科学生既要掌握法学基础理论知识,具备法律运用能力,又要具备与时代发展共同进步的政治思想意识和道德情怀,成为德才兼备的法治人才。

关键词:法理学;法治人才;课程思政;思政元素;教学方法

一、缘起

2017年5月3日,习近平总书记考察中国政法大学并就全面依法治国、法治人才培养和青年成长成才发表重要讲话,强调:全面依法治国是一个系统工程,法治人才培养是其重要组成部分。法治人才培养上不去,法治领域不能人才辈出,全面依法治国就不可能做好。要坚持立德树人、德法兼修,培养一大批高素质法治人才。习近平总书记在肯定我国法学教育和法治人才培养成效的基础上,准确指出了存在的一些问题和不足,其中一个问题就是"有的法学教育重形式轻实效,法治人才培养重专业轻思想政治素质"。

2021年12月6日,习近平总书记在中央政治局第三十五次集体学习时指出,要完善法治人才培养体系,"要把新时代中国特色社会主义法治思想落实到各法学学科的教材编写和教学工作中,推动进教材、进课堂、进头脑,努力培养造就

[①] 张鸣胜,南京航空航天大学人文与社会科学学院法律系副教授,主要教学与研究的领域为法理学、经济法学等。本文为2020年度南京航空航天大学教育科学与改革研究专项课题一般项目"法理学课程思政的研究与探索"(2020JYKX-29)。

更多具有坚定理想信念、强烈家国情怀、扎实法学根底的法治人才"。①

习近平总书记的讲话,一方面,强调了法治人才培养的重要性;另一方面,对法治人才的培养提出了政治素质和道德品质方面的更高的要求。同时,习近平总书记对法治人才的培养方式指明了方向。2020年5月28日教育部印发实施《高等学校课程思政建设指导纲要》,强调:"落实立德树人根本任务,必须将价值塑造、知识传授和能力培养三者融为一体、不可割裂。全面推进课程思政建设,就是要寓价值观引导于知识传授和能力培养之中,帮助学生塑造正确的世界观、人生观、价值观,这是人才培养的应有之义,更是必备内容。"《高等学校课程思政建设指导纲要》还要求,课程思政必须结合相关专业课程——"经济学、管理学、法学类专业课程。要在课程教学中坚持以马克思主义为指导,加快构建中国特色哲学社会科学学科体系、学术体系、话语体系。要帮助学生了解相关专业和行业领域的国家战略、法律法规和相关政策,引导学生深入社会实践、关注现实问题,培育学生经世济民、诚信服务、德法兼修的职业素养"。

综上所述,法治人才的培养过程中,法学课程思政是其中的一个重要环节,换句话说,大学法学的教育既要做经师,也要做人师,我们既要讲依法治国,也要以德育人、德法兼修,这两者都是并重的,我们不能只传授学生们法律知识,而忽视他们的思想政治素养。

法理学是法学的基础理论,是法学教育的基础课之一。"我国法理学既讲法的一般规律,又着重研究社会主义法的产生、本质、特征、作用、形式、发展、实施,研究社会主义法治的本质特征,发展道路、主要任务等重大理论和实践问题,以形成法律、法治和法理的基本知识、概念、命题和原理"②,因此,法理学课程思政在法学教育和法治人才培养中具有举足轻重的作用。

我国法理学教学应当是在一般法理与中国特色社会主义法学理论结合的背景下开展法理学教学,在强调基本法理的同时,以中国特色社会主义法学理论为主要内容。一方面,法理学教学的知识目标不仅在于介绍法学的基本理论、一般理论和方法论,而且应当侧重使学生掌握当代中国社会主义法的本质等法学基本理论问题,掌握马克思主义法学思想的中国化进程,科学把握习近平法治思想的理论内涵;另一方面,强化能力的培养,培养学生在社会主义法律价值观指导下解

---

① 习近平总书记2021年12月6日在十九届中央政治局第三十五次集体学习时的讲话[M]//习近平治国理政.第四卷.北京:外文出版社,2022:304.
② 《法理学》编写组.法理学[M].2版.北京:人民出版社,高等教育出版社,2020:3.

决问题的能力,在进行知识和能力的培养的同时紧紧围绕素质教育、思政教育,使学生树立正确、科学的社会主义法律价值观念。只有将思政教育全面融入法理学教学当中,才能实现上述教学目标,实现立德树人的目的。

二、法理学课程思政面临的问题

开展法理学课程思政,可能面临诸多问题,包括:法理学课程思政与法理学基本理论、一般理论、方法论和意识形态的关系问题,法理学课程思政与专门的政治课的关系问题,法理学课程思政与习近平法治思想概论教学的关系问题等。

(一)法理学课程思政与原法理学课程教学

很多原法理学教材与思政的关系并不紧密。原法理学教材,以张文显主编的《法理学》为例,大体包括导论、法学本体、法的起源与发展、法的运行、法的价值、法与社会等内容。[①] 其他法理学教材种类繁多,但法理学教材一般包含三方面的内容:一是法学和法律的一般原理和基础知识;二是其他国家和地区的代表性的法学理论、典型法律体系和法治文明的介绍;三是中国特色社会主义法学理论。以上诸类法理学教材中,以上三方面内容的比例并不相同,很多教材侧重于第一方面与第二方面的内容,第三方面的内容反而较少。这些教材的使用,应该说对于新时期法治人才的培养,强化政治思想教育,存在不利于贯彻思政教育教育目标的局限。在这个方面,新的马工程教材一定程度上弥补了这一局限,特别是第九章到十五章,侧重加入了中国特色社会主义的法学理论的内容。[②] 这样的安排为法理学课程思政提供了有益的帮助。

可以认为,法理学课程思政,不仅要提高学生的法理学知识水平和能力,又要培养学生的思想道德素养,还要牢牢把握社会主义法治人才培养方向,着力发挥法学教育基础性先导性作用,努力造就一批又一批德才兼备的高素质法治人才。换言之,法学课程思政建设的关键是实现法学专业知识教育与思想政治教育有机融合,不仅要培养学生的法学专业素养,也要提高学生的思想政治素质和道德水平。让学生成为有坚定理想信念、强烈家国情怀、高尚道德情操、健全人格的高素质法治人才,我认为这就是法学专业课程思政的人才培养目标,也是有别于原有法理学教学的不同方面,也是更明确的新时期的新任务。

---

① 张文显.法理学[M].5版.北京:高等教育出版社,2018:目录1-4.
② 《法理学》编写组.法理学[M].2版.北京:人民出版社,高等教育出版社,2020:目录1-10.

(二)法理学课程思政与思政课

大学思政课包括马克思主义基本原理概论、毛泽东思想和中国特色社会主义概论、中国近现代史纲要以及思想道德修养和法律基础。大学思政课是大学教育的基础,还是精神文明建设的重要组成部分,不仅能提高学生的思想觉悟,还能转变学生的思想,并为学生树立正确的科学人生观、世界观和价值观。大学生思想政治教育效果直接对整个社会主义精神文明建设起着举足轻重的影响。

2019年3月18日,习总书记在人民大会堂主持召开学校思想政治工作座谈会,强调:思想政治工作绝不是单纯一条线的工作,而应该是全方位的,无处不在、无时不在的,融入式、嵌入式、渗透式的,不能搞成"两张皮"。[①] 2022年4月25日,习近平总书记到中国人民大学考察调研,特别强调要坚持党的领导,传承红色基因,扎根中国大地,走出一条建设中国特色世界一流大学新路。扎根中国大地办大学重要的是发挥好思政课立德树人的关键作用。"思政课的本质是讲道理,要注重方式方法,把道理讲深、讲透、讲活"。习近平总书记的重要论述深刻揭示了思政课的本质,为新时代思政课建设指明了前进方向、提出了明确要求。

课程思政不是思政课程,本质上不是一门课,而是在人才培养中培育学生价值观与养成优良品格。社会主义核心价值观是国家的主流价值观,应成为法科学生人生观、价值观的主流。法理学课程思政,就是要对法理学课程进行教学内容、教学方式以及考核方式方面的改造,把思政的、德育的理念融入法理学教学中,以构建全员、全程、全课程育人格局的形式将法理学课程与思想政治理论课同向同行,形成协同效应,把"立德树人"作为教育的根本任务的一种综合教育理念。同时,法理学课程思政不仅是一种育人理念,也是一种育人方法。为此,可将法理学课程思政理解为将法学人才培养中的法理学知识学习、能力提高、素质培养与思想政治的思想理论、价值理念相互融合,实现"德法兼修"育人目标的育人方法。

法理学课程思政应当做好思政与法学专业的有机融合,既要避免出现"两张皮"现象,又要避免让学生产生走错课堂的感觉。这就需要进行法理学教学的创新,通过法理学教学方法的探索,强化形式的创新,争取实现入耳、入脑、入心、入行的理想效果。

---

① 2019年3月18日,习总书记在人民大会堂主持召开学校思想政治工作座谈会上的讲话[M]//习近平总书记教育重要论述讲义.北京:高等教育出版社,2020:28.

(三)法理学课程思政与习近平法治思想概论课

教育部发布的《习近平新时代中国特色社会主义思想进课程教材指南》《"党的领导"相关内容进大中小学课程教材指南》《普通高等学校宪法学教学重点指南》等指南,为如何将马克思主义中国化最新理论成果进入教材提供了指导,为教学重点指明了方向。近年来,全国高校法学专业相继开设了习近平法治思想概论课程,这对推进法治人才的培养,更好地将中国特色社会主义法治建设的成就经验转化为优质教学资源进入课堂,充分发挥课堂主渠道作用,有效地将理想信念教育、思想道德教育、法治意识教育贯穿于法学教育中,发挥了巨大的作用。

从2021年新生入学开始,南京航空航天大学在法学专业开设了习近平法治思想概论课程,为学生系统讲授习近平新时代中国特色社会主义思想中的全面依法治国思想。通过习近平法治思想的学习,让学生深刻认识党的十八大以来我国法治建设取得的历史性成就、发生的历史性变革。中国特色社会主义法治体系不断健全,法治中国建设迈出坚实步伐,法治固根本、稳预期、利长远的保障作用进一步发挥,党运用法治方式领导和治理国家的能力显著增强。帮助学生深刻理解和领悟"十一个坚持"的重要性,形成法治思维,坚定法治信仰。

但是,从法理学课程思政的贯彻的角度论,将习近平法治思想贯穿到各专业课程,包括法理学课程中,也是法理学课程思政的应有之义。将习近平法治思想进行学理转化,将社会主义法治建设的重大成就经验转换为教学资源,针对法理学的知识内容,开展多形式、分层次、全覆盖的习近平法治思想融入,包括体现社会主义核心价值观和习近平法治思想的十一个方面,都努力在法理学课程中得以实现,带来的法理学课程思想的新问题,即如何把习近平法治思想概论课与法理学课程思政有所区别,在教学内容和方法上做出合理的分配,这需要在学理上和实践中进一步探索。

总体而论,可以理解为习近平法治思想概论课侧重在内容上从宏观方面介绍习近平法治思想的十一个方面;而法理学课程思政在侧重介绍法学的基本理论、一般理论、法学方法论和法学意识形态的学理和逻辑的同时,融入社会主义核心价值,融入习近平法治思想的精髓,以实现培养德才兼备的法治人才的目标。

三、法理学课程思政的主要元素

法理学课程思政首先要确保专业课程的科学性,在坚持科学性的基础上充分挖掘学科思想政治教育资源,认真梳理专业课程的"思政元素",构建起全课程育人格局。

  一方面,《高等学校课程思政建设指导纲要》中列出了课程思政建设五个方面的内容重点,即推进习近平新时代中国特色社会主义思想进教材进课堂进头脑、培育和践行社会主义核心价值观、加强中华优秀传统文化教育、深入开展宪法法治教育、深化职业理想和职业道德教育。

  另一方面,党的十八大以来,以习近平同志为核心的党中央从坚持和发展中国特色社会主义、实现中华民族伟大复兴、实现党和国家长治久安的全局和战略高度定位法治、布局法治、厉行法治,不断开拓法治建设新境界,形成了科学系统的思想体系。习近平法治思想内涵丰富、论述深刻、逻辑严密、系统完备,集中起来说,就是习近平总书记在中央全面依法治国工作会议重要讲话中精辟概括的"十一个坚持"。

  上述两个方面,应构成提炼法理学课程思政元素的基本内容和指导。但是,法理学课程思政的元素,不可能是上述两个方面的重述,而是基本精神的贯彻和实现。根据法理学的基本理论内容和逻辑蕴涵以及法理学教学的实践,教师应发挥各自的主观能动性进行法理学教学的创新,探索法理学课程思政的元素,以实现教学目标。结合法理学课程实际和南京航空航天大学的实际,我们认为,学校所属行业与法理学专业课程,本身就自带思政元素,我们提炼法理学课程思政元素主要包括以下方面:

(一)马克思主义法理学形成与马克思主义法理学的中国化

  马克思主义法理学是一个具有高度科学性和强大生命力的法学理论体系。马克思主义法理学经历了一个艰苦探索、形成发展、与时俱进的过程。马克思恩格斯所阐述的法学原理对法是什么、法应当是什么等本体论和价值论根本问题的回答,既划清了马克思主义法理学与剥削阶级法理学的本质区别,也构成了不断发展着的马克思主义法理学的基础,使人类的法理学从此在科学的基点上不断向前推进。马克思主义法理学在世界历史上具有重大意义,正如习近平总书记所指出的:"在人类思想史上,没有一种思想理论像马克思主义那样对人类产生了如此广泛而深刻的影响。"[1]

  20世纪以来,马克思主义在中国获得广泛传播和深入发展。中国共产党把

---

[1] 习近平.在纪念马克思诞辰200周年大会上的讲话:2018年5月4日[M].北京:人民出版社,2018:10.

马克思主义的普遍原理与中国实际相结合,形成了毛泽东思想、邓小平理论、"三个代表"重要思想、科学发展观、习近平新时代中国特色社会主义思想。毛泽东思想、邓小平理论、"三个代表"重要思想、科学发展观、习近平新时代中国特色社会主义思想都包含着丰富而深刻的法治理论,尤其是习近平法治思想实现了马克思主义法治思想新的历史性飞跃和中国特色社会主义法治理论的系统性创新发展。①

(二) 马克思主义关于法的价值与社会主义法的价值

虽然关于法的价值的理论五花八门,但是迄今,只有马克思主义的价值理论才第一次为正确理解价值问题提供了科学的基本方法。马克思主义对价值的界定与其历史唯物主义的理论是不可分的。马克思主义的价值概念主要有两方面的含义。第一,价值是实践的产物;第二,价值是一个历史范畴。根据马克思主义观点,法律是在出现阶级分化之后产生的,是统治阶级实现其统治的必然需要,为统治阶级所认识和实践的法律价值必然反映这种需要,法的积极意义和有用性更多是对统治阶级而言的。从法律价值的自身特性来看,由于法律不仅由社会物质生活条件所决定,而且政治、思想、道德、文化、历史传统、民族、科技等因素也对法律产生一定的影响,因此,统治阶级所认识和需要的法律价值也受到这些因素的影响。

基于上述认识,结合社会主义核心价值进一步阐述法的基本价值,在习近平《论坚持全面依法治国》一书中,公平正义出现过无数次:社会公平正义、法律上公平正义、坚持法治精神实现公平正义,"让人民群众在每一起案件办理、每一件事情处理中感受到公平正义"。我们整个法治精神、我们所教授的各个部门法,实际上核心都是在体现一种 justice(正义)。所以这个也是我觉得我们的法理学课程思政里面特别基础和关键的元素。由于法理学的基本内容和意识形态的色彩,以往的法理学课程教学中本来就一直都有思政的元素和色彩。一方面,课程思政核心在于立德树人,社会主义核心价值观是全民的共同道德基础,价值观本身是一种德,是个人的德,也是一种大德,是国家的德、社会的德,在法理学课程思政中全面融入社会主义核心价值观教育就是在人才培养中立德树人;另一方面,法学是公平正义之学,现代法律天然地追求民主、自由、平等、公正、法治、和谐、诚信等价值的实现。法学的每一个问题、每一个制度,其实都可以是思政,因为法律的基本

---

① 参见:《法理学》编写组.法理学[M].2版.北京:人民出版社,高等教育出版社,2020:18-19.

价值取向本身就是公平和正义。因此,两者的融合有其必要性,也有其可能性。

(三) 中国法治传统文化与红色法治经验

法理学课程思政,从法理学内容中挖掘思政元素,这门专业基础课的思政元素是非常丰富的,因为我们每一门课程都涉及国家的制度性安排,有的涉及根本制度安排,有的涉及某一方面的制度安排。法学专业课程如何挖掘并讲出制度安排的科学性、讲出理论深度,使学生对这些制度产生心理上的认同,这是课程思政应该做的。其实,我们原来的课程也有这样的功能,只是原来没有这样的提法。反思以往法学专业课存在的不足,至少有两个方面:一方面,是对优秀传统文化挖掘和反映得不够;另一方面,是对中国共产党长期革命与建设中的法治实践的最新经验总结和反映得不够、不及时,总结和反映的方法可能也有值得反思的地方。根本上,还是我们没有很好地构筑起中国特色法学自主知识体系。因此,需强化中国传统法治文化与挖掘中国共产党人革命和建设中积累的丰富的法治经验,令其在法理学教学中体现出来,使之成为法理学课程思政的基本元素。

(四) 中国特色的社会主义法治

党的十八届四中全会《关于全面推进依法治国若干重大问题的决定》系统地阐述了新时期的中国特色法治的重要方面。这个决定给出了我们国家怎样实施法治的施工图,对未来很多年我们国家的法治建设有深远影响。应该说,《关于全面推进依法治国若干重大问题的决定》在理论上有非常大的创新,尤其是与西方的法治相比,它关于法治的框架和理论体系都有创新性。关于法治,西方政治学与法学理论中都有论述,但是关于法治政府、法治国家、法治社会等的诠释、关系与构架,中国特色社会主义法治阐述中都有新的内涵和实践指向。马工程教材《法理学》从第九章到十五章,侧重加入了中国特色社会主义的法学理论的内容。中国特色社会主义法治理论,其时代性和实践性理应成为我们法理学课程思政的重要元素。

(五) 家国情怀与职业精神

法理学知识的传授技能的提高,都是为了更好地从事法律职业。法律职业教育都强调法律职业人都应当具备的一种经世济民、治国安邦的要求。所以我们的法学教育,叫作德法兼修,这些经世济民都是古代贤士的一种立世准则。

虽然我们法律专业开设法律职业伦理课程,但是法理学的教学中加强家国情怀与职业精神教育仍然非常必要。一方面,法治的理论、法的基本价值、法治的理想和法治的实践,都要求我们把理论与实践结合,其中就包括将法理与职业精神结合;另一方面,南京航空航天大学的行业特色要求我们培养南航法律人成为复合型人才。南京航空航天大学是以理工科为主的大学,我们法律人才的培养与行业的特点密切相关联。大国重器、建功立业、新科技时代的科学的奉献精神与公平正义的法治精神融入复合型法治人才的血脉,需要我们在法理学课程思政中加强和融入家国情怀与职业精神教育。通过挖掘科学家的爱国情怀以及勇攀高峰、崇尚真理、不迷信权威的精神,将这些思政元素融于法理学课程教学中,帮助复合型法治人才确立理想信念、培养家国情怀、塑造健全人格。

除此之外,法理学课程思政的元素还可以从多方面挖掘,诸如从法的本质、程序正义、人民中心、社会主义民主、法治与德治等方面提炼和展开法理学课程思政的元素。

四、法理学课程思政的基本方法

法理学课程思政就是要将法理学专业课程的学习与思政教育有机结合,争取实现法理学理论知识学习与能力培养,协同理想信念、道德情操、人格品德、政治素质教育相融,使专业与思政相互浸入,达到入耳、入脑、入心、入行的理想效果。结合法理学的性质和我们法理学教学的实践探索,我们认为法理学课程思政的实现路径和方法,大致包括以下几个方面:

(一)提高对法理学课程思政的认识

提高法理学任课教师对于法理学课程思政的认识是第一步。落实法理学课程思政关键在教师,关键在发挥教师的积极性、主动性、创造性。教师的言传身教、润物无声的教育方式对学生影响很大。强化法理学课程思政意识是实施好法理学课程思政教学的前提。法学专业教师应当提高对课程思政的认识和理解,切实树立对中国特色社会主义法治的道路自信、理论自信、制度自信和文化自信。法理学教师对于法理学课程教学中贯彻"立德树人、德法兼修"人才培养理念的目标要有更深、更明确的认识和理解。在此基础上,法理学教师才有课程思政教学的热情和主动性,才能积极回应学生关注的法治建设焦点问题,引导学生坚定四个自信,实现渐进式、阶段式、系统化的课程培养。

(二)丰富法理学课程思政教学的手段

一方面,从微观层面的思政元素渗入,前面我们分析提炼出了一系列法理学课程思政的元素,从这些方面进行教学工作。以马克思主义法理学的形成和意义内容为例。我们介绍马克思主义法理学的基本观点和内容,并不是照本宣科,而是结合历史介绍马克思主义法理学形成中的典故和历史场景,通过图片、影视资料等再现马恩创立思想的生动画面,进一步了解马恩的理想、情怀和思想境界,从而对马克思主义法理学思想理解更深入和丰富。

另一方面,课程思政应突出润物无声,将思想政治教育融入人才培养的各环节、各方面,这需要教师自己的方方面面言行举止都能做到弘扬社会主义核心价值观,用言行感染学生。对于社会事件、热点问题,学生关注,教师是否也有关切?从学生关注的问题中,引导学生分析问题、解决问题,既是运用法理知识解决问题的能力培养,更是在分析解决问题中体现法的精神和价值,在关注问题与解决问题的过程中培养学生的正义观、职业观。

此外,在教学的方式方法上,不要拘泥于传统的教学模式。在法理学课程思政教学上鼓励开拓新的方式,例如网络授课、翻转课堂,其实就是鼓励我们进行丰富的教学实验。在新的教学方式中,激发学生的热情,提升学生的能力。比如说我这个学期因为线上授课,就和学生说,我只讲一半的时间,剩下的时间你们来做问题研讨和汇报。

(三)强化法理学课程思政教学的实践环节

2017年5月3日,习近平总书记考察中国政法大学时指出:"法学学科是实践性很强的学科,法学教育要处理好知识教学和实践教学的关系。要打破高校和社会之间的体制壁垒,将实际工作部门的优质实践教学资源引进高校,加强法学教育、法学研究工作者和法治实际工作者之间的交流,促进理论和实践相结合。"法理学虽是理论法学,但也应重视实践教学,而且实践教学必须融入思政元素,让学生在实践中了解国情,在实践中砥砺品性,在实践中增长才干,在实践中知行合一。将中国法治实践的最新经验、生动案例、最新成果引入课堂、写进教材,不断提高法理学课程思政的实效。

在坚持课程讲授法学理论的同时,更广泛地引入实践元素,更深入地参与实践,包括社会调查、模拟法庭、法律援助、法律诊所教学等。同时采取措施,加强老师和学生的关系,如教师办公室向本科生开放,安排答疑和专题沙龙,除了上课之外,发挥老师对学生言传身教的影响。

(四)创新法理学课程思政教学的考核方式

考核包括两个方面,既有对老师教学效果的考核,也有对学生学效果的评价。

对于教师,教师在本科生与研究生中开设法理学课程思政教学,不能拘泥于传统方式考核,应当通过课程质量评价,激励教师在人才培养中始终贯穿社会主义核心价值观培育。在教学大纲中要求编入相应的法理学课程思政的内容,如提炼和挖掘法理学课程思政的元素。实践教学费时费力,对这老师的付出的实践教学工作量给予一定的承认。

对于学生,基本知识部分可以试卷答题,但对于法治调研、问题讨论、专题沙龙、模拟法庭等实践,需要教师制定灵活而有根据的考核方式,作为综合考核的因素对学生学习进行客观考核与评价,鼓励学习自主学习、能动学习、创新学习和实践锤炼。

五、结论

法理学是法学的基础理论课程,本身就具有强烈的意识形态色彩,包含着大量政治性、思想性内容,本身具有智育与德育紧密结合的特点。在法理学教学改革当中,应当充分发挥其蕴含的思想政治教育资源优势,将法理学课程思政作为高校思想政治教育课程的补充,成为高校思想政治教育的隐性阵地。在课程思政的大背景下,法理学课程必须与课程思政元素紧密结合,培养出德才兼备的法治人才。

参考文献

[1] 习近平总书记2021年12月6日在十九届中央政治局第三十五次集体学习时的讲话[M]//习近平治国理政.第四卷.北京:外文出版社,2022.

[2] 《法理学》编写组.法理学[M].2版.北京:人民出版社,高等教育出版社,2020.

[3] 张文显.法理学[M].5版.北京:高等教育出版社,2018.

[4] 2019年3月18日,习总书记在人民大会堂主持召开学校思想政治工作座谈会上的讲话[M]//习近平总书记教育重要论述讲义.北京:高等教育出版社,2020.

[5] 习近平.在纪念马克思诞辰200周年大会上的讲话:2018年5月4日[M].北京:人民出版社,2018.

[6] 姚明.高等法学教育"课程思政"改革的探索与设计:以《法理学》为研究标的[J].铜陵学院学报,2019,18(4):121-123.

[7] 陈雪.法理学课程思政教学改革探索[J].大学:教学与教育,2021(11):98-100.

[8] 施俊波.法律课教学中德育嵌入机制研究:基于"法理学"课程思政建设实践的思考[J].文教资料,2020(33):104-107.

2 以人文故事为核心的法学课程思政教学改革路径

李 彤①

摘 要:法学课程思政教学改革应结合学科特点进行痛点破解,用鲜活、真实、灵动的人文故事化解规则的严肃性是一条可行路径。该路径可服务于"三有"与"三用"的人才目标,教学设计应以彰显人性与文化沁润为原则,以人文故事的传导为切实抓手,开阔教学视角,提升教学内容,活化教学方式,并在课程教学实践中融合特定的思政要素释放效能,力求实现知识点传授与价值观塑造的同向进行。

关键词:人文故事;法学课程;思政教学改革

2017 年,中共中央、国务院印发了《关于加强和改进新形势下高校思想政治工作的意见》,其中强调要发挥哲学社会科学育人功能。法学是哲学社会科学中的重要一环,在这一领域中强化思政教学的重要性日益凸显的背景下,法学课程面临在传统教学模式中有效融入思政教学因素的迫切需求,而法学课程与思政教学的融合也存在相当的吻合度②。在探索上述变革的过程中,应以法学人才培养的目标为变革依据,结合法学的学科特点,寻找实际有效、受众接受度高、复制手段简单易行的教学路径,力求在潜移默化中引导学生实现法学知识和思想境界的同步提升,使其成为专业知识过硬、能解决实际问题、具有社会责任感、可叠加实现个人价值与社会价值的法律人才。人文故事可成为达成上述目的的有效突破口。

---

① 李彤,南京航空航天大学人文与社会科学学院法律系副教授,中国人民大学法学博士,专攻方向为中外民商法史。本文系参加 2022 年南京航空航天大学马克思主义学院主办的新时代大思政课教学改革创新论坛的发言整理。

② "我国高校法学专业'课程思政'教学改革比其他专业'课程思政'教学改革具有更大的可能性和便利性。"参见:时显群. 法学专业"课程思政"教学改革探索[J]. 学校党建与思想教育,2020(4):59-60.

一、法学课程思政教学改革的目标：以"三有"和"三用"的人才培养为方向

习近平总书记对新时代的青年提出了殷切期望："希望广大青年用脚步丈量祖国大地，用眼睛发现中国精神，用耳朵倾听人民呼声，用内心感应时代脉搏，把对祖国血浓于水、与人民同呼吸共命运的情感贯穿学业全过程，融汇在事业追求中。"①这表明当代青年学习的过程，应是多维度、多场域和多视角的，并与中国的人和事密切结合。这也对法学课程思政教学的目标，即培养什么人、如何培养人和为谁培养人提出了明确指引。

法学课程思政教学改革在目标确立上应与现实结合，着力培养满足社会主义现代化建设实际需要的法律人。当前社会主义法律体系已初步建成，法律规则空前完善发达，迫切需要有专业素养的法律人助力实现有法必依、执法必严、违法必究的社会主义法治。应以三有三用为人才培养的目标导向，让日常思政教学成为淬炼合格法律人的重要通路。

第一，三有：有信念、有担当、有本事。有信念的法律人应坚定支持党的领导和维护社会主义制度。当前国家之间的交往频繁，接触国外法律规范的机会大大增加，在面对异质法律文明的过程中，法律人应立足于本国实际，从巩固和发展社会主义制度的现实需要出发，有鉴别地看待和评价国外的相关法律制度规则，避免陷入倡导移植域外法律制度简单化和无条件地否定本国法律制度的危险误区中，坚守维护社会主义根本制度的相关法律规则不动摇。有担当的法律人不是精致的利己主义者，更不是将法律作为敛财工具，而应从国家和人民的需求出发，在能为国家争取利益和维护尊严的国际舞台，在能保障每个公民合法权益的法律适用领域发挥才能，释放能量，秉承法律人的大情怀和大格局。有本事的法律人专业知识丰富，专业思维灵活，能解决复杂和棘手的法律问题，这是对法律人专业素质的重要衡量侧面。

第二，三用：能用、会用和敢用。随着信息时代来临和新科技迭代速度的日益加快，新的社会现象和社会关系层出不穷，而与社会之间存在密切互动关系的法律也面临加速变革的现实需要，在这一背景下的法律人需有较高的应变意识和较强的专业储备。在具体的纠纷和问题的解决过程中，法律人应能用明确规则处置

---

① 《人民日报》：新时代，总书记这样寄望青年[EB/OL].（2022-05-04）[2022-09-21]. http://www.moe.gov.cn/jyb_xwfb/s5147/202205/t20220505_624729.html?authkey=boxdr3.

传统纠纷,会用弹性规则处理棘手问题,敢用抽象原则调控新型关系。在关于人的社会关系中明确相关主体的权利义务状态,达成定分止争、恢复秩序之效,由此需在教学过程中强化规则的现实性,避免书本化过甚和僵硬度过高。

二、法学课程思政教学改革的起点:以彰显人性和文化沁润为聚向

法学课程思政教学改革的起点应从分析学科本身特点所带来的教学痛点着手,并从破解痛点的思路出发寻求可行的解决方案。

第一,法学课程的教学痛点。法学课程的教学痛点来自学科本身的特点,主要体现为讲授内容上的疏离感、抽离感和压迫感。具体而言,法学所涉及的社会关系是面向人、关注人的,但法学具有理性思辨的特点,是对现实所需的高度抽象化的表达,由此带来了课程内容与现实之间呈现出一定程度的疏离感。在成文法国家,法律规范一般以高度凝练的法言法语表述出来,不能实现完全的阅读通畅,与现实的直接链接感存在断裂的侧面。法律规则背后往往有晦涩高深的理论作为规则设定和适用的理据,对受众来说抽离感强烈,理解上会存在一定障碍。另外,在有法必依的要求下,同时为了给普通民众以稳定的规则预期,大部分规范都以刚性状态呈现,带来明显的压迫感和冰冷感,剔除了受众多样的情感需求。

上述状况在一定程度上阻碍着对规则深刻的理解与认知,而在法言法的模式也极易导致圈地自萌与故步自封。那些无法理解国家所急、社会所需、人民所想的,以精英自诩的法律人只剩下狂妄自大和自以为是,会极大影响规则的公信力和现实适用效果。由此可见,法律的适用对象与表达方式之间的差异带来了学科教学中的痛点,也为思政因素的融入制造了一定障碍。在思政教学的变动起点上,应针对学科痛点,改变规则直述中的严肃性和刻板性的特征。

第二,以彰显人性和文化沁润为破解痛点之径。应从法律规则和理论的内循环体系中脱离出来,结合具体的人和事,展现规则内部的人性光辉,从常识和本能入手,从实例和榜样切入,引发新共鸣,使学生在多样场域中提升思维深度,获得全面认知,由此应以鲜活灵动的方式展现规则背后的人间真实,以真心真诚引领人,同时丰富授课内容,在大时空下展现法律规则的大格局和大动向。

法学专业的学生应有中国情怀和中国思维,需要在法律规则的设立和运行中确立文化自信,这都离不开对中国人和中国文化的深刻理解。用中国化的意识和社会主义核心价值观去解决社会生活中的新出问题和棘手冲突,对提高规则的适用效果、增强民众的认同感和稳固社会主义国家秩序意义重大,由此也进一步表明了在教学原则上彰显人性所需和实现文化沁润的重要性。

三、法学课程思政教学改革的抓手:以人文故事为导向

在考虑到人才培养方向和破解教学痛点所需的基础上,寻求具体可行的切入点是让目标落地和起点生发的必由之路。讲好人文故事可以达到助力上述目标效果实现的积极效用。

第一,人文故事的要义。"人"即以人为根本观察点,在与多样个体的链接中验查规则意义与适用价值。"文"指文化。余秋雨先生认为:"文化,是一种成为习惯的精神价值和生活方式。它的最后成果是集体人格。"[①]这表明文化就是一种约定俗成,不需证明的常规模式和内心认同。

第二,凭借人文故事破冰的可行性。人文故事与人和文化密切相关,这关系到民众的现实生活,是以关注人、尊重人、爱护人为导向的,也是与中华民族的文化样态有关的,在漫长的历史积淀并在回应现实中形成的普遍精神内核和行为范式,实质影响着法律规则的形成和运行,也影响着当代法律人的思维和行动。人文故事能破解干巴巴和没有生命的教学问题,是曾经和正在发生的鲜活事件,也是可以从多视角和多场域中审视的、有利于塑造正确三观的理想桥梁。人文故事往往与现在和过去的人和事有关,由此可消解抽象规则的疏离感。同时人文故事中的主角是人,关心多样的人和事中的花样需求,让刚性规则存有了柔化的依据和空间,变得富有人情味和烟火气,也让学子从中同时体会法学原理和人生道理。

第三,选择和运用人文故事的策略路径。这涉及怎样利用人文故事活化和柔化规则,丰满规则讲授的维度问题,即具体操作方向的确定方法。

在选择策略上,考虑到人才培养目标和专业特点,应着重选择有利于塑造人和感动人的部分,也需关注与专业知识的链接度,防止刻意植入的现象产生。总体来看,选择面可以更为开阔,可以是历史的或现实的,也可以是来自哲学、艺术学等其他学科的。基本的方式就是要将习近平总书记关于思政课教学中八个相统一的重要论述落实在法学教学过程中,实现知识点传授和价值观塑造的统一,理论和规则需应现实之所需,急现实之所急。与此同时,人文故事不仅与故事中的人有关,也与故事之外要塑造的人有关,应紧紧围绕法学学科的人才培养目标。此外,也需格外关注文化问题,强调中国的法律人用中国思维解决中国问题,避免盲目照搬国外规则的错误模式。

在实例适用上,注重强化故事中的人性及其背后的价值观,并关注中国的文

[①] 余秋雨.中国文化课[M].北京:中国青年出版社,2019:23.

化因素,在具体的人文场域中观察规则的设定和运行,使学生获得符合文化和国情所需的普适性的法学思维模式,从而提高应对和解决问题的专业能力。

四、法学思政教学改革的应用实践:以人为本和以文化为基

人文故事这一重要抓手需在具体课程中落地生根才有真实的效用。讲好人文故事的主体不完全是教师,教师应作为领路人和导航者,学习路途中踏实的脚印要学生自主印上才更有价值和意义。在上述思路的指引下,在本科法学课程的教学实践中进行了如下初步尝试。

(一) 侵权责任法思政教学设计单元

在讲授死者人格利益保护的部分,以铸造有信念的法律人为目标,完成课程设计。在理论依据中加入"人生虽有度,努力终有益"的积极人生观内容;在规则讲授中切实将"人"聚化为民族榜样、国之脊梁的英烈,将爱国文化融合在英烈为国捐躯、不畏牺牲的大爱故事中,如在英烈人格利益的保护中以中印事件中牺牲官兵的英勇事件为依托,阐释爱国这一社会主义核心价值观以及对英烈人格利益进行特别保护的必要性,从而实现知识点传授和价值观塑造的同向而行。具体的教学设想如下:

1. 教学目标

第一,法律学习与思想铸魂的自然结合:在课程主题相关的知识点传授中实现正向的价值观塑造,使学生在知识获取与思想境界两个侧面达成顺势而成的双重提升。

第二,学理探讨与生命意义的接续整合:通过对死者人格利益侵权认定相关规则背后原理的查探,明晰规则设置理念与生命意义衡量的关联,使学生关注到维护死者身后事有尊严是维护生命价值的必由之路。

第三,规则阐释与核心价值的紧密贴合:通过对死者一般人格利益和英烈特殊人格利益的侵权认定在立法和司法层面的阐释,使学生在全面理解规则的静态设计和动态运作的基础上,知悉保护死者和英烈的人格利益是社会主义核心价值观中法治和爱国因素的必然要求。

2. 学情分析

第一,珍惜宝贵生命的自发意识需培育。本课程所面对的是法学专业的本科生,他们年纪尚轻,生命画卷刚刚舒展,一直顺风顺水的生活容易使他们失去对生命意义的深刻思考,亟待通过相关教学内容的强化,提升对生命价值的尊重之意

和涵养对当下生活的珍爱之情。

第二，传承英烈精神的主动意识需铸就。学生们的生活经历较简单，大多从校园到校园，对战争年代的风霜血雨与和平年代的边防危机没有切肤实在的感同身受。通过对英雄烈士身后荣光民法保护规则的介绍，也可激发学生们的爱国热情，使他们认识到传承英烈精神的重要性。

第三，熟练运用规则的现实意识需提升。学生们往往关注规则本身的静态学习，对相关规则适用的社会场景关注度不够，通过课程主题与英烈保护事例的链接，让学生了解到成为卓越法律人才的必要侧面是熟知善用，学习规则的最终目的在于能为国家和社会现实问题的解决贡献己力。

3. 思政内容

第一，人生意义与死者人格利益保护缘由和模式的学理阐释。通过对死者人格利益保护的深层原因和基础方法的考察，从来此世间痕迹永存、后人难忘的角度激发学生对人生终极意义的思考。

第二，生命价值与死者人格利益保护一般规则的整体学习。通过对一般死者人格利益保护的典型案例荷花女案、鲁迅肖像侵权案及所对应的法律规范的分析，引导学生树立珍惜当下的积极生命观和尊重逝者的健康价值观。

第三，英烈荣光与英烈人格利益保护特殊规则的立体呈现。通过对英雄烈士人格利益侵权认定实例（狼牙山五壮士案）与相关保护规则（《中华人民共和国民法典》与《中华人民共和国英雄烈士保护法》）的介绍，展现英雄烈士是国之脊梁、民族之光。英烈生前勇于战斗，不畏危难，为革命事业和社会主义建设事业无私贡献，他们的身后荣光不容肆意亵渎，而侵权责任法可为之保驾护航，从而在教学中顺势激发学生对英烈的敬仰之情，强化社会主义核心价值观中的爱国和法治因素，达到润物细无声的功效。

4. 教学方法与载体途径

第一，在教学模式上，采用线上与线下相结合的模式，利用本校精品课程在线平台上传课程PPT、视频资料，通过课堂教学强化重点，并实现课中的线上互动。

第二，在教学环节上，通过课前预习先知与讨论预设、课中多元化的参与方式、课后练习强化实现教学闭环，在介绍知识点的同时，引发学生主动进行深入思考。

第三，在教学工具上，将文字表述、图片、视频进行综合链接，在完善视觉和听觉感受的基础上，达到立体生动呈现知识点的目标。

5. 教学过程

采用BOPPPS教学设计思路,"强调以学生为主体的模块化教学模式,旨在提高课堂教学的有效性"。① 学生可通过多层次的教学环节来最大限度地实现规则掌握的精进与思想境界的提升,同时注意以学生容易接受的方式和角度,融合思政因素,实现充分的教学互动和反馈。

第一,Bridge(导入)。采用热点新闻导入法,以中印加勒万河谷地区冲突中,守卫官兵不畏外敌,守护祖国山河不幸重伤乃至牺牲的事件为背景,以2021年2月大V辣笔小球肆意诋毁英烈身后名誉最终受到法律惩戒的现实事例为切入点,在激发学生们对英烈事迹敬仰之情的状况下,引发后续思考:除了刑事手段之外,英烈的人格利益是否在民法中的侵权责任法领域也有保护手段?这一过程达成了学生已有知识和课程内容的有机融合,并接续引出后续核心问题。

第二,Objective(目标)。向学生清楚说明本节课的学习目标和重点。首先,本节课应掌握的知识要点是:死者人格利益保护机理、模式、立法与司法概况;其次,本节课知识掌握需要达到的熟练程度是:充分理解规则设置背后尊重生命价值和维护英烈荣光的基础原理,熟知典型案例的裁判思路和现行的立法框架;最后,应会运用相关原理和规则解决现实生活中侵犯死者和英烈人格利益情形中的侵权认定问题。

第三,Pre-assessment(课前摸底)。在本校在线课程平台上布置课前讨论题,如对民事权益的保护是否应以生命存续为前提,要求学生自行查阅资料,针对上述问题做出初步回答,并根据讨论题的回应结果,分析学生现有的知识背景和学习能力,同时发放课中的案例资料,给学生提前熟悉内容的预习机会。

第四,Participatory Learning(参与式学习)。以学生为主体实现教学目标。首先,分组辩论:从正向思维和反向思维着手,分别论证对死者人格利益进行保护的必要性和不施加保护的消极后果,从而深刻认识规则生成的基础原理;其次,分组讨论:死者人格利益的保护模式应如何设置?应从维护死者本身的利益还是从保护亲属或社会利益着手?再次,案例讨论:结合课前发放的三个典型案例材料,对荷花女案、鲁迅肖像侵权案、狼牙山五壮士案中的裁判思路进行总结和呈现,理顺法院在没有明确法律规定的情况下实现对死者人格利益合法保护的基本思路;最后,在学生充分参与的基础上,由教师完成对死者人格利益侵权认定框架的总体系统介绍。

---

① 周伟,钟闻.基于BOPPPS教学模型的内涵与分析[J].大学教育,2018,7(1):112-115.

第五，Post-assessment（课后检测）。课后要求学生主动查阅相关司法案例，对涉及死者人格利益的其他典型案例（如肖某侵犯袁隆平院士名誉案）中的判决理由和规则适用情况进行系统总结，以期强化对规则动态适用方式和效果的掌握，对其中的疑难问题进行个性化提炼，培养发现问题和解决问题的能力，并将相关阅读和研讨情况以书面形式上传至线上课程平台。

第六，Summary（总结）。引导学生回应本节课最开始时列明的教学重点，逐一总结知识要点，对相关规则的生成理由、现实样态和适用效果形成立体、深入、完整的认知，并结合热点新闻和现实问题，引发学生对规则设置背后价值理念的深入思考，探讨规则背后尊重生命价值和维护英烈荣光的理念对当代青年的启示。

在以上的设计单元中，将"人"具化为英雄烈士，并结合英勇事迹凸显伟岸形象，同时将文化沁润延展为价值观塑造，将爱国情操融会在课堂讲授和参与的全环节，实现信念塑造的先期目标。

（二）物权法思政教学设计单元

在有关建筑物区分所有权的规则讲授中，以强化有担当的法律人为目标，提升学生用所知所学服务于社会的责任感，就此完善相关的教学单元，切实提高学生的知识运用参与度和实际操作能力，愿意并能够助力现实问题的解决，实现专业能力与价值信仰的协同涵养。

1. 理论与现实在人文环境中的结合引导

第一，明晰规则，阐明原理，注意将规则讲授与人文环境结合，并在有效互动中启发和强化学生的认知。首先，确定规则位置。通过引导学生建构思维导图的方式来明确建筑物区分所有权在整个所有权体系中的特殊位置。其次，规则带来的人与文化的变化。引导学生明确此种所有权的特殊认定模式打破了传统的熟人社会，有助于现代社会陌生人社区的产生。通过课堂的互动环节，使学生明确陌生人社区的特点，包括不熟悉的人群聚集，社区公共事务管理的复杂性和委托代理的必要性。最后，规则设定与人文环境变化下的代理共管模式。在彼此不熟悉的人群之间实现公共事务的共管是较为困难的。业委会是实现上述目标的一个有效路径，但在上述人文环境中也存在着先天不足的运行难题。

第二，装备知识，直面痛点，将法律人的专业技能与现实问题结合，并在寻找解决方案的过程中丰富知识维度，涵养责任意识。聚焦两大问题，首先是血管不畅，在陌生人分割产权社区中物业管理效能的实现难。其次是众口难调，代表全体业主利益的业委会与个人业主、物业的矛盾易生,全体业主意志转化为业委会意思表达的过程烦琐,存在传导变异的可能,这都为业委会的正常履职制造了棘手的掣肘困境。

2. 在本国的人文环境中分辨和解决法律问题

第一,做有辨析力的法律人。强化中国问题的特殊性。在比较域外与国内社区环境差异的基础上,明确中国建筑物区分所有权规则迎合中国实际的特别之处。关注中国人在社区中的民生需求和财产权设定状态,明确优良邻里关系形成的中国语境。

第二,做有责任感的法律人。引导发现问题和尝试解决问题。规则学习只是第一步,通过线上讨论和线下分组的方式,探讨规则背后的不完善之处和与现实所需的不适配之处,明确完善方向和可行路径。比如如何在陌生人社区中提升业主管理社区的参与度,再如如何改善小区停车难问题等。对现实问题的关注和探索,不仅能激发法律专业知识的学习兴趣,更能学以致用,提高学生解决现实问题的能力和意识。

(三)中国法制史思政教学设计单元

以培育有本事的法律人为目标。有本事不是以知晓法律规定和能够应用为标尺,而是以用正确的法律思维看待和解决问题为标尺。近些年来,法律规则的变动速度之快前所未有,对法律人的专业知识储备提出了巨大挑战,就此法律人应形成宽视角的审视模式,从历史人文的时空中,寻找和确认规则形成和运行的道理,形成多维度的人文思维模式,以变动发展的眼光来审视过去与现在。

1. 以人文故事活化规则策略:以名案为切入点

在古代法律适用的主题下,选择宋代名案——阿云之狱,通过完整展现该案前因后果及其关键人物故事来展开法律适用中的是是非非,即在与人和文化有关的故事的讲述中完成沉浸式解读,在灵活参与形式的状态下,让学生了解到法律与政治、历史和文化的关系,明确规则的适用和解释不是非黑即白,而是要与时代的需要结合,应成为海纳百川、知情应对的法律人。

2. 以人文故事活化规则路径:强化参与度与以人文为依托

第一,通过戏剧化的方式再现案情。阿云之狱发生在宋神宗时期,案件的起因颇有离奇之处。阿云在服母丧期间被家人许嫁韦阿大,但未曾举行婚礼,她提前看到夫君相貌,嫌其貌丑而动了杀心,后伺机用刀砍未婚夫十余刀,未能取其命,断其一指。将这一过程剧本化,并在课堂完整展示,在让学生们加深印象、活跃课堂氛围的同时,也能让参与者切身体会到特定时代下的人文环境与当代社会的差异之处。

第二,对案情中疑难问题的沉淀思考。用法学的专业思维在当时的人文背景和规范框架内对案情中的关键问题进行抽丝剥茧、提炼定性。该案引发了法律适用上的巨大争议。案件核心问题所涉法律依据存在冲突之处,因此带来量刑的巨大差异。案件的定性分析,由学生主导完成,教师协助总结提炼,主要涉及阿云是否构成谋杀丈夫以及是否符合自首条件这两大问题,对这两大问题的定性将关系阿云是否能保有性命,具体而言,阿云在讯问中主动供述罪行,依《宋刑统》不构成自首,依皇帝敕令则构成自首。

第三,对案情之外人文因素的关注分析。对阿云之狱应如何适用法律规范,涉及更宽视角的解读和探析。该案涉及稳定的《宋刑统》和灵活的皇帝敕令之间的适用关系。这可以进一步引发学生们的深入思考,并探查法律规范发展变动和适用规则中的普适性规律,比如从历史的视角探查法律解释与变法之需的关系,从文化视角去明确情理与法理交战中的冲突与融合;继而明确法律人在新问题出现时的应对方法和思维方式,比如法律的解释不得违背治国理政的基本方向,法律的张力所向应考虑普遍的情理认知,法律应面向社会所需等。该案中所包含的变法派和守成派之间的巨大论争,也可引导学生进一步从人文环境中思考法律适用中的影响因素,跳出现有的视角桎梏。

五、以人文故事为核心的法学课程思政改革的实效探析

从以上革新策略与实践状态来看,法学课程思政教学改革的可行路径之一是从丰盈和活化严肃规则的视角入手,用人文故事为破冰利刃,在具体的课程应用中已产生了良好效果。

(一)实效例证:《物权法》教学设计单元的应用实效

引导学生在与建筑物区分所有权规则相关适用痛点中做深入思考,寻求解决问题的关键所在,并作为科创活动的重要起点,力求通过符合中国人行为范式的方法来解决实际问题,密切关注本国的人文环境所需,方案落地,不脱离现实背景,不凭空想象。在上述引导下,在课程之余孵化了一些竞赛题目和大创课题,学生们也在这个过程中得到了应用所学的正向反馈。

第一,竞赛题目的孵化。学生们意识到在建筑物区分所有权的规则下,业主的所有权分散又统一,社区的事务管理错综复杂,管理和服务效能的提高变得尤

为重要。尤其在疫情背景下,社区大量人员如被管控,将面临诸多的民生难题,而基层社区的人员有限,难以为继,此时物业服务企业作为熟悉社区情况的服务型主体,可成为协助社区居民脱困、解决多样民生所需的中坚力量。另外,社区网格化管理中的网格员可发挥上通下达之效,其位置关键,因此学生们结成了两个团队,分别以物业管理企业和社区的网格化管理在疫情环境中如何服务于业主所需为切入点,参加了校级战疫大赛。通过项目论证,实地调研,现场答辩等环节不断深入认知,所提出的方案分获大赛的一等奖和三等奖。学生们也从中感受到作为法律人的幸福感和责任感。

第二,大创课题的落地。在建筑物区分所有权背景下,业委会作为业主共同意志表达的重要载体,其重要作用不言而喻。但少数代表多数的民主化组织,其产生的合法性和运行的合理性一直会承受质疑和压力,也存在滥用职权,随意损害业主利益的可能。学生们以此为主题,从基层治理现代化的视角下探索业委会突出重围、发挥实效的可行路径,获得了校级大学生创新课题的立项。在项目研讨推进过程中,团队成员积极寻求多样有效的解决方案,并重视成果的及时转化和应用实效,为此建立了传播《中华人民共和国民法典》相关法律知识的公众号,对各个小区的相关工作人员展开调研和访谈,收集了大量一手资料,设计了完善的问卷调查,呈现业委会运行中的真实困境。这些结合人文环境的脚踏实地的调查与探讨,正是理论与现实结合,并得以在当前背景下人文化的生动写照。

(二)实效呈现:人文故事的卓越教学效能

人文故事的教学效能在死者人格利益保护、建筑物区分所有权规则、阿云之狱的重现考察中得到了切实印证。

第一,可从多维度中探讨以人为基和以国为本中的规则逻辑。从价值观塑造的角度,比如在具体的英烈事迹中体会规则设定的效能和意义,让规则立体可感,让学生认识到自己首先应是爱国的中国人,其次才是具有专业知识的法律人。

第二,可从多场域中寻找中国问题和现实需要里的规则价值。从增加中国问题解决能力的角度,引导学生张开眼、沉下心,关心国情和了解民众,用接地气的视角寻找真正符合老百姓需求的合理法律方案,理解中国的现状,并能用中国法律人的方式让这个国家变得更美好,让人民更幸福。

第三,可从多学科背景下探索文化情景和历史时空下的规则意义。尽可能地开阔规则理解和认知的视角。在社会快速发展和信息爆炸的时代,学会一种正确而灵活的思维方式比知识的直接获取更为重要。从表面上看学习古代法律文化和规则与现实规范差距甚大,但实际上由于文化的一脉相承,中国人在行为范式上存在着历史的延续性,潜移默化地影响着现代的规范模式和运行状态。由此作为当代的法律人应有多学科视角模式,深刻理解规则形成和运行背后的厚重因素,在抽丝剥茧中寻找古今一致的适用原理。

总体来看,人文故事在法学课程思政教学中的应用可通过三链接来实现三避免,即可同步实现知识与价值、理论与现实、过去与现在的三链接,从而能有效击破原有的知识传授痛点,在避免抽离感中实现信念塑造,在避免距离感中感知实际所需,在避免压迫感中完成规则的人性化和文化性解读。

(三)增效途径:人文故事放大效能的可行方法

第一,强化教师在人文故事传导中的作用力。"课程思政落实的成效体现在课堂,课堂上'以学为中心'的前提是教师的成功引导。"[①]就人文故事的路径而言,教师的讲授作用需要得到进一步强化。教师在教案设计中应注意自然过渡和以情感人两大原则,避免知识传授与价值塑造之间的转折生硬,需格外重视人文故事中价值观与知识点的黏合度,也需避免采用平铺直叙、无法撼动人心的讲授方式。

第二,提升学生人文故事传导中的参与度。单纯听讲不如实际参与。人文故事有情节、有温度,很适合设计成学生深度参与的环节。学生在人文故事的学习中主动发现,积极思考与恰当参与环节的设计密切相关。参与的方式可以包括分组讨论、上台讲演、问卷调查、题目反馈等方式,提供既有利于团队合作,又有能让个性意识萌发的渠道,从而有效打破隔阂,实现与人文故事之间的双向良性互动。

第三,实现人文故事传导方式的多样化和仪式感。2002年诺贝尔经济学奖获得者丹尼尔·卡尼曼教授提出了峰终定律(Peak-End Rule),这一定律认为,人在经历事件后,印象最深的只有"峰"和"终"时的体验,也就是高潮和结束时的状态。学生在本科阶段精力相对集中,是有效吸收课堂引导能量的黄金时期,但传统的知识传授模式显然无法让教学效果历久弥新,往往课结事忘。这意味着,如果想让人文故事在课堂传导中发挥最大效能,那么方式的精心设计极为重要,应能让学生感受到峰值体验,继而真切地实现思政因素的传心入脑,终生难忘,而不似过堂之风,吹之则过。方式的多样化和仪式感是应追求的目标,多样的方式会激发受众的新鲜感,而仪式感易促成印象深刻,比如结合人文故事的特点进行即

---

① 孙燕华.创新教学管理 推动高校课程思政改革与探索[J].中国大学教学,2019(5):55-59.

兴演讲、戏剧表演、实地调研、情境还原等均可尝试采用,同时也要关注人文故事传导中的结尾设计,并结合课堂反馈状态不断优化模式。

参考文献

[1] 时显群.法学专业"课程思政"教学改革探索[J].学校党建与思想教育,2020(4):59-60.

[2] 周伟,钟闻.基于BOPPPS教学模型的内涵与分析[J].大学教育,2018,7(1):112-115.

[3] 孙燕华.创新教学管理 推动高校课程思政改革与探索[J].中国大学教学,2019(5):55-59.

[4] 高德毅,宗爱东.从思政课程到课程思政:从战略高度构建高校思想政治教育课程体系[J].中国高等教育,2017(1):43-46.

[5] 包姝妹.法学专业"课程思政"教学改革路径探析:以《侵权责任法》课程为例[J].高教学刊,2020(16):1-5.

[6] 顾晓英.教师是做好高校课程思政教学改革的关键[J].中国高等教育,2020(6):19-21.

[7] 余秋雨.中国文化课[M].北京:中国青年出版社,2019.

3 法律职业伦理课程思政教学路径探索

郑文革[①]

摘　要：课程思政对落实立德树人的教育根本任务具有重要意义，法律职业伦理课程是法学专业的思政课，扮演着法律人职业良心启蒙的重要角色。通过采用 BOPPPS 教学法，以律师的保密义务和真实义务为例，能够让学生充分掌握法律职业伦理的要求，把法律职业伦理的外在规范要求逐步转化为内心的职业信仰。法律职业伦理的教育与养成是一个系统的长期工程，既要在知识层面教给学生相关职业伦理规范，也要在思想层面增强学生的职业荣誉感和使命感，同时学生要逐步内化职业伦理的要求从行为层面做到知行合一身体力行。

关键词：法律职业伦理；课程思政；BOPPPS；保密义务；真实义务

教育是国之大计、党之大计，承担着立德树人的根本任务。思政课是落实立德树人根本任务的关键课程，发挥着不可替代的作用。[②] 落实立德树人根本任务，必须将价值塑造、知识传授和能力培养三者融为一体、不可割裂。[③] 构建思想政治理论课、综合素养课程、专业课程三位一体的高校思政课程体系。[④] 教育部《高等学校课程思政建设指导纲要》提出了深入开展宪法法治教育、深化职业理想和职业道德教育，课程思政建设目标要求和内容重点。法律职业伦理课程不是对学生进行法学学科基础知识的讲授，而是引导学生学习基本的法律职业道德准则，为未来从事法律职业筑牢职业操守。因而，从某种程度上说，法律职业伦理课程就是法学专业的思政课。司马光在论述智伯之亡时曾做出总结，认为智伯灭亡的原因是才胜德，同时也分析了德、才之间的关系：才者，德之资也；德者，才之帅

[①] 郑文革，南京航空航天大学人文与社会科学学院法律系讲师，法学博士，研究方向为法理学。
[②] 参见：中共中央办公厅、国务院办公厅《关于深化新时代学校思想政治理论课改革创新的若干意见》，2019年8月14日。
[③] 参见：教育部《高等学校课程思政建设指导纲要》，教高〔2020〕3号，2020年5月28日。
[④] 德毅，宗爱东.从思政课程到课程思政：从战略高度构建高校思想政治教育课程体系[J].中国高等教育，2017(1)：43-46.

也。同时,提出国家的用人原则是:尽量择有德行的圣人、君子而用之;若不可得,宁选无德无才的庸人,也决不用有才无德的小人。① 可见,在司马光看来,德行是国家选人用人的主要依据,而才华是次要的,有时甚至是负面的。法律职业伦理和法学专业知识可以比作法律人的德行和才华,德行和才华对于一个合格的法律人缺一不可:具有职业伦理但专业知识匮乏的法律人没有办法胜任复杂的法律专业工作,具有专业知识但职业伦理欠缺的法律人则会异化为知法犯法的公平正义破坏者。相较而言,法律职业伦理欠缺的法律人对法治和公正为害尤巨。可以说,法律职业伦理的培育和养成即是法律人职业良心的孕育与维护,而法律职业伦理课程则扮演着法律人职业良心启蒙的重要角色。

一、法律职业伦理课程简介

教育部《法学专业类教学质量国家标准(2021年版)》规定法学专业核心课程采取"1+10+X"分类设置模式,明确将法律职业伦理课程列入十门法学专业核心必修课程之一,要求所有开设法学专业的高校必须面向法学专业学生开设。法律职业伦理课程一般为32课时,面向大二或大三的法学本科生开设,法律职业伦理课程内容主要包括律师伦理、审判伦理、检察伦理、公证伦理、仲裁伦理等具体的法律职业伦理,同时也分析法律职业伦理相关的基本理论问题。目前,法律职业伦理教育在法学教育中具有不可替代的重要地位,随着法律职业遭受各种各样的诟病,法律人的职业伦理也越来越受到重视。例如,美国自"水门事件"有众多法律人(时任美国总统尼克松本人也曾是律师)参与之后,开始逐渐重视法律职业伦理教育,美国律师资格考试也有法律职业伦理的相关内容。我国十分重视法律职业伦理教育,法律职业伦理课程是我国大学法学专业的必修课,法律职业道德也是我国法律职业资格考试的范围。法律职业伦理课程的目标是要让法学专业的学生树立法律职业伦理观念,内化法律职业共同体的使命感和荣誉感,秉承为了实现公平正义而学习法学、从事法律职业的初心,实践法律人的"希波克拉底之誓"。②

---

① 《资治通鉴·周纪一》.
② "希波克拉底之誓"是古希腊医生希波克拉底提出的医生职业规范,要求医生以病人的生命健康为中心,对病人负责,对社会负责。

二、法律职业伦理的重要性

徒善不足以为政,徒法不足以自行。① 法律乃公平正义的体现,但法律上的公平正义不会自动实现,法律公正的实现离不开每一位从事法律职业的人,将书本上的法转化为行动中的法,将纸面正义转化为实际正义。荀子曰:法者,治之端也。君子者,法之原也。② 在制度运作的过程中离不开人的作用,甚至在某些情况下,人的作用是举足轻重的。法律人是法律能否得到公正有效实施的关键,正所谓,其身正,不令而行,其身不正,虽令不行。③ 故而,法律人职业素养的高低关乎法律正义能否实现以及在多大程度上实现。民国时期法学教育家孙晓楼认为,法律人应当具备法律学问、法律道德和社会常识。④ 这就对法律人提出了非常高的要求,不但要具有扎实的法律专业知识,也要遵守基本的法律职业道德规范,同时还要具有家国天下的情怀。法律职业不仅仅是谋生的手段,更是实现人生意义的重要路径。

理想总是美好的,然而现实却会泼来一盆又一盆的冷水。法律人最熟悉法律,法律人也最容易破坏法律,他们知道法律的长短优劣,更善于操控玩弄法律。社会上各种法律人违法犯罪的情况层出不穷,有些情况甚至有点触目惊心。正是因为有了这么多的法律人知法犯法,导致民众对法律职业者的认可度普遍不是很高,即便法律人没有违法乱纪的情况存在,有些没有达成自己理想目标的当事人仍然会觉得有金钱和腐败牵涉其中,这样的境况不得不让我们深思。纪伯伦曾说:"你们乐于立法,更乐于破坏它们,如同海边玩耍的孩子,不倦地搭建沙塔,再笑着破坏它们。"如果连法律人自己都把法律糟蹋成任建任拆的权力工具,让法律落入纪伯伦所说的"沙塔化"景况时,那么,法律还有什么尊严之可谓呢?法律人又有什么骄傲之可谓呢?⑤ 法律人的异化在某种程度上与法学教育的沉沦不无关联,现在的法学教育功利性太强,学生疲命于应试、升学与就业,汲汲于法学专业知识的灌输,疏漏于法治理念的培育和法律职业道德的养成,即便法律职业伦理课程已经成为法学专业学生的必修课,但是大多数学生对于此课程的重视程度

---

① 《孟子·离娄上》.
② 《荀子·君道》.
③ 《论语·子路》.
④ 参见:孙晓楼.法律教育[M].修订版.王健,编校.北京:中国政法大学出版社,2004:11-13.
⑤ 参见:陈长文,罗志强.法律人,你为什么不争气?——法律伦理与理想的重建[M].北京:法律出版社,2007:10-11.

不够。故而,如何上好法律职业伦理这门课,通过课程学习引导学生逐步建立良好的法律职业道德修养,是一个值得认真思考的问题。

三、法律职业伦理课程 BOPPPS 教学实践示例

BOPPPS 是由加拿大教学技能发展工作坊(Instructional Skills Workshop,ISW)开发并推广的参与式教学模型。BOPPPS 教学模型包括导入(Bridge-in)、明晰学习目标或预期成果(Objectives or Outcomes)、前测(Pre-test)、参与式学习(Participation)、后测(Post-test)与总结(Summary)六个环节。[①] BOPPPS 教学模型能够充分调动学生的学习积极性,促进学生最大程度融入课堂教学之中,真正做到教学互动教学相长。法律职业伦理课程教学过程中也可以采纳 BOPPPS 教学法,让学生积极参与到老师的教学过程中,主动地思考解决问题,把法律职业伦理的外在规范要求逐步内化为内心的职业信仰。律师的保密义务和真实义务是律师职业伦理的重要组成部分,以下将通过 BOPPPS 教学法来展示律师保密义务和律师真实义务的教学过程设计。

(一)律师的保密义务

律师保密义务是指律师应当保守在执业活动中知悉的国家秘密、商业秘密,不得泄露当事人的隐私。律师的保守秘密问题是贯穿于整个律师业务活动的一个基本问题,律师的保密具有平衡控辩双方力量、避免强大的国家肆意侵犯嫌疑人权利的功能。[②] 学生需要了解律师保密义务的主要内容,包括:保密主体、保密范围、保密时间、保密例外以及违反保密义务应当承担的法律责任等。

1. 导入

在课程最初通过一个简单的案例引入本节课要讨论的主题:律师的保密义务。

王某最近遇到了一些法律问题,想要找个律师代理,但是担心自己的隐私可能会因此泄露于律师之外的其他人,请思考一下王某的这种担心有没有道理。

案例引入之后,引导学生思考律师对于在办案过程中知悉的当事人的秘密需不需要保密,上述案件中王某的担心是否多余。

---

① 郑燕林,马芸.基于 BOPPPS 模型的在线参与式教学实践[J].高教探索,2021(10):5-9.
② 许身健.法律职业伦理案例教程[M].北京:北京大学出版社,2015:80.

2. 学习目标

通过第一部分的讲述,提出本节课的学习目标,关于律师的保密义务,学生的学习目标主要有三个,即律师保密义务的范围、律师保密义务的时间和律师保密义务的例外。律师保密义务的范围主要讨论律师在办案中知悉的哪些委托人的事项属于应当保密的内容;律师保密义务的时间重点分析律师保守委托人秘密的时限是怎样的;律师保密义务的例外主要分析律师保守委托人秘密存在哪些例外的情况。

3. 前测

了解学习目标之后,可以提出一个有关律师保密义务的基本问题,检测一下学生对律师保密义务基础知识的掌握情况。

律师保密义务的主体仅仅是指执业律师吗?

可以就上述问题提问几个学生,根据学生们的回答大体可知学生是否清楚实习律师、律师助理和执业律师之间的区别,对律师行业的了解情况,从而为接下来的课程讲述确立大致的方向。

4. 参与式学习

参与式学习有别于传统的被动灌输式学习,它要求学习积极参与到老师的教学过程中去,通过提问回答、分组沟通、疑难解答等方式,在师生之间、学生之间形成热烈的沟通互动,达成良好的学习效果。根据律师保密义务的三个需要重点掌握的内容可以将学生分成三组,每组分别讨论一个问题。当然,讨论可不局限于组内,也可以进行小组之间的沟通。在组内充分讨论的基础上派出代表将本组讨论的结果进行汇报,与此同时,老师也可以通过提问等方式参与进学生的讨论中去,学生在讨论思考的过程中如果有疑问也可以随时向老师提问。

通过这样的参与式学习之后,学生需要对律师保密义务的范围、时间和例外三个问题有比较深入的理解。关于律师保密义务的范围,需要知道保密义务的范围相当广泛,所有经办理案件而获知的委托人的事项均属于保密的范围,既包括和案件紧密相关的事项,也包括和案件没有直接关联的事项,从具体类型来说,律师应当保守的秘密包括国家秘密、商业秘密和当事人隐私。关于律师保密义务的时间,需要了解的是律师不仅在委托关系进行中负有保密义务,在委托关系结束后保密义务依然存在,甚至在协商代理过程中知悉的事项也需要进行保密,即便后续代理关系并未真正建立。关于律师保密义务的例外,主要有三种情况可以不用保密,分别是当事人明确的同意、防止未来重大伤害以及律师自我保护的需要。

其中当事人明确同意要求这种同意是明确表达的而非默许的;防止未来重大伤害一般要求这种伤害是正在发生的或者即将可能发生的人身伤害或国家利益、公共利益的重大损害;律师自我保护的需要主要是指当律师和委托人关系出现问题时,面对当事人的申诉或控告,律师为了替自己辩护而适当披露代理关系中知悉的内容。

5. 后测

通过上述参与式学习,学生应当对律师保密义务的知识点大体掌握,为了检验学习效果,可以设计一个案例分析题请学生分析解答,借此了解学生的课堂学习情况。

某律师在代理一个案件的过程中获知其当事人曾经有一起盗窃行为未被发现,试问:该律师对此情况是否需要保密?

此案例主要涉及的是律师保密义务的例外情况,可以邀请一到二位同学分析一下。此案当事人的行为虽然有可能涉嫌违法犯罪,但是由于事情已经发生,属于过去的事情而非即将发生的重大伤害,因此律师仍然负有保密的义务。学生可以通过此案例的分析解答进一步深入了解律师保密义务的例外,尤其是理解何为未来重大伤害。

6. 总结

经过上面的分析讨论,最后对课程内容做一下总结,再次指出本节课程的重难点,强调律师保密义务的重要性,要求学生课后加以复习,进一步巩固强化相关知识点。

(二)律师的真实义务

律师职业既有私利性,也有公益性,律师不仅要对委托人负责,也要对法律负责。如果说律师保密义务是"以委托人利益为中心"代理理念的重要体现,那么与律师保密义务紧密相关的律师真实义务则是律师追求法律正义的基本要求。在司法裁判中,律师的参与对于发现案件真实情况具有无法忽视的重要作用,尤其是在刑事诉讼中,律师的积极举证质证能够对控方形成有力牵制,避免控方公权力异化,对于人权保障、司法公正意义非凡。律师的真实义务要求律师秉持诚信去发现案件的事实真相,不弄虚作假,不欺诈法庭,实事求是探究案件的本来面目。具体而言,律师不得伪造证据,不得帮助委托人隐匿、毁灭、伪造证据或串供,不得威胁、利诱他人提供虚假证据。律师不得提供明知是虚假的证据。如果提交后才发现证据不实,律师必须采取合理补救措施。律师不得在明知的情况下,向法庭作虚假的陈述,也不得故意误导法庭。律师不得妨碍对方当事人合法取得证据。由于真实义务的要求总体来说比较抽象,这需要在教学过程中结合各类具体的案件进行分析,加深学生对律师真实义务的理解。此外,由于律师的真实义务与保密义务在某些案件中可能会产生一定程度的冲突,所以需要结合保密义务进行讲解,同时分析律师这两种义务之间的辩证关系。

1. 导入

课程开始之初同样需要以一个简单的案例导入讲解的主题:律师的真实义务。

某律师对其当事人说,你可以伪造下某个重要文件的签名,这样胜诉的可能更大。请问:该律师的这一做法符合职业伦理的要求吗?

引导学生思考上述律师的行为违反的是什么样的职业伦理,顺着这一线索逐步引出课程的主要内容。

2. 学习目标

通过对引例的分析,可以了解本节课程的学习目标是学懂弄清律师的真实义务,同时要学会辩证地分析律师的真实义务和保密义务之间的关系。

3. 前测

在讲述律师真实义务之前,可以提出一个有关律师职业伦理的小案件,让学生分析讨论,以了解学生对其他相关简单律师职业伦理的掌握情况,为讲解律师真实义务打下基础。

某犯罪嫌疑人被指控杀人,且手段较为残忍,其亲属代为委托某律师辩护。律师了解情况后拒绝作从轻辩护,并要求解除委托关系,委托人不同意,后该律师拒绝辩护。请问:该律师的做法有没有违反律师职业伦理?

可以让学生分析这一案例,此案中的律师在得知相关情况后拒绝作从轻辩护并没有违反真实义务,然而在解除委托关系失败后直接拒绝辩护却违反了律师勤勉尽责的基本职业道德要求,该律师的这一行为同样是不可取的。

4. 参与式学习

由于律师真实义务的内容相对较为概括抽象,很难在理论上再条分缕析出几个知识点,故而,不再采用将学生分组每组讨论一个知识点的方式来进行参与式学习。可以设定一个具有代表性的案例让学生讨论,当出现不同种意见时,可以让学生相互之间进行辩论研讨,老师在其中适时加以引导,学生在辩论思考中会逐步发现问题的最佳答案。律师的真实义务与律师的保密义务犹如一枚硬币的两个面,相互联系而又相互背反,如何妥善处理好二者之间的关系是每个律师必须要学习解决的,二者之间的关系讨论也是学习律师职业伦绕不开的话题,可以借助相关案例引导学生对此问题加以深入思考。

委托人将一份对其不利的文件交由自己的律师保管,如果法官问律师:"上述文件是否在你那儿?"请问:律师该如何作答?

这是一个比较典型的涉及律师的保密义务和真实义务冲突的情况,只有学生对这两种职业伦理有较为深入的了解之后,才能够较好地解决这一问题。学生在分析讨论的过程中大概出现以下两种观点:

一是回答没有上述文件(或者有上述文件但不在我这儿)。如果如此回答,意味着律师在欺骗法官,这也违反了律师发现案件事实的真实义务,不仅违反了律师职业道德,还有能会构成违法行为,所以此种类型的回答断不可取。

二是回答上述文件在我这儿。如果如此回答,意味着律师可能背叛自己的委托人,损害委托人的利益,律师有勤勉尽责的义务,同时也有保密的义务,此处的情况也并非保密义务的例外,故而此种类型的回答同样不可取。

那么,面对这一两难境地该怎么办?其实法官提出的这个问题本身存在诱导性,是一个话语陷阱,一般情况下法官也不可进行诱导性发问,因为它使得猜疑偏见替代了理性证明,也打破了当事人双方之间的均衡,不利于实现真正的司法公正。面对诱导性提问,律师可以选择拒绝回答,这样的话既不会因为欺瞒法官而违反真实义务,也不会因为泄露委托人信息而违反保密义务。此案只是律师保密义务和真实义务相冲突的一种比较典型的表现形式,还有很多其他的情形也会涉及保密义务和真实义务的冲突,学生要举一反三学会甄别,同时还要能够触类旁通有效化解此类问题。

5. 后测

可以通过一个案件检验学生对律师真实义务的掌握情况,同时也为后续讲述其他律师法律职业伦理做好充分的铺垫。

某律师怀疑其委托人交付自己的某个证据是伪造的,经过一番思想斗争之后,仍将该证据提交法庭。请问:该律师的做法是否违反职业伦理的要求?

律师的真实义务要求律师不得向法庭提交其明知是虚假的证据,此案中该律师提交的证据可能是伪造的,但是也不一定,这时需要律师积极关注查证该证据的真实性,一旦发现该证据是伪造的,应当积极采取补救措施,例如及时向法庭申请撤回该证据。

6. 总结

对本次课的内容做一个小结,再次重申需要学生掌握的知识点,让学生在课后继续复习巩固相关内容,同时也可以预习新的法律职业伦理课程内容。

通过运用BOPPPS教学法,可以让学生充分主动参与到法律职业伦理的课程中,积极地去思考讨论案例,让原本知识趣味性欠佳的法律职业伦理课程也能够变得津津有味。学生在课程参与过程的同时,不仅在不知不觉中掌握了法律职业伦理的相关内容,而且潜移默化地将相关职业伦理要求内化于心,犹如春风化雨润物无声一般,逐步培育了良好的法律职业道德修养,为将来从事法律职业奠定坚实的职业伦理基础。

四、法律职业伦理的教育与养成

法律职业伦理是一种专业伦理,而非大众伦理,二者之间并非完全一致,甚至有时还存在一定程度的冲突。在中国传统的法律观念之下,如果职业伦理与大众伦理发生冲突时,民众或官方总是指责法律家们机械、教条、冷漠,并且要求法律家遵循"舍法取义"的方式来处理法律问题。[①] 一旦大众的朴素道德情感未能得到有效满足,法律人便不可避免地被贴上各种不好的标签,法律人在追求正义的过程中总是背负了太多的误解与心酸,加之部分法律人的异化让这样的包袱更加沉重。法律人的商人化、法律职业的趋利化、正义理想的贬值等是当代社会法律职业伦理面临的重大挑战,也是影响民众对法治和法律职业观感的重要因素。[②] 在此背景下,努力提升每个法律人的职业道德修养,挽救迷途的法律职业,改善大众对法律职业的心理认知,则是需要每一个法律人身体力行的重要使命。

法治社会的建设需要一大批德法兼修的高素质法治人才,法律职业伦理教育是德法兼修高素质法治人才道德素质养成的主要方式。[③] 布鲁姆按照类型的不同将教育目标分为认知、情感以及动作技能三大领域。有学者根据布鲁姆的教育

---

① 孙笑侠.职业伦理与大众伦理的分野:为什么要重塑我们的法律职业伦理[J].中外法学,2002,14(3):375-382.
② 苏新建.法律职业伦理:历史、价值与挑战[J].河南财经政法大学学报,2021,36(6):147-154.
③ 参见:陈云良.新时代高素质法治人才法律职业伦理培养方案研究[J].法制与社会发展,2018,24(4):24-33.

目标理论将法律职业伦理课程目标结构分为四个层面,即知识层面、技能层面、情感层面以及行为层面。① 以之为参考,首先,法律职业伦理课程要教给学生一整套完整的法律职业伦理规范,让学生对各种常见法律职业的职业伦理要求都能了然于胸;其次,要培养学生对法律职业的使命感与荣誉感,增强法治观念与正义观念,提升学生的职业认同;最后,培养学生自觉将所学运用于法律实践,以法律职业伦理的要求来规范自己的专业行为,知行合一身体力行。

(一) 熟知法律职业伦理规范

法律职业伦理课程的基本目标是让学生熟知各种法律职业的伦理规范要求,能够通过法教义学的方法对各种职业伦理规范进行解读,培养运用职业伦理规范解决各类法律职业伦理问题的能力。法律职业伦理基本规范的种类多样,包含正义、独立、效率、平等、诚信、保密、勤勉、清廉、礼仪等多个层面,②在不同的法律职业中,对上述伦理规范的要求程度和侧重点各不相同,这要求学生在学习时要细心把握区分。法律职业伦理规范的渊源表现为法律、行政法规、司法解释、部门规章、行业规范以及一般的道德规范等多种形式,其中行业规范较为集中地规定了法律职业伦理规范,对此学生需要给予重点关注,以法教义学的方法进行条分缕析式的规范分析和解读,深刻理解相关职业伦理规范的要求及其规范初衷。在法律职业伦理的学习过程中,要了解法律职业伦理并非一般道德观念在法律职业领域的体现,职业伦理是一种专业伦理,有着附属于职业属性的特殊要求,不一定完全符合大众的道德观念,这就需要学生在学习时注意甄别,切勿将二者简单等同化。

(二) 培养法律职业使命感和荣誉感

每一种职业都有专属于自己的职业伦理要求,例如医生职业早在古希腊时期就有自己的职业道德"希波克拉底之誓"。③ 法官、检察官和律师等法律职业所追求的职业理想不尽相同,但是它们都有一个共同的目标,即实现公平正义,所以法律人也有自己的"希波克拉底之誓",即以追寻公平正义为最高职业理想。每个学习法律的人或多或少都憧憬着未来能够成为正义的守护者,这让每个法律人都具

---

① 参见:闫亚林,刘冰珂."法律职业伦理"四维课程目标及其实现[J].法学教育研究,2021(4):199-214.
② 参见:李本森.法律职业伦理[M].北京:北京大学出版社,2021:55-85.
③ "希波克拉底之誓"由古希腊医师希波克拉底提出,是有关医生医德的誓言,要求医生始终以病患为中心,救死扶伤,不生谋财害命等邪念。

有一种天生的职业使命感和荣誉感,这也使得法律职业成为一种以社会公平正义为依归的崇高职业。故而在法律职业伦理课程中,要着重培养学生的职业认同,形成一种特殊的身份意识,认识到他们所学之知识和将来所从事之职业可以惩恶扬善、伸张正义,会给社会和国家带来公正、带来希望和带来光明。这将从内在激发学生努力学习法律职业伦理的热情,不断提升自己的专业修养,维护法律职业的使命感和荣誉感,筑牢社会公平正义的防线。

(三)知行合一身体力行

法律人最接近权力,权力自身无限扩张的特征使得法律人很容易沦落为权力的俘虏,为了避免权力的异化和法律人的沉沦,必须将权力关进制度的笼子,用职业伦理规束法律人的言行。法律人是法律制度的实践者,法律这柄利剑能否发挥其应有的作用取决于执剑者,可以说法律人的职业素养关乎社会正义的最后一道防线能否守住,更关乎法治建设的成败。法律人的崇高职业理想激励法律人时刻以法律职业伦理的标准要求自己,不断提升自己的职业素养和道德水平,莫现乎隐,莫显乎微,时刻警醒自勉。千里之行,始于足下,法律人职业伦理的培养和职业素养的提升应当从法学学生时期开始,学生在学习职业伦理专业知识的同时,要做到知行合一身体力行,平日里努力做到"慎独",勿以善小而不为,勿以恶小而为之,在法律实践实习过程中,严格以法律职业伦理标准约束言行,为未来充当法律执剑人,维护社会公平正义打下良好的基础。

五、结语

法律职业伦理是重要的法学专业核心课程,它不传授具体的法学专业知识,给人的印象好像是没什么太大的作用,学不学影响不是很大,但是这只是急功近利者的误解。法律职业伦理培养的是法律人的内功,它旨在提升法律人的德行,使得法律职业拥有崇高的职业荣誉和职业使命,使得法律人具有高尚的职业理想与职业追求,使得法律行业摆脱庸俗的低级趣味,使得法学真正成为一门公平正义之学。

参考文献

[1] 高德毅,宗爱东.从思政课程到课程思政:从战略高度构建高校思想政治教育课程体系[J].中国高等教育,2017(1):43-46.

[2] 孙晓楼.法律教育[M].修订版.王健,编校.北京:中国政法大学出版社,2004.

[3] 陈长文,罗志强.法律人,你为什么不争气?——法律伦理与理想的重建[M].北京:法律出版社,2007.

[4] 郑燕林,马芸.基于BOPPPS模型的在线参与式教学实践[J].高教探索,2021(10):5-9.

[5] 许身健.法律职业伦理案例教程[M].北京:北京大学出版社,2015.

[6] 孙笑侠.职业伦理与大众伦理的分野:为什么要重塑我们的法律职业伦理[J].中外法学,2002,14(3):375-382.

[7] 苏新建.法律职业伦理:历史、价值与挑战[J].河南财经政法大学学报,2021,36(6):147-154.

[8] 陈云良.新时代高素质法治人才法律职业伦理培养方案研究[J].法制与社会发展,2018,24(4):24-33.

[9] 闫亚林,刘冰珂."法律职业伦理"四维课程目标及其实现[J].法学教育研究,2021(4):199-214.

[10] 李本森.法律职业伦理[M].北京:北京大学出版社,2021.

4 宪法学课程思政的载体表达
——新旧两版马工程宪法学教材的"变"与"不变"

洪 骥[①]

摘 要：马工程宪法学教材迄今为止一共有两个版本，以2018年我国《宪法》修改为界限加以区别。新版教材针对修宪以来的环境变化做出了相应的调整与修改，使其呈现出与旧版之间微妙的差别，这种不同主要体现在新版教材新增的原理性内容、制度性内容和结构性内容这三个方面。但与此同时，在教材的整个体系架构上，新旧两版均体现了"导论—总论—历史—特色—权利—权力—实施"的既有编写模式。此外，新版教材还继承并坚守着旧版教材中的一些固有价值立场，这种立场可以从一些改革开放以来的根本原则中窥见一斑。

关键词：马工程教材；宪法学课程思政；新版与旧版；差异；共性

一、前言

马克思主义理论研究和建设工程重点教材（以下简称"马工程教材"）的宪法学教材截至2022年一共经历了新旧两版的变迁。显然，2018年3月的人大修宪是促成新版教材诞生的直接契机，从第一版[②]（以下简称"旧版教材"）的2011年到第二版[③]（以下简称"新版教材"）的2020年，其间约十年时间我国的政治环境乃至宪法体制也发生了翻天覆地的变化，本文便聚焦这一"变化"的时代底色，以新旧两版马工程宪法学教材中的详细章节构造为依托，有针对性地分析阐述两者之间的具体差异（即变化的部分），同时也将考察其中依然没有发生变化、或者说不应

[①] 洪骥，南京航空航天大学人文与社会科学学院法律系讲师，早稻田大学法学博士，专攻方向为宪法学。本文系南京航空航天大学2021年本科教育教学改革研究项目"习近平法治思想融入新版宪法学马工程重点教材研究"（2021JG1037Y）、南京航空航天大学校工会2022年（第七期）"三育人"专题项目"习近平法治思想在高校法学教育中的课程思政实践研究"的阶段性成果。

[②] 《宪法学》编写组.宪法学[M].北京:高等教育出版社,人民出版社,2011.

[③] 《宪法学》编写组.宪法学[M].2版.北京:高等教育出版社,人民出版社,2020.

该认定其产生了"变化"的某些元素。从宪法本身的时代发展与宪法坚守的根本价值出发,综合探究新旧两版马工程宪法学教材在横跨我国十年时代风雨中的"变"与"不变"。

本文对于新旧两版马工程宪法学教材的对比研究,其实正是一种"课程思政"的表现形式。因为宪法乃一国根本大法,涉及国家根本政治制度和基本秩序,关乎公权力的具体行使方式和每个公民的基本权利保障问题。"习近平法治思想"的重要组成部分,或者说在法学领域起到统领全局之作用的内容乃是"习近平宪法思想",所以对于新版马工程宪法学教材之中深刻反映修宪之后该思想的落实程度以及该思想与旧教科书中既有价值体系之间的继承关系问题的研究,可以说是法学领域最大的"课程思政"了。

二、新旧教材体系上的共性

从两版教材的目录框架上来看,2020年的新版教材基本上维持了2011年旧版教材的编写思路和体系特征,并未刻意突出太多根本性的调整内容。例如,二者开篇都是以"导论"部分引入,着重介绍了宪法学的研究对象、研究方法以及其学科分类与基本特征;另外,两版教材都将"公民的基本权利和义务"(第六章)排在了"国家机构"(第七章)的前面,体现了一如既往对宪法权利意识的重视和强调。总的来说,可以将二者体系编排上的共性归纳为"导论—总论—历史—特色—权利—权力—实施"这样一种模式。"导论"部分的细目内容如上所述,"总论"部分则对应宪法学的一些基本概念的介绍和阐述,比如宪法的渊源、宪法的制定、解释与修改、宪法的效力与作用等。"历史"部分以我国宪法的历史为主,以中华人民共和国的成立为最大的分水岭逐项介绍我国不同时期的宪法规范。"特色"部分自然是强调马克思主义中国化视角下的我国宪法特征,包含了"宪法的指导思想和基本原则"(第三章)、"国家性质和国家形式"(第四章)以及"国家基本制度"(第五章)共三个章节的内容。"权利"部分一如既往地分条目详细列举介绍了我国宪法中明文规定的公民享有的各项基本权利,二者都以"总论"和"分论"的构造对此加以描述,又共同涵盖了公民的基本义务。"权力"部分对应的是国家机构的组成,是一种公法意义上的组织法,也都按照宪法条文顺序依次介绍了我国现行宪法规定的公权力机关,该部分同样以"总论"和"分论"的形式加以呈现。"实施"部分指的是宪法的实施和监督,虽然有2018年修宪后新的制度安排,但两版教材基本在此保持了大体框架的一致性。

综上可知,新旧两版宪法学马工程教材可以说是一种继承与被继承的关系,其教科书的体系构造并未出现太大的本质性的变动。

三、新版教材增加的内容表述

纵观新版教材目录的各个章节细目,可将其新增加的内容表述归纳为三大类:(一)原理性内容、(二)制度性内容、(三)结构性内容。首先,"原理性内容"指的是一些超越实体宪法制度的、抽象的原理乃至于政治原则,这是新版教材增加的内容表述中最本质的部分,也是充分体现我国宪法有别于域外的根本底色。修改后的《中华人民共和国宪法》(以下简称《宪法》)序言(第七自然段)加入了"习近平新时代中国特色社会主义思想"作为马克思主义中国化的最新成果来指引全局,是"原理性内容"的核心。而这一内容在新版教材的导论第二节"宪法学在中国的产生和发展"之第二小节二"新中国宪法学的创立和发展"(第8页)、教材导论第四节之第一小节"学习宪法学的意义"(第14页)、教材第二章"宪法的历史发展"之第三节"中华人民共和国宪法的产生和发展"(第80页)、教材第三章"宪法的指导思想和基本原则"之第一节"宪法指导思想"(第85-87页)等处均得到了有效的体现和强调。此外,2018年修改后的《宪法》第一条第二款插入了"党的领导",即"中国共产党领导是中国特色社会主义最本质的特征"这一表述,这也是超越实定法的"原理性内容"之主体部分。众所周知,"中国共产党"这一术语在2018年修宪前只存在于我国《宪法》的序言中,但修改后却将其直接导入正文(总纲·第一条第二款)中,这一变化不可谓不大。该内容作为"原理性内容"首次出现在宪法正文中的同时,也是将执政党长期以来对国家和社会施加的强大影响力当作一种可以被具体认知的对象记载到实定法条文中,是一种对既成政治事实的"规范确认"行为。作为"四项基本原则"的核心内容,"中国共产党的领导"同时也居于我国宪法基本原则的地位。该内容以及其修改后的条文在新版教材第三章"宪法的指导思想和基本原则"之第二节"宪法基本原则"(第94页)、教材第四章"国家性质和国家形式"之第一节的第二小节"我国的国家性质"(第110-112页)中得到了特别提及与解释。

以上便是"原理性内容"的两大组成部分,它们都是旧版马工程宪法学教材中不曾有的。其实,更进一步思考的话,这两大"原理性内容"也恰恰构成了当今中国法理学和宪法学的最热关键词——习近平法治思想。根据先行研究的结论,习近平法治思想中"有关宪法的重要论述"可总结归纳为"习近平宪法思想",其主要内容有:将依宪治国、依宪执政与依法治国、依法执政有机结合起来,突出强调党的领导在依宪治国中的重要地位和作用,高度关注以"科学精神"修改宪法,以人民为中心和生命至上为原则来有效推动国家尊重和保障人权,坚持宪法确定的人民民主专政的国体和人民代表大会制度的政体不动摇,把宪法实施的重要性提到前所未有的高度,强调通过推进合宪性审查工作来加强宪法实施监督、维护宪法权威等等。① 而以上这些内容,在新版马工程宪法学教材所对应的各个具体章节中,都需要进行全新的阐释与解读。这是一项浩瀚的工程,也是我国当下一些法理学者、宪法学者乃至行政法学者②的主要研究领域了。

第二类的"制度性内容"指的是 2018 年修宪后新增加的宪法制度内容,最典型的例证便是监察委员会制度与合宪性审查制度。2018 年修改后的《宪法》第三章(国家机构)的第七节即为"监察委员会"(第一百二十三至一百四十条),这是一项全新的制度创设。国家监察委员会制度的诞生,对我国公权力机构的架构产生了深远的影响,新版教材自然不吝笔墨的在第七章(国家机构)第八节中给予详细介绍,这个排列顺序也是和宪法条文相契合的。③ 合宪性审查制度原本属于宪法监督或宪法保障制度的一种,因我国存在《中华人民共和国各级人民代表大会常务委员会监督法》,故习惯将合宪性审查制度单列,特别强调其促成监督宪法实施的强大作用。2018 年修改后的《宪法》更是将合宪性审查制度的形成、充实和完善乃至于相关研究推向了高潮。而在新版教材的内容安排上,合宪性审查制度的内容也得到了充分体现。虽然和旧版教材一样,都将其放在了全书的最后一章(旧版为第八章、新版为第九章),但相较于旧版教材的章名"宪法实施的监督",新版教材称之为"宪法实施和监督",一字之差,却意味深长。显然,新版教材已经不满足于将合宪性审查制度仅仅包含在"宪法监督制度"之中去理解,而更倾向于将其单列,甚至和"宪法监督制度"并列在一起,以强调其重要地位。诚然,在具体的章节细目中,这一点也得到了印证。例如,新版教材第九章的第一节"宪法实施"比旧版多出了第三小节"健全保证宪法全面实施的体制机制",并在此部分介绍了 2014 年以来确立的 12 月 4 日"国家宪法日"的内容以及 2018 年修宪后新增的"宪法宣誓制度"(《宪法》第二十七条第三款;新版教材第 326 页);④另外,新版教材第

---

① 莫纪宏.论习近平关于宪法的重要思想的基本理论特质[J].法学评论,2021,39(1):1-12.
② 例如,张文显(法理学领域)、莫纪宏(宪法学领域)、周佑勇(行政法学领域)等。
③ 针对作为"政治机关"的监察委员会的研究成果可谓汗牛充栋,其中首先关注到其与人大之间关系问题,并试图通过修宪后的宪制框架下的合理解释从而将监察纳入"法治轨道"的研究。可参见:周佑勇.对监督权的再监督:地方人大监督地方监察委员会的法治路径[J].中外法学,2020,32(2):285-302.
④ 有学者就比较关注这一方面的研究,将合宪性审查制度、宪法监督制度、宪法解释制度、宪法宣誓制度和宪法日制度这五种制度合称为"习近平关于依宪治国的法治构型思想"。可参见:关保英.习近平法治思想中的依宪治国论[J].南京大学学报(哲学·人文科学·社会科学),2021,58(2):5-15.

九章的第三节"我国的宪法监督制度"也比旧版多出一小节"我国的合宪性审查机制",在该部分着重介绍了2018年修宪后更名的全国人大专门委员会之"宪法和法律委员会"(《宪法》第七十条;新版教材第340页)的审查主体地位以及合宪性审查的对象与程序等问题。这些也都是旧版教材没有的内容。

此外,2018年修宪新增的生态文明制度(《宪法》序言、第八十九条)也是一个亮点。它和经济制度、政治制度、文化制度以及社会制度并列,共同构成了我国的"国家基本制度",这在宪法条文中明确之后,同样也反映到了新版教材的章节构造中(第五章第五节,第180-184页)。

第三类的"结构性内容"主要指2018年修宪前(即旧版教材中)业已存在的制度或表述,由于之后宪法修改的重大变化乃至国内外经济政治环境的影响,对原有内容进行"框架重组"或"表达重构"的做法。这方面最好的例子有两个:一是"一国两制"与特别行政区制度;二是宪法学的"主体意识"。首先,对于第一点,该制度在2018年修宪前早已作为一项特别的宪法制度存在,故旧版教材对此给予了一定程度的关注。不过,这时还仅仅将特别行政区当作"国家机构"(公权力机关)的一种,将其纳入第七章"国家机构"的第九节,主要从特别行政区内部的公权力配置(行政、立法、司法)角度出发逐一展开介绍。但自旧版教材出版(2011年11月)之后,香港地区出现了众所周知的一系列问题,这些问题具有高度政治性与敏感性,最终引发全国人大常委会释法(2016年11月7日全国人大常委会关于《中华人民共和国香港特别行政区基本法》第一百零四条的解释)。而此后的2020年,全国人大常委会又制定并通过了"港版国安法"(《中华人民共和国香港特别行政区维护国家安全法》),进一步从法律制度上加强了对香港特别行政区的管控力度。针对以上形势,新版教材显然已经无法再像旧版那样把香港问题消解在普通的"国家机构"章节作简单介绍,而是单列一章(新版第八章),将其独立于普通国家机构之外,专门使用更多笔墨对"一国两制"与特别行政区制度进行更加体系性的介绍。因此,旧版教材中单纯唯一的"特别行政区内部公权力配置"视角不再适用,新版教材从更广阔的格局出发,以"宪法和基本法的关系"(新版教材第八章第一节)、"中央和特别行政区的关系"(新版教材第八章第二节)这两组关系为主线,分别阐述了"一国两制"与特别行政区制度的宪制依据与法理依据,并结合历史与现实,严格界定了该项制度特殊意涵。在此基础之上,再部分沿袭旧版教材的"特别行政区内部公权力配置"视角,以"特别行政区政治体制"(新版教材第八章第三节)为题展开了介绍。具体到内容层面,相较于旧版教材"论证过程的缺失",新版教材在解释上述"两组关系"时,注重运用历史文献与现行规范相结合的手法,以此对现实制度进行合法性证成。比如,在新版教材第八章第一节介绍"宪法和基本法的关系"时,就引用了《邓小平年谱(1975—1997)》《邓小平文选》等经典历史文献,分析阐释了香港问题和澳门问题的前因后果,最终引导出《宪法》与两部基本法中相关地位规定的正当性。而在第八章第二节中介绍"中央和特别行政区的关系"时,立足于《宪法》《中华人民共和国香港特别行政区基本法》《中华人民共和国澳门特别行政区基本法》以及最新的《中华人民共和国香港特别行政区维护国家安全法》的相关条文,对这种极具中国特色的特殊形态下的"中央-地方关系"进行了理论证成。另外,新版教材第八章第三节"特别行政区政治体制"的第六小节还简单介绍了"非政权性的区域组织和市政机构",这其中就包括香港特别行政区的18个区议会以及澳门特别行政区于2018年7月设置的市政署,这些内容也是旧版教材中没有的。

对比新旧两版教材对于这一部分截然不同的"结构性安排"不难发现,"一国两制"与特别行政区制度的重要性较之以往得到了极大的提升,也是近十年以来围绕香港问题所产生的一系列国内、国际政治经济形势突变的结果。这正是教材产生"结构性内容"之变动的根本诱因。

除了上述"框架重组型"结构性内容变动外,还有一种是"表达重构型"的变动,即一些用语、术语或提法的修改与变迁。这背后隐藏的其实是近十年以来国家政策强力驱动背景下中国宪法学希求提高自主性与独立性的一种尝试。对于该问题,最好的佐证是两版教材的"导论"部分之微妙差别。旧版教材"导论"部分第二节的名称为"宪法学的历史发展",而新版教材则将其命名为"宪法学在中国的产生和发展";而同节第一小节与第二小节在旧版教材中分别是"宪法学在西方的产生和发展"和"宪法学在中国的产生和发展",新版教材则分别命名为"近现代中国宪法学的产生和发展"与"新中国宪法学的创立和发展"。具体到内容层面,旧版教材较为全面地介绍了西方主要发达国家(英、法、美、德、日)的宪法思想史,比如英国的议会主权原则、法国的主权理论与社会契约论、美国的自由主义宪法理论传统、德国的一般国法学理论、日本的立宪主义宪法学派等等。而在此之后的第二小节,以并列的口吻开始介绍"中国的宪法学",而且在第一小节介绍"近代中国宪法学"时,强调其"最初继受于西方"。相比之下,新版教材直接将所有西方宪法史的部分全部删除,选择只介绍中国本土的宪法学历史。另外,在措辞表述上,一个极易忽略的细节是对于时代划分的不同处理。旧版教材将"宪法学在中国的产生和发展"这一小节进一步细化为"近代中国宪法学的产生及发展"与"新中国宪法学的创立与发展"这两个部分,将1949年之前的中国称为"近代";新版教材则将该表述改成了"近现代中国宪法学的产生和发展",意为当代中国的宪法学赋予"新的"内涵。这种"新内涵"既不是"近代(的)",也不是"现代(的)",而是"新时代(的)"。正是新版教材在相关部分加入的"习近平新时代中国特色社会主义思想"特别是"习近平法治思想"指导下的"中国特色社会主义宪法学理论"(新版教材第 8 页)。

四、新版教材坚守的价值立场

"1957 年'反右派斗争'扩大化以及在指导思想上'左'的错误严重阻碍了新中国宪法学发展的良好势头,'文化大革命'开始后,国家法治遭到严重破坏,宪法学研究处于全面停止的状态。"[①]这是新版教材的导论部分在"新中国宪法学的创立和发展"这一小节中的回顾性表述。紧接着,教材又娓娓道来:"1978 年党的十一届三中全会以后,新中国宪法学进入恢复时期,并逐渐得到迅速发展……20 世纪 90 年代以来,针对改革开放和社会主义现代化建设过程中出现的大量宪法问题,宪法学界解放思想,实事求是,推出了一大批研究成果,为党和政府的决策提供了依据,宪法学价值获得了较为广泛的认同。"[②]

导论是一本教材开门见山的部分,包含着总领全局、表达基本立场的关键信息。有关上述内容,新版教材基本也都沿用了旧版教材的措辞和表述,可见即使两版教材问世时间相隔将近十年,一些"不变"的东西依然没变,或者说教材编写组的专家们认为"不应该改变"。

新版马工程宪法学教材一方面积极将党的十八大乃至 2018 年修宪以来新增的"原理性内容""制度性内容""结构性内容"悉数填充进来,另一方面又坚守着一些旧版教材中早已确立的价值立场。在这一点上,可谓做到了"不忘初心"与"实事求是"。而这些"不变"的立场,我们可以从"四项基本原则"中读取到,更应该从坚持改革开放的态度中发觉。借用北京大学法学院教授陈端洪的理论,该价值立场可以归纳为其所述的高于实定宪法条文的"五项根本法",即①党的领导、②社会主义制度、③民主集中制、④现代化建设、⑤基本权利保障。[③] 当然,也可以从

[①] 《宪法学》编写组.宪法学[M].2 版.北京:高等教育出版社,人民出版社,2020:7.与这一部分相对应的旧版马工程教材的表述如下:"1957 年'反右派斗争'扩大化严重阻碍了新中国宪法学发展的良好势头,人治思想、法律虚无主义对宪法学造成了极大的冲击。'文化大革命'开始后,宪法学研究处于全面停止的状态。"参见:《宪法学》编写组.宪法学[M].北京:高等教育出版社,人民出版社,2011:10.

[②] 《宪法学》编写组.宪法学[M].2 版.北京:高等教育出版社,人民出版社,2020:7-8.

[③] 陈端洪.论宪法作为国家的根本法与高级法[J].中外法学,2008,20(4):485-511.

其他一些研究角度对上述议题进行补充,比如,新旧两版教材在目录编排上,都严格遵照现行宪法条文的顺序规定,将"公民的基本权利和义务"部分摆在了"国家机构"之前,我们当然也可从中窥见出新版教材坚守不变的价值立场,这同时也是现行宪法秩序所坚守的价值立场。我国宪法虽然特殊,但在讲政治的大前提下,也必须尽可能多地去追求规范意义,否则,就不能称之为"宪法"了。而2018年修宪后,有关以"合宪性审查"制度为代表的宪法监督实施保障机制的热烈讨论就很好地说明了上述价值立场。

以上就是通过新旧两版马工程宪法学教科书的框架和内容分析得出的一些思考和结论,其中自然有很多不足与遗漏之处,不过只能就此搁笔,交由今后的研究了。

参考文献

[1] 《宪法学》编写组.宪法学[M].北京:高等教育出版社,人民出版社,2011.

[2] 《宪法学》编写组.宪法学[M].2版.北京:高等教育出版社,人民出版社,2020.

[3] 陈端洪.论宪法作为国家的根本法与高级法[J].中外法学,2008,20(4):485-511.

[4] 关保英.习近平法治思想中的依宪治国论[J].南京大学学报(哲学·人文科学·社会科学),2021,58(2):5-15.

[5] 胡锦光,韩大元.中国宪法[M].4版.北京:法律出版社,2018.

[6] 莫纪宏.论习近平关于宪法的重要思想的基本理论特质[J].法学评论,2021,39(1):1-12.

[7] 周佑勇.对监督权的再监督 地方人大监督地方监察委员会的法治路径[J].中外法学,2020,32(2):285-302.

第二部分 国内法学课程思政的探索

5 宪法学课程思政的教学内容研究
——以基本概念与研究方法论之融合为视角

洪 骥[①]

摘 要:宪法学既拥有"社会科学"与"拟制"这两点与其他法学学科相通的共性,也具有"最高法规"与"政治法典"这两项特性。在从事日常宪法学课程思政教学的过程中,应当兼顾二者。而我国的宪法学研究方法论中,恰好有"规范宪法学"与"政治宪法学"两个截然相对的流派,从这两种研究方法中可以各取所长,有效运用到课程思政的教学内容中,从而形成一种"政治为主、规范为辅"且符合我国国情的宪法学课程思政方案。

关键词:课程思政;宪法学;政治;规范

一、宪法学的共性与特性

在我国,宪法学与行政法学合并为独立的法学二级学科,作为公法的核心部门,自然共享所有法律科学的基本属性。与此同时,在任何国家和地区宪法学都是有关一国根本大法的法律学部门,在整个法学研究乃至教学领域起着"孤篇压全唐"的重要作用。在宪法课程的日常教学过程中,既要落实"共性"的要求,也要供给"特性"的需求,从马克思主义的立场做到二者的辩证统一。

首先谈共性。法学最大的共性必然是其作为一门"社会科学"的属性,这是最广义的"共性"。同经济学、政治学、社会学等其他社会科学领域一样,法学也以揭示人类社会中的客观规律为己任,并通过科学的方法加以总结呈现。只不过,在研究方法上,传统的法学研究与其他社会科学部门侧重点不同,法学更习惯通过

[①] 南京航空航天大学人文与社会科学学院法律系讲师,早稻田大学法学博士,专攻方向为宪法学。本文系南京航空航天大学 2021 年本科教育教学改革研究项目"习近平法治思想融入新版宪法学马工程重点教材研究"(2021JG1037Y)、南京航空航天大学校工会 2022 年(第七期)"三育人"专题项目"习近平法治思想在高校法学教育中的课程思政实践研究"的阶段性成果。

文献分析(法条与学说等)、案例研究(判例等)这两种具体的方法来实现某种程度的定性表达,而后者诸学科则广泛使用定量研究的方法。① 除这一点外,法学学科之间最大的共性便是"拟制"(fiction)了,这也是法学区别于政治学、经济学、社会学等其他社会科学的本质属性,我们不妨将其称为"共性中的特性"或"狭义的共性"。拟制不是胡编乱造,更不是无病呻吟,而是基于既有客观社会事实的一种"创造性作业"。诸多的社会科学部门通过庞大复杂的研究手段(甚至借用了自然科学的技术),将定量与定性的研究在客观效果上推向了事实的极致。但它们的多数也仅限于此了,重在"揭示",而不在"评价"。法学学科则不然,它的天平显然朝着"评价"一方倾斜。基于马克斯·韦伯对于社会科学研究方法的卓著贡献,法学领域亦深受启发,以汉斯·凯尔森为代表的法学先哲明确了法学领域"客观认识"与"主观评价"的严格界限。这种思考模式也促成了20世纪20年代左右欧洲大陆的"自由法运动"(或曰"社会法学"),与美国的"现实主义法学"遥相呼应,新的方法论将法学研究从概念法学(法律实证主义)的桎梏中解放出来,并赋予了它真正意义上的"社会科学"属性。同样一个法条客观呈现在那里,不同的法律人会给出不同甚至截然相反的解读。这其中有公权解释,也有学理解释,更有法律共同体之外的"大众看法"。正所谓"一千个读者有一千个哈姆雷特",社会法学(现实主义法学)的研究方法才真正让法学通过"拟制"的作用实现了与人类社会的高度融合。② 而"拟制"的伟大发明透过法教义学(法解释学)的技术手段得以具体化,这也正是法学所有部门学科间的最大公约数。

其次谈特性。这又需要分为两个层面去讨论。其一,域外多数国家和地区的宪法学理论极度强调基本权利保障与宪法的规范性问题,并且构建了一套系统完整的宪法实施监督制度,即违宪立法审查制。在该制度营造的"宪法政治秩序"下,政治是让位于宪法(constitution/Verfassung)③的,宪法规范起到了真正意义上的"根本法"与"最高法"的作用,并体现了自然法的核心价值,这就诠释了域外宪法学相较于其他部门法学的"特性",也是其他部门法学无法替代的客观作用。其二,在我国的特殊国情下,马克思主义中国化之集中体现的新时代中国特色社

---

① 当然,近些年来我国也有提倡"社科法学"研究方法的论调,但在法教义学的强大张力下,显得影响有限。

② 用马克斯·韦伯的话说,这必然是一个"祛魅"的过程,自此以后,中世纪那种和神学并列的"法学"被吹入了理性的灵魂,实现了旧貌换新颜。

③ 此处的"宪法"(constitution/Verfassung)并非指代文面上的"宪法典",而是一国业已确立并在日常政治生活中不可撼动的稳定"宪法秩序"。

会主义法治秩序所规定的宪法样态是我国宪法学最大的"特性"。一言以蔽之,即"宪法是政治法典""宪法是政治纲领"或"宪法最要讲政治"。我国社会主义国家的根本性质以及执政党领导人民进行革命与建设的历史记忆在客观上决定了宪法的"政治性",它是一种超越规范存在。虽然没有"规范性"的东西就无法称之为"法"了(比如"国际法"的地位问题),但我国的宪法学者们也一直在努力让宪法尽可能发挥一些"规范功能",①以期达成"法律科学"的基本要件。而目前国家也重视到了上述问题,例如2018年修宪后新命名的"全国人大宪法与法律委员会"被赋予了承担宪法解释与推动合宪性审查的重要职责,归根结底,这是宪法实施监督机制的问题,也正是宪法规范性的问题。在多数域外国家和地区,宪法通常只被看作是保障个人权利的"公法";而在我国,宪法更多的是"母法",其"母法"的光辉过于炽热甚至都完全盖过了本该有的"公法"属性。政治性与规范性之间的关系问题,值得深入探讨,也是下文中将要介绍的我国不同宪法学派之间的争论焦点。

综上所述,在践行"立德树人"的课程思政教育理念之时,具体到大学宪法学的课堂上,我们必然要处理好上述宪法学本身所蕴含的"共性"与"特性"问题,有意识地将课程思政的育人理念积极融入这两个维度中去。

二、我国的宪法学流派与宪法研究方法论

新中国成立后,老一辈马克思主义法学派的宪法学者们筚路蓝缕,为我国的理论建设作出了卓著贡献,如许崇德、王叔文、何华辉等等。但自觉把宪法学当成社会科学的一门分支,并从法律科学的综合视角系统阐述宪法基本原理——从这个层面来讲,我国真正意义上"宪法学派"的形成要晚近至改革开放以后了。以比较法为方法,通过对中外宪法史鞭辟入里的对比研究从而试图构建中国宪法学应然发展方向的学说提倡之嚆矢,当属清华大学教授林来梵。他早年留学日本,是我国改革开放后最初的一批出国留学人员,学成归国后,于1999年发表了著名论文《规范宪法的条件和宪法规范的变动》。② 在这篇论文里,林来梵首次提出了"规范宪法"(normative constitution)的概念并尝试为我国的宪法学提供一套契合逻辑的发展模式。针对当时八二宪法条文与政策现实之间频发的"离反现象"(主

---

① 例如,中国人民大学教授韩大元所倡的"宪法教义学(解释学)"方法,正是通过对现有宪法文本框架内的合理解释,实现更多的公民基本权利保障,以提高宪法本身的规范性。

② 林来梵.规范宪法的条件和宪法规范的变动[J].法学研究,1999,21(2):32-45.

要是涉及经济制度改革领域的一些国家政策与当时宪法既有经济条款之间的明显矛盾,有学者最早称之为"良性违宪"①,林来梵敏锐地察觉到了其中蕴含的重大理论问题。于是,他借鉴引用20世纪50年代颇有影响力的美籍德裔宪法学者卡尔·罗文斯坦(Karl Loewenstein)的学说,将世界主要国家和地区的宪法(典)分成了"规范宪法""名义宪法"和"语义宪法"三类。林来梵借此创造性地指出后两类宪法可以统称为"非规范宪法",因为二者于各自所在国的日常生活中都没有起到任何实际的"规范"作用,要么作为一种公民启蒙教育的宣讲道具(名义宪法),要么作为一种单纯的政治合法性证成手段(语义宪法)——在林来梵看来,诸如此类的"非规范宪法"都不应该成为中国宪法的应有样态。林来梵认为,正因为当年中国八二宪法的某些条文(可能主要指涉及经济制度的相关条款)是为"非规范宪法的宪法规范",所以才与现实的改革步伐显得那么"格格不入",为了消解二者之间的鸿沟,可以通过宪法解释("宪法变迁"理论)或修改宪法两种手段去实现。但考虑到,改革开放国家主要经济政策方针的正确性与进步性,最终的解决办法还是要通过修宪加以确认和解决。他日,"待到山花烂漫时",即我国宪法的具体文本内容基本上都达到"规范宪法"之水平的阶段,才能在真正意义上实现理想中的"宪法政治生活"。②

林来梵的上述"规范宪法学"理论之后得到了相当一部分宪法学者的支持,并发展壮大,在我国宪法学界产生了举足轻重的影响力。甚至可以说以中国人民大学宪法教义学(解释学)为代表的韩大元一脉也与林来梵的理论产生了天然的亲和力,因为二者都十分重视宪法的规范价值与功能。当然,也有学者彻头彻尾批判规范宪法学并指出其完全不符合中国国情,这一派学者就是以北京大学教授陈端洪为代表的"政治宪法学"派了。③

北京大学教授陈端洪早年拥有学习外语(英文)出身的学历背景,硕博才转行研究法学,故其对于外国宪法理论(特别是英美法系)的知识内容也是如数家珍。他在北京奥运会举办的2008年发表了论文《论宪法作为国家的根本法与高级法》,④以此构筑了"陈氏政治宪法学"的基石。陈端洪在该文中开宗明义,以八二

---

① 郝铁川.论良性违宪[J].法学研究,1996,18(4):89-91.
② 参见林来梵前揭论文,第34-47页。亦可参见:林来梵.从宪法规范到规范宪法:规范宪法学的一种前言[M].北京:商务印书馆,2017.
③ 当然,"政治宪法学"本身内部也可划分成各种分支派系,比如颇有影响的"高(全喜)氏政治宪法学",但从学说严重分歧对立的角度而言,当然首推"陈(端洪)氏政治宪法学"。
④ 陈端洪.论宪法作为国家的根本法与高级法[J].中外法学,2008,20(4):485-511.

宪法序言中最后一个自然段的表述,即"本宪法以法律的形式确认了中国各族人民奋斗的成果,规定了国家的根本制度和根本任务,是国家的根本法,具有最高的法律效力"为问题意识,自问自答地道出了其认为中国"根本法"的具体内容——①执政党对人民的绝对领导;②社会主义制度;③民主集中制;④现代化建设;⑤基本权利保障。① 他认为这五个"根本法"是依次按照优先重要程度的顺序排列的,即"党的绝对领导"最重要,"基本权利保障"退居末尾。此外,他还指出,应当将中国的"根本法"理解成"生存之法",而不能试图从中读取过于强烈的规范诉求,而改革开放以来的中国国家体制应该被概括为"共产党领导的、市场与计划并用的管理型与立法型相结合的国家"。② 为了论证自身理论的合理性,陈端洪引入了制宪权(或曰"宪法制定权力")的概念。他指出在中国行使制宪权的唯一主体是"中国共产党领导下的中国人民",所有的权威都归结于该主体经常行使的"决断权"。制宪权行使主体违背宪法规范文本的行为时常发生,这种现象只能用陈端洪认为的"政治宪法学"理论才能解释得通。陈端洪为了论证观点,又从"根本法"与"高级法"这两个关键词出发,详细对比分析了英美法系国家的宪法制度,认为彼国的 constitution 乃是"自由之法",他们的"根本法形态"也正在此。然而,中国的宪法(或曰"根本法")乃是"生存之法"或"建设之法",即执政党领导全国各族人民摆脱贫困、寻求富强才是最大的价值遵循。进而,陈端洪又借鉴分析了德国著名宪法学者卡尔·施密特的理论,认为可以用他的学说来在某种程度上解释中国现实状况的合理性。据此,他认为在中国所谓"宪法司法化"的提法是不符合现实的,更是无法实现的。中国应该走"政治立宪主义"的道路,在严格区分"制宪权"与"宪定权"的前提下,坚决拥护执政党的全面领导地位,而"政治立宪主义"的实现也只有依靠执政党自身所发挥的主观能动性去达成。③ 在之后的深入研究中,陈端洪又更加详细地揭示了执政党与制宪权之间的关系问题。他从近代以来的主权与代表制理论(卢梭、西耶士等)出发,分别将中国人大和中国共产党定义为"普通代表"和"特殊代表",并重申了上文中所提倡之"中国特色政治立宪主义"的重要性。中国实然状态下的宪法体制(constitution)其实是制宪权行使主体处于长期活跃状态,它经常性地发动着制宪权且凌驾于所有宪定权力之上,于是"立宪时刻"(constitution-founding moment)便频发涌现。陈端洪进一步指出,规范

---

① 陈端洪.论宪法作为国家的根本法与高级法[J].中外法学,2008,20(4):485-511.
② 陈端洪.论宪法作为国家的根本法与高级法[J].中外法学,2008,20(4):485-511.
③ 参见:陈端洪.论宪法作为国家的根本法与高级法[J].中外法学,2008,20(4):485-511.

宪法学所犯的最大错误正在于将中国制宪权的"常驻代表"当成了"宪定权力"或人民的"普通代表",并试图用宪法规范约束之。殊不知,制宪权的"常驻代表"(="特殊代表")领导人民和全民族的地位乃是"历史的选择",故而天然不受实定宪法规范的约束。对于特殊代表而言,"违宪"这个词语本身就是一种谬论了。[1]

陈端洪的政治宪法学理论与林来梵的规范宪法学理论针锋相对,背后的主要价值指向也截然不同。这种宪法学研究方法论上的论争开启了我国改革开放以后宪法学研究的繁荣新局面,并启发了众多有识之士参与到讨论之中。比如,叶海波对于两派方法论的一句评价就十分诙谐幽默且切中要害。他指出:"政治宪法学的理论……虽然回应了政党国家的现实,确认了我国人民在执政党领导下的总决断权,但然后呢,等待'戈多'?"另外,对于规范宪法学,他也指出:"这一追问似乎也同样适用于规范宪法学:规范宪法学描述了中国宪法的未来,'戈多'清晰可见,但然后呢,等待?"[2]作为教学研究论文,本文就不便对两派方法论所蕴含的问题点进行过多学理分析与讨论了,而在宪法学的课堂教学过程中给学生相对客观地呈现我国主流宪法学派的核心观点,并提供给学生一个独立思考的机会——这样的工作才是教学改革的重点内容。当然,从课程思政的角度来说,肯定是陈端洪的政治宪法学理论更加适合阐释国情并"讲好中国故事"。但这也绝对不意味着林来梵的理论就一无是处,毕竟宪法作为法学的一个分支领域,显然不能彻头彻尾地完全无视其规范性。所以,如果涉及具体的宪法学教学内容,在宏观的理论方向上不妨以陈端洪的政治宪法学方法为依归(这样也确实契合课程思政的主流价值);在微观的层面,不妨有效借鉴林来梵的规范宪法学方法,具体问题具体分析,让我国的宪法在规范性层面至少也能"说得过去",从而达成法律科学的基本诉求。

不过,在给学生(特别是本科生)实际讲授宪法学课程时,对于不同派系的宪法学理论体系,不应该也没必要讲解的那么深入复杂,而是要通过浅显易懂的语言形象地勾勒出规范宪法学与政治宪法学各自的主要特征。简而言之,就是要让学生明白不同流派"说了什么"以及"为什么说"的问题。这是一个纯粹客观介绍、分析与呈现的过程,其中不掺杂任何主观价值判断或感情因素。就好比马克斯·韦伯当年在著名的演讲《以学术为志业》中所阐述的那样,在课堂上作为社会科学

---

[1] 参见:陈端洪.宪法学的知识界碑:政治学者和宪法学者关于制宪权的对话[J].开放时代,2010(3):87-103.
[2] 叶海波.我国宪法学方法论争的理论脉络与基本共识[J].清华法学,2013,7(3):75-85.

知识的传播者,必须将"认识"与"评价"严格区分开来且对后者时刻秉持一种谦抑的态度,至于受众如何理解,那就完全交由他们自己了。但是,在我国的大学课堂,作为新时代中国特色社会主义法治思想的宣讲人与传道者,显然不能完全遵照韦伯的以上见解,我们应当对其进行批判性借鉴,扬弃出符合自己发展的模式。在向学生客观呈现出规范宪法学与政治宪法学两种学术流派后,进而应该明确清晰地指出政治宪法学确实更加契合当下中国的国情与政治生态,也更加是一种儒家般"入世"的学说体系。经过这样一种"价值站位"与"方向指点",想必毋庸多言便可让受众产生"入脑入心"的积极效果。而这一切也正是"课程思政"的题中之意与内在要求。

"工欲善其事必先利其器",遵循以上宪法学研究方法论的思路,可在具体的课堂教学中加以实践。接下来就以大学宪法课程的实际讲授内容为例,分别从两个最基本的概念入手,将上述课程思政内容有效融合其中。

三、示例授课内容①:主权理论

主权理论以及与其密切相关的代表制理论是宪法学总论中的核心概念,也是宪法课程中讲授难度较大的内容。之所以难,一方面可能在于传统宪法学的这些观念最早都源自域外,需要了解它们的来龙去脉要具备扎实的外国法律史乃至世界史知识做支撑;另一方面的原因在于这些概念过于抽象晦涩,如果不结合我国具体的政治制度与国情加以生动描述,是很难让学生心领神会的。因此,我们在讲授这些概念的时候,既要重视他山之石的借鉴启发作用,更要注意深度结合我国现实情况的需要。

比方说,主权概念最早源于16世纪法国政治思想家让·博丹的著述,但他那个时代的"主权"与21世纪今天的"主权"内涵则完全不可同日而语了。同样都是"对内最高、对外独立"的简单表述,在前近代的欧洲,博丹所期许的"主权"是中央国家权力扫清封建割据的障碍(对内最高)并使世俗王权摆脱罗马教廷控制(对外独立)的一幅近代国家的蓝图。很显然,当代的"主权"就不存在这样的含义,或者说改变了原貌,以全新的内容填充了旧有的名词。而到了近代社会(特别是法国大革命)以后,路易十六"朕即是国家"那样的绝对世俗王权又站不住脚了,因为近代市民社会要尽可能多地反映"民意",这在当时是资产阶级(域外成为"市民阶层")所要求的与其经济地位相称的政治诉求。以英法美三国为代表,资产阶级通过革命斗争,逐步控制了议会的领导权,从而确立了自身在国家中的政治地位。这样的历史脉络就和各种"主权"理论串联起来,即博丹思想所确立的近代早期

"君主主权"到近代资产阶级革命以后开始被质疑乃至否定,从而产生了诸如卢梭"人民主权"的思想与实践。因此,在理论上,君主主权和人民主权是一对反义词,二者水火不容。除了这两种主权外,域外在19世纪的后发国家(以德国为代表)当中,出现了一种被称为"国家主权"的理论。该理论最早由德国法学家耶利内克提出,也被称为"国家法人说",简单而言就是将国家看成一个"公法人"(类似于私法上的"公司"),将君主或皇帝视为国家这个公法人在宪法上的最高"法定代表人",所有国家机关工作人员在处理国家事务时候的行为直接被定义为"国家的公权力行为"而非其私人行为,产生的一切法律后果最终都由国家来承担。耶利内克的上述国家主权理论(国家法人说)后来被明治维新以后的日本宪法学者美浓部达吉借鉴学习过去,形成了日本特色的"天皇机关说",其内容与国家主权理论(国家法人说)大体一致,只是糅合进了更多的"天皇制"保守色彩。在资本主义后发国家的德日,之所以出现这套理论,根本原因在于他们当时的"国情"。由于二者在当时都没有类似于英法美那样的暴力革命夺取政权的历史体验,资产阶级的力量也不如前者那么强大,其政治地位和话语权自然不可相提并论。所以,在强大的王权和旧制度惯性的反作用压迫下,德日两国的公法学者开动脑筋,在关注本国具体"国情"的前提下尽可能地让宪法(Verfassung/憲法けんぽう)发挥一点作用。于是乎,君主主权显得太封建保守,而人民主权似乎又过于激进革命,那就折中妥协一下,创造出一个"国家主权"的概念,把君主(皇帝)和人民同时都放到"国家"这个框架中并用宪法条文加以规定,这就巧妙地规避了最敏感的是非黑白问题,而让理论臻于完善。而在典型的大陆法系"先进"国家,相对于德国和日本的法国,其宪法基础理论成熟较早,也颇值得研究。不同于英国的"议会主权"(parliamentary sovereignty)以及美国宪法开门见山的主权宣誓(We the people),法国宪法理论中对于近代以后的主权,将其区分为"国民主权"(souveraineté nationale ou souveraineté de la nation)和"人民主权"(souveraineté populaire ou souveraineté du peuple)。前者指代抽象的可以被代表的"国民",后者是具体的可以发挥主观能动性的"公民",而在实际的代议制民主制度实践中,其实是采用了前者而放弃了后者。关于这一点,在本文下一节的代表制理论中会详细探讨。

那么我们国家呢?首先,中国是社会主义国家,这是区别于域外主要国家的根本前提。同时,中国在社会主义国家当中,又是走自己独特发展道路的"有特色的社会主义"制度,中国特色社会主义法治是马克思主义法治思想与中国具体国情相结合的本土化表现形式。因此,我国的主权理论既不可能照搬西方代议制民主体制下的主权理论,也更不应该沿袭苏联高度官僚主义形式主义模式下的制度。我们应该在深入了解资本主义各国主权理论的基础上,批判性地研究借鉴他们的基本思路方法,并促成其向更高位阶的社会主义乃至共产主义阶段发展迈进。毕竟,马克思认为,新的社会制度都是从旧的社会制度之母体中孕育出来的,主权理论亦然。显然,上述主权类型中的君主主权是最不可取的封建糟粕,我们社会主义国家必然是平等的共和国政体,是断然反对任何形式的君主制度的。而在我国近代史上,君主主权从辛亥革命成功之日起就被彻底否定,且在袁世凯复辟帝制时期再一次遭到全国人民的抵制和唾弃,这也是中学历史教材上"自此民主共和观念深入人心"的含义。那么国家主权理论呢?曾有极少数学者提倡借鉴该学说,但笔者觉得无甚必要。因为我国的执政党是具有先进性的全人民政党,而且也曾带领全民族体验过艰辛革命的历程,这些"历史记忆"历历在目并被载入了抽象的"宪法履历表"中,因此执政党作为国家的最高政治权威,其性质和德国、日本历史上的国王、天皇有着本质的迥异。因此,国家主权理论或国家法人说在当下的中国没有任何可以实际发挥作用的必要。笔者认为,正如我国八二宪法第二条("中华人民共和国一切权力属于人民")所宣誓的那样,我们只能是"人民主权"的国家。而且该条文应该和2018年修宪之后的第一条(社会主义制度与党的领导地位)结合起来去解读。"拥有革命历史体验的、先进的执政党所带领下的全国人民"才是我国的唯一"主权者",这种"人民主权"(Souveraineté populaire)概念必然是对大陆法系国家"国民主权"(Souveraineté nationale)的扬弃(Aufheben)与超越,更是他们努力实现却碍于社会根本制度之局限而终究无法实现的"理想国"蓝图。当然,虽然这样先进美好的主权概念是我们国家的社会主义本质所决定的,但结合"社会主义初级阶段"理论的当下具体国情,我们也还是存在一些有待发展的空间。比如,人民代表大会制度的进一步完善就是重中之重的使命。这就又涉及和主权概念息息相关的"代表制理论"了。

四、示例授课内容②:代表制理论

与主权理论一样,代表制理论最早也从近代以来主要先进资本主义国家的制度母体中应运而生。可以说这两者是相辅相成、互相衬托的关系。我们不妨这样概括:有什么样的主权思想,就会随之产生什么样的代表制概念;而什么样的代表制概念又体现并印证了其背后的主权理论。近代以前欧洲的"等级议会"制度在这里没有多少讨论的价值,在外国法律史等课程中可对其多加研究,我们宪法学最为关注的是近代以来(特别是法国大革命之后)的代表制理论。这就又和本文上一节内容紧密衔接起来,那便是法国近代宪法学理论中的两种主权类型,即"人民主权"(Souveraineté populaire)和"国民主权"(Souveraineté nationale)。具体来说,前者把"人民"看成是实在的、鲜活的并可以随时发挥主观能动性的近代型自主市民(Citoyens),他们理想、有追求、有文化并且富有高度的集体荣誉感和责任感,在这样的"人民主权"秩序下,主权由各个人民分享并可以直接行使,每个人都积极参与到国家的大小事务决策中,从而真正实现"自己管理自己"的直接民主政治。这也正是卢梭在《社会契约论》中所描绘的人类社会的理想蓝图。相比之下,后者则把"国民"看成是过去、现在以及将来的所有本国公民,他们是抽象的、一般的整体,因而也不具备实质意义上的自主意志,所以只能通过定期选举产生代议员(国民代表)来代为行使权力,这种情况其实用到了一种法律上的"拟制"手法,即把"国民代表的行为看成是有权者国民自己的行为",从而体现出"国民作为主权者"的地位。这也正是当今西方代议制民主制度的合法性理论源泉。

而上述两种类型的主权思想,又分别对应着两种截然相反的代表制观念。即"人民主权"要求"命令委任代表"(或曰"委任代表");"国民主权"要求"自由委任代表"(或曰"纯粹代表")。前者的主权理论中的"人民"既然是具有自主意志的市民,那么原则上是要无条件实行直接民主制的;但退一步说,即使实行代议制,这里的人民代表必须全盘听命于选举母体的人民,他们只不过是接受选民有详细内容的委托去到国会中举手投票通过法案而已,本身是没有任何"发言权"的,因为不能违背选民的意见表达自己的任何观点。如若不然,选民则可以随时撤回委托,实施罢免(召回)代表的权力。这其实都已经不是代议制民主了,而是直接民主制的另一种伪装形态。[①] 所谓"命令委任代表",也就是表达这种人民与代表之间严格的"命令—服从"关系的术语。与此不同的"国民主权"理论把"国民"假定成抽象的、无自主意识的公民,那他们只能通过定期选举来体现自身的"主权者地位",但代表们一旦被选进国会之后,"国民"对他们就毫无掌控力可言了,夸张地说,代表甚至可以背信弃义完全不遵守自己当初竞选时的诺言而放飞自我、任凭自身意志参与到立法等国家政治的重大决策中。所谓"自由委任代表",表达的也就是这层含义。西方主要资本主义国家在近代以来的相当长一段时期内,都采用了这样的"自由委任代表"(纯粹代表)模式的代议制民主制度。不过后来,法国公法学者莱昂·狄骥(Léon Duguit)又提出了介于纯粹代表制与命令委任代表制之间的制度,要求议会必须在制度上尽可能正确地反映民意且不排除与各种直接民主制相结合,比如在宪法中规定"国民投票制度"(全民公投),就是为了克服"自由

[①] 1871年的巴黎公社体制与苏联早期的代议制据说采用了该种形态。

委任"所造成的弊病。这一套理论又被称为"半代表制",①现在也逐渐被西方多数国家所接受。

那么,我国的情况又如何呢?我们的社会主义国家性质显然决定了与"国民主权"理论下"纯粹代表制"的绝缘,因为在理论上那是资本主义落后腐朽、严重缺乏民主价值的代表制度。那我们是否就等同于"人民主权"理论下的"委任代表制"了呢?答案也应该是否定的。因为和卢梭理想高度重合的"委任代表制"纵使在当今西方社会也都没有任何国家实现过,它只是学术界所憧憬的一个"美好状态",况且百分百的直接民主制度除了古希腊城邦国家和历史上的日内瓦共和国等小国寡民的社会或许可以试验外,在中等乃至巨大体量的多民族国家是难以付诸实施的。西方国家碍于自身根本社会制度的先天性缺陷,最多也只能达到狄骥所说的"半代表制"状态了。

然而,我们不一样。中国是由人类社会有史以来最为先进的政党所带领的统一的多民族国家,革命和建设的历史共同构成了民族的记忆。借鉴陈端洪政治宪法学理论的话说,执政党在我国就是超越任何法秩序的"特殊代表"般的存在,这不是西方代议制民主框架下任何理论所能表达清楚的。所以无论什么纯粹代表也好、半代表、委任代表也罢(它们都是陈端洪所说的"普通代表"),其地位与正当性都无法和可以随时发动制宪权的"特殊代表"相提并论。再换个语境思考的话,执政党在我国其实还承载着几千年传统政治中的"使命代表"观念,这是不折不扣的扎根国情的"中国特色"元素。正所谓"为天地立心、为生民立命、为往圣继绝学,为万世开太平",自古以来的仁人志士都自带这样的厚重历史使命感。中国共产党显然也继承了这样的观念,其集中体现便是"三个代表"重要思想。② 至于我国的"普通代表"之人大代表制度,则需要在宪法规范上对其进行改革与完善。

以上就是在分析介绍宪法学最基本概念之主权与代表制理论时,在宪法学的日常教学过程中,需要向学生传达的课程思政信息。

五、"政治为主、规范为辅"的宪法学课程思政方案

本文在概观分析了宪法学作为一门法律科学的"共性"与"特性"的基础上,以

---

① 其实,可以把美国总统的选举方法看成是"委任代表制(人民主权)=选举人团"与"纯粹代表制(国民主权)=总统"相结合的制度。只不过,美国人应该不屑于把自己的 constitution 用大陆法系国家的宪法理论去解释。

② 参见:林来梵.宪法学讲义[M].3版.北京:清华大学出版社,2018:255-257.对于执政党性质的客观认识上,政治宪法学陈端洪与规范宪法学林来梵似乎达成了某种默契。

我国宪法学研究方法论之争为引子,自觉摸索出了一套行之有效的课程思政方案,即吸收政治宪法学与规范宪法学两家之长,在向学生解释宪法学基础概念之时,以"政治为主"、兼"规范为辅"的授课模式。具体的授课内容,本文列举了"主权"与"代表制"这两个核心理论概念。

想来,所谓解放思想、实事求是,是执政党自改革开放以来一直坚持的初心,也是近四十年来党领导下取得重大经济建设成就的方法论。站在法学的角度去思考,不妨认为"解放思想"就是敢于突破金科玉律的教条并实现理论创新、制度创新(积极运用法学学科"拟制"的特征),以期促成宪法条文"规范性"的不断增长;"实事求是"则是无论何时何地都保证坚持大的方向与原则毫不动摇(和马克思主义学科的思政内容相统一),从而贯彻宪法价值"政治性"的根本要求。这二者是相辅相成、辩证统一的共同体。由此,这里自然就可以推导出上述宪法教学的课程思政八字方案——"政治为主、规范为辅"。前者是主要矛盾,处于支配地位并对事物发展其起决定性作用;后者是次要矛盾,居于从属地位并对事物发展起辅助性作用。在事物发展过程中,二者是相互依赖、相互影响的关系。在中国,宪法学"要讲政治"是最大的原则,但这也并不意味着完全抹杀甚至否定宪法本身"规范性"的价值取向。因为,宪法规范性的实现程度从根本上说会影响到主要矛盾即政治大局的稳定与繁荣,只有充分支持并利用好"规范性"这个次要矛盾,才可以从马克思主义的角度把法的基本问题处理好。在我们高校法学的课堂上,法理学与宪法学的课程最难上,却同时也是最重要的内容。在理论上,牢记改革开放以来"解放思想、实事求是"之光荣初心使命;在实践中,灵活实施上述"政治为主、规范为辅"之课程思政方案,就一定能把大学宪法课程教好。

参考文献

[1] 陈端洪.论宪法作为国家的根本法与高级法[J].中外法学,2008,20(4):485-511.

[2] 陈端洪.宪法学的知识界碑:政治学者和宪法学者关于制宪权的对话[J].开放时代,2010(3):87-103.

[3] 郝铁川.论良性违宪[J].法学研究,1996,18(4):89-91.

[4] 林来梵.从宪法规范到规范宪法:规范宪法学的一种前言[M].北京:商务印书馆,2017.

[5] 林来梵.宪法学讲义[M].3版.北京:清华大学出版社,2018.

[6] 林来梵.规范宪法的条件和宪法规范的变动[J].法学研究,1999,21(2):32-45.

[7] 叶海波.我国宪法学方法论争的理论脉络与基本共识[J].清华法学,2013,7(3):75-85.

6 论行政法教学中的课程思政建设

李成玲[①]

摘　要：作为高校法学专业的必修课程之一，行政法本身就蕴含着丰富的思政教育资源。行政法在社会主义法治建设中的重要地位，在政治属性上为其开展课程思政奠定了根本优势；行政法对行政权力与公民权利的冲突协调，在价值取向上为其开展课程思政带来了基本优势；行政法对新时代卓越法治人才的培养目标，在职业方向上为其开展课程思政提供了普遍优势。但另一方面，相较民法、刑法等部门法，行政法教学面临着知识内容庞杂、对学生的实用性不高、课时有限等困境，给其开展课程思政提出了极大的挑战。要纾解这些问题，推进行政法教学的课程思政建设，应当在构建全员全程全方位育人大格局的路径下转变教师的教学思维，提升教师的思政教学能力；抓好课程体系建设，完善教学顶层设计；丰富课堂教学渠道，打造课程思政的多样平台。

关键词：行政法；课程思政；优势；困境；推进路径

课程思政旨在把思想政治教育贯穿人才培养体系，发挥好每门课程的育人作用。2020年5月教育部发布的《高等学校课程思政建设指导纲要》明确指出，深入开展宪法法治教育是课程思政建设的重点内容之一。高校的法学专业是宪法法治教育的专业性与系统性课程，具有很强的政治性和社会性，所以在课程思政建设方面具有突出的发挥空间。"行政法与行政诉讼法"（以下简称"行政法"）是高校法学专业的必修课程之一，自然也具有实施课程思政的天然优势。但另一方面，课程内容之繁杂、概念之抽象的固有特征使"行政法几乎是中外法学院一门公认的最难教的课程"[②]，学生也往往觉得该门课程难懂、无趣。这种"难教""难学"

[①] 李成玲，南京航空航天大学人文与社会科学学院法律系讲师，早稻田大学法学博士，专攻方向为行政法学。本文系南京航空航天大学人文与社会科学学院2021年示范性课程思政建设项目（2021KCSZ04）的阶段性成果。

[②] 章志远.法科生行政法案例教学模式之研究[J].河南财经政法大学学报，2013(3)：46-55.

的困境,无疑给行政法课程的思政建设带来了极大的挑战,也让我们不得不深思行政法教学中课程思政的推进路径。

一、行政法开展课程思政的优势

行政与我们的生活有着千丝万缕的联系,行政法规范在整个法律体系中数量最多,这奠定了行政法课程在法学专业中的独特性。行政法本身就蕴含着丰富的思政教育资源,这不仅是其实施课程思政的优势,也使其开展课程思政的教学改革具备了现实的迫切性和必然性。

行政法在社会主义法治建设中占据重要的地位,在政治属性上为其开展课程思政奠定了根本优势。行政法是典型的公法,调整行使国家公权力的行政主体与公民之间的法律关系,发挥规范和控制行政权、保护公民权利的功能。"行政法产生于历史发展到了行政权必须受到法律约束之时"。[①] 改革开放初期,社会主义法制建设在"有法可依,有法必依,执法必严,违法必究"的指导方针下探索前行,控制行政权的法治思想从无到有地确立了起来。1989年《中华人民共和国行政诉讼法》的颁布,是我国行政法治建设进程中的一座里程碑,标志着行政法制建设的重心由管理规范转向行政权力监督和公民权利保障的规范。1999年依法治国基本方略在《中华人民共和国宪法》中的正式确立,推动了政府层面依法行政的全面实施,以及制度层面行政法向全方位规范、制约行政权方向的发展。党的十八大以来,党领导下的行政法治建设掀起了"坚持依法治国、依法执政、依法行政共同推进,坚持法治国家、法治政府、法治社会一体建设"的新布局,行政法治水平迈入新的境界。"用法治给行政权力定规矩、划界限"是习近平法治思想的一个重要亮点。总之,行政法的发展见证了法治政府建设的成效,在很大程度上象征着中国特色社会主义法治文化的进步,对全国依法治国的政治大局有着特殊且重要的意义。这样的鲜明特色使行政法课程不仅仅是专业教育,相对其他法学专业来说更是一种意识形态教育。从行政法领域培养大学生深刻了解中国的法治现状,让其思考行政法的观念演变与制度发展,促使其明确正确的政治方向,树立法治文化自信,强化大学生建设中国特色社会主义法治国家的责任感和使命感,是行政法课程融入思想政治教育的核心要义。

行政法是通过国家权力运行和个人行为准则调整经济、社会、文化、生态环境等诸多社会领域的法规范,其课程内容始终贯穿着行政权力与公民权利之间的冲

---

① 章剑生.现代行政法总论[M].2版.北京:法律出版社,2019:23.

突与协调,在价值取向上为其开展课程思政带来了基本优势。全面推进课程思政建设,就是要寓价值观引导于知识传授和能力培养之中,以社会主义核心价值观为引领教育学生把国家、社会、公民的价值要求融为一体。社会主义核心价值观是当代中国精神的集中体现,凝结着全体人民共同的价值追求,为我国的法治建设提供了价值原则的指导,特别是"与行政法治之转型存在相当的契合度与一致性"[①]。进一步而言,"行政法的责任、民主、公正等理念为我国和谐社会的建构提供了法理依据",和谐社会就是政府与公民有效互动的社会。[②] 行政法对秩序与自由、效率与公平等价值冲突的协调,从形式法治向实质法治的转型,非常符合社会主义核心价值观中社会层面的价值取向。近年来,行政法的制度实践也在倡导友善互助、诚实守信、文明和谐等公民个人的行为标准。改革开放以来,我国改革转型带来了公共行政的变革,实践要求重新确立政府的职能边界和权力范围,强调政府—市场—社会的三元共治。总之,行政法融贯社会主义核心价值观既是行政法治的应有之义,也是时代发展的需求。在行政法教学中开展课程思政,就是要充分发挥行政法的价值理性,在社会主义核心价值观的引领下深化行政法的人文精神,引导大学生树立对民主和公平的追求,形成对行政法治的信仰,践行社会主义核心价值观。

行政法是培养新时代卓越法治人才的必修课程,在职业方向上为其开展课程思政提供了普遍优势。在所有法学专业课程中,行政法课程涉及的公务岗位应该是最多的,公务员法是行政法的重要内容之一,往往被编入行政法教材之中。[③] 因此,行政法教育不仅面向一般的法律职业工作者,更是警官类院校、党校等公务员培养院校的重点内容。在公务员考试中,行政法知识更是考核的重点。即使是走上了公务员岗位,也要依法依规接受教育培训,[④]行政执法类公务员的培训自然与行政法的教学内容密切相关。也许行政法是不受法科生青睐的课程,但在无形之中成为一门涉及法律职业广泛、对法科生职业吸引力较大的课程。这种职业关联度非常有利于行政法教育在传播法律知识的同时开展职业理想和职业道德

---

① 江国华,孙中原.行政处罚法律制度融贯社会主义核心价值观研究[J].理论探索,2021(5):121-128.
② 李庆.行政法视角下和谐社会建构之思考[J].法学杂志,2011,32(10):64-66.
③ 《行政法与行政诉讼法学》编写组.行政法与行政诉讼法学[M].2版.北京:高等教育出版社,2018:63-81.
④ 参见《中华人民共和国公务员法》(第十章培训)、《干部教育培训工作条例》《行政执法类公务员管理规定(试行)》《公务员培训规定》《行政执法类公务员培训办法(试行)》等有关法律法规。

教育。"立德树人、德法兼修、明法笃行"是习近平总书记明确提出的法治人才培养目标。"如果说立德树人是人才培养工作的共同要求,那么德法兼修、明法笃行则反映了法治人才培养工作的特殊要求。"①要达到这个目标,就要坚持法律专业能力培养和法律职业精神塑造相结合,在法律专业教育中贯穿职业伦理教育。行政法课程的深刻内涵能够融合崇高的社会理想、公平正义的法治理念、严守程序的理性思维、扶弱抗强的高尚品格、言行一致的行为示范等法律职业共通的伦理要求,也为高素质行政法治工作队伍的建设提出了廉洁自律、秉公用权、严格规范公正文明执法的特殊职业要求。

二、行政法教学开展课程思政的困境

尽管行政法蕴含丰富的思政教育资源,为其实施课程思政提供了良好的条件,但又在一定程度上导致其实施课程思政的不易。在一门公认的"难教""难学"的科目中无形地融入思政元素,寓价值观引导于知识传授和能力培养之中,还是面临着很大的困境,这既有课程建设客观方面的原因,也有主观方面的原因。

第一,行政法内容广泛且具有较大的变动性,给专业教学和思政教育的有机融合产生了显著的难度。专业教学和思政教育本身就侧重点不同,两者的融合也是课程思政的首要难点。②法律专业教学注重显性知识的传授和法律技能的培养,与注重内心教化的思政教育在目标上存在一定的疏离,导致了两者融合的难度加大。③行政几乎触及所有的社会生活领域,正如"从摇篮到坟墓"所形容的那样,这决定了行政法覆盖内容的广泛性。因此,行政法的教学本身也是要从庞杂的覆盖内容中选择出适宜教学的课程内容。虽然目前的行政法教材通常是按照行政法总论设计的,主要包括行政法基础理论、行政组织法、行政行为法、行政救济法等板块,但每一板块的具体内容设计还是存在一定差异。特别是随着新现象、新问题的出现,行政法还必须对现实问题及时做出调整和回应。"迅速而有效地适应不断变化的现实,既是行政法实践的价值所在,也是行政法学理论的价值所在。"④当前的个人信息保护、网络平台管理以及公共卫生事件防控等新兴领域已经在一定程度上影响行政法的变革及其发展方向。行政法的这些内容特点极

---

① 《习近平法治思想概论》编写组.习近平法治思想概论[M].北京:高等教育出版社,2021:232.
② 王学俭,石岩.新时代课程思政的内涵、特点、难点及应对策略[J].新疆师范大学学报(哲学社会科学版),2020,41(2):50-58.
③ 朱继胜,谭洁,朱振明.论法学课程思政特点、难点与实施路径[J].高教论坛,2021(9):56-59.
④ 杨解君.中国行政法的变革之道[J].江苏社会科学,2012(4):33-35.

大地增加了专业教学的难度,容易让教师专注于法律知识的灌输,将教学简化为标准化和程式化的知识训练,而缺少对知识背后的价值引领和精神塑造。

第二,行政法的内容主要涉及行政权的行使及其后果,其调整的法律关系必然以行政主体为一方当事人,其课程内容不容易引发学生的共鸣与反思,不符合主动式的课程思政建设需要。课程思政本身是对传统的单向教学模式的重大改革与创新,专业教学与思政教育的融合更重要的是抓住学生的兴趣点,激发学生自主探究的热情,使教师与学生形成双向的良性互动。然而,大学生在校期间平常与政府部门等行政主体并无直接接触,很难理解行政权的行使活动对自己、对公众的权益有怎样的影响,更不用说行政组织内部的机关设置与职权分配了。尽管行政组织法的课程内容与公务员岗位密切相关,但对于大一、大二阶段学习行政法的法科生而言可能还不能意识到这门课程对自己未来职业选择的重大意义。在法律技能的培养上,高校的法律辩论、模拟法庭、社会实践等活动也大多以民法和刑法案件为素材,很大程度上影响了法科生对行政法专业的学习积极性。

第三,行政法专业知识的应试需要容易使师生将教与学的重点放置在知识点的背诵理解上,极大地禁锢了课程思政的空间。对于法科生来说,通过法律职业资格考试既是不负大学时光的印证,更是迈向法律职业的通行证;通过公务员考试更是人生的一大高光时刻。而对于老师和院校来说,这两类考试的通过率直接影响就业率的统计。在这两类考试中,行政法知识占据相当的比重,且题目的难度较大。虽然在法学各专业课程中,行政法不如民法、刑法等部门法受学生欢迎,但到了大三、大四阶段,学生可能会因为职业选择的关系逐渐意识到行政法课程的重要性。然而,此时他们往往只是因为应试和实用去复习和掌握专业知识,忽视对行政法制度价值与理性的深层学习。换言之,应试要求催生了接受专业知识的动力,但课程思政是要把社会要求转化为人格提升、自我发展的需要。行政法教学实施课程思政,要回应现实需求,立足中国国情,在中国行政法治的制度实践中理解和坚定中国特色社会主义法治道路。

第四,在高校的法学专业课程设置中,传统的行政法教学是一种困于课堂、限于课时、囿于课本的面对面教学模式,不利于课程思政的开放性与动态化建设。尽管近年来,课堂互动、案例分析、模拟法庭等方法也会运用在行政法教学中,但总体上仍是依赖课堂的有限时间开展教学,讲授的内容固化单一,忽视专业知识与中国国情的结合,没有改变传统教学的封闭性特点。在行政法的课时设置上,一方面,与其他传统法学专业相比较,行政法与行政诉讼法在许多高校是作为一门课开展教学,而民法与民事诉讼法、刑法与刑事诉讼法通常是分开教学的。另一方面,与综合性大学、政法类高校的法学专业相比,理工类等高校的法学课程体系相对匮乏,能够分给行政法的教学课时也是有限的,针对行政法分论而设置的专业课程也是寥寥无几。在有限的课时里要应对行政法那么庞杂的知识量,对学生和教师而言都是一个巨大的考验。

三、行政法教学中课程思政的推进路径

行政法教学中教师和学生面临的上述问题给课程思政的全过程性、全员性、全方位性带来了很大的阻碍。要探求行政法课程思政的突破口,进一步完善行政法课程的育人功能,必须要充分发挥教师队伍"主力军"、课程建设"主战场"、课堂教学"主渠道"作用,构建全员全程全方位育人大格局。

(一)转变教师的教学思维,提升教师的思政教学能力

全面推进课程思政建设,教师是关键。课程思政融入行政法教学之中,首先,要转变教师的教学思维。行政法课程的教师不应再囿于如何在有限的课时内灌输庞杂的专业知识,而应以教书育人为核心任务,加强对专业知识背后的行政法文化的探究和行政法价值的梳理,传递专业知识所蕴涵的价值意义和精神内涵,从而让学生在学习专业知识的过程中形成自己的价值判断。其次,要把这种教学思维的转变切实落实到教师思政教学能力的提升上。第一,提升专业教学与政治教育的融合能力。行政法的任课教师不仅要有扎实的专业知识储备,也要具备较高的政治觉悟,树立对中国法治的高度自信,宣扬中国特色社会主义行政法制度,客观辩证地讲解西方的行政法理念与制度。第二,提升问题导向的教学能力。行政法教学的课程思政要能够回应大学生对现实问题的关切,引导大学生对行政法实践的反思。因此,教师要广泛参加行政法实践,与行政办案人员加深业务交流,促进行政法理论与实践的结合。第三,提升教学模式和方法的创新能力。课程思政属于以教师为主导、学生为主体的创新型教学模式,与传统"填鸭式"的教学模式难免有冲突。教师要积极参加有关课程思政的培训和交流活动,努力提高教学业务能力,特别是就如何激发学生自主性学习等问题借鉴优秀的教学模式和方法。

(二)抓好课程体系建设,完善教学顶层设计

专业课程是课程思政建设的基本载体。总的来说,行政法专业课程要充分挖掘知识背后的德育元素,将德育元素与教学目标、教学内容、教学方法等巧妙结

合,构建思想政治教育贯穿行政法教学全过程的课程体系,完善行政法教学的顶层设计。

理论与实践的统一是任何一门法学专业课程都应当坚持的学习和研究方法。然而近年来,法学教育逐步异化为追求法律职业资格考试通过率的应试教育以及追求实用的对策教育,注重理论思维的法学教育陷入式微的窘境。在坚持理论与实践相结合的视角下,当代中国法学人才理论思维的培养应当以"中国法学问题意识为导向",让学生真正切实感受到由法治中国伟大实践伴生而来的理论魅力。[1] 这与课程思政的目标是高度契合的。中国的行政法学研究总是与时代命题互相呼应,行政法教学也应当坚持这一导向。在理论与实践有机结合的课程体系建设下,思想政治教育融入行政法专业课程的顶层设计可以从以下几方面着手,在此基础上再对行政法课程的各部分内容进行具体的教学设计(参见本文文末的表6-1)。

第一,在教学目标上要克服"重工具性轻价值性""重职业性轻学理性"的倾向,倚重行政法课程的"法理"而非法条实施思政教育,阐发法律制度、法学专业自身蕴含的对人类社会的美好价值追求,强化法科生的职业自豪感和法治素养。[2]

第二,在教学内容上,要把行政法理论知识扎根于中国行政法治实践之中,培养法科生辩证认识现实变革与理论创新的思辨能力,培育他们的法治中国情怀。例如,把行政法理论基础由管理论到控权论、平衡论等学说论争的演变与我国法治政府建设由"管制型政府"到"服务型政府"的实践道路结合起来,揭示我国行政法理论的发展与法治政府建设实践的相辅相成;结合社会治理格局的演变讲解行政法律关系和行政程序制度的发展,通过"共治共建共享的社会治理格局"使学生理解行政法律关系主体范围扩大、主体相互关系由不平等的管制到相对平等的协商合作的发展趋势,在此基础上理解公开、听证、说明理由等有利于协商合作的行政程序制度;结合行政审批改革、营商环境优化的背景讲授行政许可的事项及其设定,帮助学生在政府与市场的关系中理解"有限政府"的建构。总之,行政法教学内容的选取与讲解,宜立足于专业知识体系和中国本土国情,使专业知识与中国特色社会主义行政法律制度融会贯通,转化为适合学生接受的内容,让学生理解行政法对国家发展、社会经济发展、公民合法权益保护的重要意义,树立从国

---

[1] 杜宴林.当代中国法学人才理论思维的培养[J].法律科学(西北政法大学学报),2022,40(4):36-50.
[2] 徐英军,孔小霞.论法学类专业开展课程思政的总体设计与实施要点[J].中国大学教学,2022(7):68-73.

家—社会—个人的多元结构思考中国行政法治实践的意识。

第三,在教学方法上,要综合运用多种手段在理论与实践的碰撞中激发学生的学习热情,提升学生的自我思考能力。比起枯燥晦涩的理论教学,案例教学在法学专业课程中受到老师和学生的青睐。法学本来就是立足实践发展的专业,案例教学更能强化法学专业的实践性。① 一个个生动鲜活、引发社会广泛关注的行政法案例也是中国行政法治实践的缩影。某些案例甚至能成为推动行政法律制度建立与完善的导火索。例如,包郑照诉浙江省苍南县案推动了中国行政审判队伍的建立和行政诉讼立法;张先著诉安徽省芜湖市人事局案即"中国乙肝歧视第一案"推动了公务员录用体检标准的修改;唐慧诉湖南省永州市劳动教养委员会案推动了备受争议的劳动教养制度的废止等等。近些年来,行政法案例研究方法的蔚然成风、行政法案例素材的大量积累都为行政法案例教学提供了实施条件。在知识点的讲解中穿插案例导入或者分析是行政法案例教学的常态,个别高校的法学课程设置较为丰富,可以配套设置专门的法学案例分析课程,有助于系统地提升学生的案例评析能力。不过,行政法案例教学的设计还是大多依附于行政法知识点的简单识记,且主要以经典的司法案例为主。这些不仅禁锢了学生的思维,也不利于学生的价值塑造。为最大限度地发挥案例教学的育人效果,行政法课程的案例教学应当坚持多元、开放的做法,拓宽案例选取的范围,吸收未进入司法程序但与行政法治相关的各类社会事件,并倡导在师生之间、学生之间的积极互动下对案例做多维度的分析。此外,行政法案例教学还要注意案例的更新,选取当前容易引起学生关注的社会热点案例。

(三)丰富课堂教学渠道,打造课程思政的多样平台

课堂教学是课程思政建设的主渠道。学校课堂是行政法教学的主要阵地,行政法任课教师在"授业""解惑"的同时,也要肩负起"传道"的责任和使命,深入挖掘课程内在的思政元素,传播符合社会发展方向的世界观、人生观、价值观。但受困于课时有限,任课教师往往会忽视行政法的价值引领作用。开拓学校课程之外的"第二课程",实施社会实践教学,不仅有利于弥补这一缺失,也是法学人才培养的应有要求。但近些年来,法学专业的社会实践设计有单纯应对实践学分的倾向,学生难以做好专业知识和社会实践的良好衔接。这要求我们重新审视社会实

---

① 2011年12月23日,教育部和中央政法委员会联合发布了《关于实施卓越法律人才教育培养计划的若干意见》。根据该意见,"搞好案例教学"是"强化法学实践教学环节"的要求之一。

践教学的设计。一方面,要注重课程思政的多样性,设计多样化的社会实践活动,充分利用大学生社团活动、模拟法庭、假期实践、专业实习、实务讲座等形式融入行政法的课程内容,引导学生运用专业知识的同时树立家国情怀,深层次进行爱国教育和国情教育。另一方面,要注重课程思政的实效性,设计能够让学生学以致用、将学到的行政法知识和真实的社会需求结合起来的实践任务。例如,与公安机关、法院、行政执法部门、律师事务所等实务部门建立课程思政改革的联动机制,共同开展行政法律制度的宣传咨询、行政法案例研究等活动,让学生在训练法律职业技能的同时增强对社会服务的责任感,树立追求公平正义的法律职业理想。

除了学校和社会层面的实地教学之外,在互联网渗入教学环境的背景下,我们还可以开拓行政法教学的网络课堂,在行政法的互联网教学和交流中融入课程思政。同时,我们也可以充分利用法治政府网、中国宪治网、中国人权网等网络资源,在拓展行政法学科视野的基础上,总结行政法制度的"中国特色",构建行政法研究中的"中国话语"。[①]

四、结语

行政法治的现代化是国家治理现代化的依托。中国的行政法治建设是以行政法为公法的核心部分,使之能够与民法等私法共同支撑起我国的法律体系,进而实现法治体系,将政府行为全面纳入法治轨道。行政法专业教育关系着中国行政法治建设队伍的培育,应肩负起时代赋予的使命,在师资队伍、课程建设、课堂实践等方面切实推进课程思政,为中国特色社会主义法治建设大业培养"德法兼修"的法治人才。课程思政并非一日之功,也并非固定不变的套路。行政法"难教""难学"的专业特点,更是需要其教学循序渐进、层层递进地实施课程思政,结合教学反馈和时代主题不断探索、挖掘和优化育人的教学环节,统筹规划、与时俱进地设计课程思政的具体实施措施。

[①] 何真."课程思政"融入行政法教学的机制探索[J].毛泽东思想研究,2020,37(4):125-131.

表 6-1 行政法专业知识融入课程思政的具体教学设计

教学内容	教学目标	思政元素的融入	教学方法
行政法概述	掌握行政法的特征、作用以及历史发展，了解我国行政法治建设的成就；认识行政与我们生活的密切关联，提高对行政法学习的兴趣；在社会治理格局的变动中理解行政法律关系的发展趋势	中国行政法治的道路自信、理论自信、制度自信、文化自信	案例导入、理论讲授、课堂讨论、视频资料
行政法基本原则	深刻理解行政法基本原则蕴含的社会主义核心价值观；掌握各基本原则的内涵、形成与运用，立足理论与实践的结合	公平正义的法治理念；公民个人遵纪守法的行为准则；法律工作者依法用权、诚信为民的职业道德	案例教学、理论讲授、小组汇报和讨论
行政组织法、公务员法	结合我国行政体制改革的实践认识行政组织法的地位与内容；结合我国反腐败斗争强化公务员依法履职的意识	坚持全面依法治国的要求；做人民公仆的职业自豪感；廉洁奉公、违法必究的政治觉悟	职业选择的调查问卷、理论讲授、网络教学
行政行为概述	立足中国行政法治实践了解行政行为的一般理论与基本制度，理解形式法治向实质法治的发展	对中国行政法治文化的信仰；用权受监督的法治意识	案例教学、理论讲授、课堂讨论
行政立法	在行政立法制度的学习中认识和理解我国权力清单、法规清理等立法实践	良法善治的法治精神；科学立法、立法为民的法治思维	视频导入、文本分析、理论讲授
授益行政行为	在行政给付、行政许可制度中理解服务型政府、有限政府的转型与建构	为人民服务的责任担当	案例教学、理论讲授、小组汇报和讨论

续表 6-1

教学内容	教学目标	思政元素的融入	教学方法
负担行政行为	结合最新的立法动态和行政实务学习行政处罚、行政征收、行政强制制度,强化严格规范公正文明执法的法治思维	遵纪守法、依法执法的法治素养	案例教学、理论讲授、小组汇报和讨论
行政程序	掌握程序公正、参与型行政的法理与制度	法律面前人人平等的法治意识、参与社会共建共治的民主与责任意识	案例教学、理论讲授、课堂讨论
行政复议	在我国行政复议制度的改革实践中体会高效便民、息讼止争的复议制度优势	依法维权;监督行政依法用权;树立法治文化自信	案例教学、理论讲授、实务讲堂
行政诉讼	在我国行政诉讼制度发展中感受公正司法的力量	维护法律权威;依法维权;树立司法信仰	案例教学、理论讲授、实务讲堂
行政诉讼受案范围与管辖	理解司法权对行政权的监督机制,坚定社会主义法治道路	依法维权;权力监督	案例教学、理论讲授、视频资料
行政诉讼参加人	在行政诉讼原告、被告、公益诉讼等制度的学习中培养法治意识	遵纪守法;依法维权;维护社会公益的责任意识	案例教学、理论讲授、实践教学
行政诉讼证据	提高举证的法律意识、客观真实举证的责任担当	以事实为依据,以法律为准绳	案例教学、理论讲授、场景模拟
行政诉讼法律适用、裁判与执行	在行政诉讼的制度运用中弘扬中国法治精神,坚定社会主义法治国家的建设	法律面前人人平等;实事求是;追求公平正义;坚持真理;维护法律权威	案例教学、理论讲授、模拟法庭、实地考察

参考文献

[1] 陈楚钿.新时代法学专业课程思政育人研究[J].学校党建与思想教育,2021(18):66-67+78.

[2] 杜宴林.当代中国法学人才理论思维的培养[J].法律科学(西北政法大学学报),2022,40(4):36-50.

[3] 何真."课程思政"融入行政法教学的机制探索[J].毛泽东思想研究,2020,37(4):125-131.

[4] 江国华,孙中原.行政处罚法律制度融贯社会主义核心价值观研究[J].理论探索,2021(5):121-128.

[5] 李庆.行政法视角下和谐社会建构之思考[J].法学杂志,2011,32(10):64-66.

[6] 李哲.思想政治教育与法学教育的融合问题研究[J].知与行,2017(4):141-146.

[7] 刘伟琦.法学课程思政教学改革的新理路:法治中国情怀培育[J].黑龙江高教研究,2021,39(10):146-154.

[8] 马怀德.法学类专业课程思政建设探索与实践[J].中国高等教育,2022(6):7-9.

[9] 苏力.当下中国法学教育的两项根本任务[J].中国大学教学,2008(2):24-25+16.

[10] 王青斌,张雅杰.试论我国行政法总则的功能价值及体系定位[J].中国司法,2022(5):33-37.

[11] 王学俭,石岩.新时代课程思政的内涵、特点、难点及应对策略[J].新疆师范大学学报(哲学社会科学版),2020,41(2):50-58.

[12] 《习近平法治思想概论》编写组.习近平法治思想概论[M].北京:高等教育出版社,2021.

[13] 《行政法与行政诉讼法学》编写组.行政法与行政诉讼法学[M].2版.北京:高等教育出版社,2018.

[14] 徐英军,孔小霞.论法学类专业开展课程思政的总体设计与实施要点[J].中国大学教学,2022(7):68-73.

[15] 杨解君.中国行政法的变革之道[J].江苏社会科学,2012(4):33-35.

[16] 杨宗科.论"新法学"的建设理路[J].法学,2020(7):66-83.

[17] 尤春媛.法学教育改革背景下的行政法教学改革[J].江苏社会科学,2008(S1):165-169.

[18] 余海波.论行政法的价值理性[J].西部法学评论,2010(5):72-78.

[19] 章剑生.现代行政法总论[M].2版.北京:法律出版社,2019.

[20] 张艳,王妮,张瑶.课程思政构建策略及路径:以《行政法与行政诉讼法》课程为例[J].吉林省教育学院学报,2020,36(6):81-85.

[21] 章志远.法科生行政法案例教学模式之研究[J].河南财经政法大学学报,2013(3):46-55.

[22] 朱继胜,谭洁,朱振明.论法学课程思政特点、难点与实施路径[J].高教论坛,2021(9):56-59.

7 行政法学课程思政教学改革的理论逻辑与实现路径

张 彧[①]

摘 要：将课程思政融入行政法学教学中，契合了高校立德树人的根本使命，是在全面依法治国建设中实现青年法治人才培养的有利抓手。然而，课程思政的客观要求与行政法学的学科特征共同导致了行政法学专业知识与思想政治教育之间的融合不足。对此，应当以习近平法治思想为基本遵循，以深入推进法治政府建设为目标追求，在教学方法上实现"法条＋案例＋理论"的三位一体革新；在课程设计上优化教学内容与思政教育的融合程度；在配套机制上完善实践教学平台与网络资源共享。

关键词：行政法学；课程思政；法治政府；全面依法治国

自从党的十八大习近平总书记围绕"培养社会主义建设者和接班人"做出一系列重要论述，回答了"培养什么人、怎样培养人、为谁培养人"这一根本性问题之后，高校为落实立德树人的根本任务，不断完善思想政治教育工作的方式方法，并确立了课程思政与思政课程要同向同行、形成协同效应的基本思路。行政法与行政诉讼法学（以下简称"行政法学"）课程作为高校法学专业16门核心课程之一，依法行政、程序正义、公益保障、利益均衡等价值理念贯穿其中。它不仅蕴含了处理公民权利与国家权力关系的专业知识，而且是最适合进行课程思政改革的学科之一。有鉴于此，本文将以行政法学为研究对象，从课程思政教学改革的时代背景与现实问题出发，探讨行政法学课程思政教学改革的理论逻辑与实现路径，以期回应法学教育价值塑造、知识传授与能力培养的"三位一体"目标。

一、行政法学课程思政教学改革的现实需求

把握行政法学课程思政教学改革的现实需求，就是从功能层面解答行政法学

[①] 张彧，南京航空航天大学人文与社会科学学院法律系讲师，东南大学法学博士，专攻方向为行政法学。本文系南京航空航天大学2022年研究生教育教学改革研究项目"新文科建设视域下'双碳'人才培养模式研究"的阶段性成果。

课程思政教学改革"是什么"的问题。一方面,通过时代背景的考察,可以说明行政法学开展课程思政教学改革的必要性;另一方面,借助现实问题的检视,能够揭示行政法学课程思政教学改革的紧迫性。

(一) 行政法学开展课程思政教学改革的时代背景

行政法学开展的课程思政教学改革,是落实新时代课程思政政策要求与青年法治人才培养要求的有力举措与应然选择。要想准确理解行政法学开展课程思政教学改革的时代背景,需要从"课程思政"与法学教育两个方面分别展开论述。

1. 课程思政的政策导向与要求

"课程思政是对新时代中国特色社会主义教育理论体系的生动实践,是新时代我国高等教育发展的理念创新、实践创新、制度创新、文化创新。"[①]将课程思政融入行政法学教学中,契合了高校立德树人的根本使命,是提高法科生思想政治教育水平的必然要求。

首先,关于课程思政的涵义,具体存在两种解释。[②] 一种是方法论意义上的课程思政,强调通过专业课程的渠道融入思政元素;另一种是内容意义上的课程思政,强调各种课程中思政内容要素的集合。正如有学者所言,课程思政实质是一种课程观,不是增开一门课,也不是增设一项活动,而是将高校思想政治教育融入课程教学和改革的各环节、各方面,实现立德树人润物无声。[③] 与作为课程系统、对高校学生进行思想政治教育的传统思想政治理论课(以下简称"思政课程")不同,课程思政是一种运用课堂教学主渠道来实现思想政治教育的新型教育理念,呈现了教育载体多元协同、教育方式间接持续等特性。

其次,从历史演进来看,课程思政的理念形成主要经过了三次会议。第一次是 2016 年的全国高校思想政治工作会议,初步提出了课程思政的基本方式与功能定位。"要用好课堂教学这个主渠道,思想政治理论课要坚持在改进中加强,提升思想政治教育亲和力和针对性,满足学生成长发展需求和期待,其他各门课都要守好一段渠、种好责任田,使各类课程与思想政治理论课同向同行,形成协同效应。"[④]第二次是 2018 年的北京大学师生座谈会,进一步深化了"课程思政"的实践

---

① 韩宪洲.课程思政的发展历程、基本现状与实践反思[J].中国高等教育,2021(23):20-22.
② 参见:葛卫华.厘定与贯连:论学科德育与课程思政的关系[J].中国高等教育,2017(S3):25-27.
③ 高德毅,宗爱东.课程思政:有效发挥课堂育人主渠道作用的必然选择[J].思想理论教育导刊,2017(1):31-34.
④ 张烁.习近平:把思想政治工作贯穿教育教学全过程 开创我国高等教育事业发展新局面[N].人民日报,2016-12-09(1).

路径。"要把立德树人内化到大学建设和管理各领域、各方面、各环节,做到以树人为核心,以立德为根本……建设政治素质过硬、业务能力精湛、育人水平高超的高素质教师队伍。"①第三次是2018年的全国教育大会,从高等教育制度的高度将"课程思政"确立为落实立德树人根本任务的重要机制之一,会议强调:"要把立德树人融入思想道德教育、文化知识教育、社会实践教育各环节,贯穿基础教育、职业教育、高等教育各领域,学科体系、教学体系、教材体系、管理体系要围绕这个目标来设计,教师要围绕这个目标来教,学生要围绕这个目标来学。"②可见,课程思政与思政课程理应共同致力于实现立德树人的高等教育目标,以此促进人的全面发展。课程思政理念与以往的"大思政"理念、"隐性思想政治教育"理念一脉相承,是后两者的继承与发展。③

最后,随着我国思想政治教育的经验积累,相应的制度保障机制也在不断完善。《关于深化新时代学校思想政治理论课改革创新的若干意见》等规范性文件的颁布为高等学校落实立德树人任务提供了政策依据。教育部于2020年印发的《高等学校课程思政建设指导纲要》为全面推进高校课程思政建设提供了操作指引。其中,已经涉及有关法学类专业课程推进课程思政建设的方针要求:"要在课程教学中坚持以马克思主义为指导,加快构建中国特色哲学社会科学学科体系、学术体系、话语体系。要帮助学生了解相关专业和行业领域的国家战略、法律法规和相关政策,引导学生深入社会实践、关注现实问题,培育学生经世济民、诚信服务、德法兼修的职业素养。"

2. 新时代青年法治人才培养要求

党的十九大报告指出:"青年兴则国家兴,青年强则国家强。青年一代有理想、有本领、有担当,国家就有前途,民族就有希望。"青年一代与国家民族命运紧密相连。在我国全面依法治国的国家治理现代化进程中,改革发展均要在法治轨道上进行,"要坚持依法治国和以德治国相结合,实现法治和德治相辅相成、相得益彰。"④新时代青年法治人才的培养对建设全面依法治国这一系统工程而言不可或缺,其中必须发挥道德对法治的支撑作用。从这个角度上看,"课程思政"是

---

① 习近平.在北京大学师生座谈会上的讲话[N].人民日报,2018-05-03(2).
② 新华社:《习近平出席全国教育大会并发表重要讲话》,http://www.gov.cn/xinwen/2018-09/10/content_5320835.htm,2018年9月10日。
③ 参见:赵继伟."课程思政":涵义、理念、问题与对策[J].湖北经济学院学报,2019,17(2):114-119.
④ 肖立辉.实现法治和德治相得益彰[N].鹰潭日报,2021-06-11(3).

在全面依法治国建设中实现青年法治人才培养的有利抓手。

一方面,关于新时代青年法治人才如何培养,中共中央有专门指示。习近平总书记提出:"全面推进依法治国是一项长期而重大的历史任务,要坚持中国特色社会主义法治道路,坚持以马克思主义法学思想和中国特色社会主义法治理论为指导,立德树人,德法兼修,培养大批高素质法治人才。"① 以此为契机,教育部、中央政法委在2011年《关于实施卓越法律人才教育培养计划的若干意见》的基础上发布了2018年《关于坚持德法兼修实施卓越法治人才教育培养计划2.0的意见》,强调了改革任务和重点举措包括"厚德育、强专业、重实践、深协同、强德能、拓渠道、促开放、立标准"。这些内容表明法学教育要重视思想道德培养、法学专业知识要融入习近平新时代中国特色社会主义思想和社会主义核心价值观的要求。

另一方面,要把青年法治人才培养置于我国推进全面依法治国的战略部署中进行理解。2014年,党的十八届四中全会研究针对法治建设问题,从顶层设计上确立了全面依法治国的整体方案、路线图和施工图;2018年,组建了中央全面依法治国委员会;2020年,第一次展开中央全面依法治国工作会议。在此背景下,2021年1月,中共中央印发了《法治中国建设规划(2020—2025年)》,针对法治人才培养提出了"构建凸显时代特征、体现中国特色的法治人才培养体系"的总体思路,并强调要"深化高等法学教育改革,优化法学课程体系,强化法学实践教学,培养信念坚定、德法兼修、明法笃行的高素质法治人才"。法学"课程思政"建设,是新时代高等教育完善法学课程体系的应然使命。

具体就行政法学来说,作为一门法学专业课程,其内容既包含了控制行政权与保护行政相对人合法权益,又涉及与行政权相关的其他行政法律关系。鉴于行政是国家活动的中心、行政执行兼及立法与司法、行政功能致力于整合社会秩序,② 行政法课程教学必须关注国体、政体、政党、法治政府、法治社会、公民权利等众多与思想政治教育密切相关的问题。"行政法学生动地体现了一个国家的政治体制、政治运作及国家、政府和公民的关系,内在地包含了一个国家大部分的基本价值观念,是公民认识自己国家和别国的窗口,是培养公民认同的重要方式和

---

① 新华社:《习近平:立德树人德法兼修抓好法治人才培养励志勤学刻苦磨炼促进青年成长进步》,http://www.gov.cn/xinwen/2017-05/03/content_5190697.htm#1,2017年5月3日。
② 参见:章剑生.现代行政法总论[M].北京:法律出版社,2014:8-9.

渠道。"①概言之,相较于其他法学专业课程,行政法学因富含家国情怀与公法价值而与生俱来地携带思政教育"基因"。行政法学进行课程思政教学改革,是专业知识传授与能力培养的内在要求,是新时代法学高等教育为党育人为国育才的重要举措。

(二)行政法学课程思政教学改革面临的现实问题

从行政法学开展课程思政教学改革面临的现实问题出发,可以从操作层面把握行政法学课程思政教学改革的迫切需求。由于课程思政较之思政课程等传统的思想政治教育方式而言,更强调全方位、系统化、润物无声式的立德树人,这就对教学内容、教师能力、育人机制等提出了更高的要求,课程思政建设难免遭遇一定的困难。而且,由于行政法学的专业内容决定了其学科特征,行政法学课程思政教学改革亦会面临特殊的问题。下文将从共性问题与个性问题两个方面,分别予以说明。

1. 源自课程思政要求的共性问题

虽然课程思政教学改革已经从政策导向阶段步入了实践探索阶段,但是目前距离实现"思想政治理论、综合素养与专业知识三位一体的理想教育目标"②尚存在一定差距。主要问题具体有如下表现:

一是教学手段僵化。鉴于课程思政教学应当实现价值塑造、能力培养与知识传授的统一,课程思政改革实际上意味着教育结构的变化。然而现实问题在于,传统的教学手段往往会割裂以上三者。比如,用于价值塑造的思想政治教育因为具有抽象、宣誓性的内容,单纯依靠以往思政课程的教学方式难以达到预期的教育效果。

二是教学资源滞后。课程思政展现的是一种创新思维,它强调在思想政治理论课以外的课程中融入思想政治教育,这是以前的思想政治教育未曾关注的。③无论教材、课堂还是实践,均需要贯彻创新思维,以谋求课程思政创新发展。但现实是,教学资源滞后的问题仍比较突出。以法学教材为例,虽然我国自从2004年就开始实施"马克思主义理论研究和建设工程",也相应编写了凸显马克思主义价

---

① 闫映全.宪法学、行政法学普遍原理与课程思政要素在教学中的融合[J].《上海法学研究》集刊,2021(16):35.
② 虞丽娟.从"思政课程"走向"课程思政"[N].光明日报,2017-07-20(14).
③ 王学俭,石岩.新时代课程思政的内涵、特点、难点及应对策略[J].新疆师范大学学报(哲学社会科学版),2020,41(2):50-58.

值引领、具有中国特色的法学"马工程"教材,但是就教材的更新速度来看,仍然滞后于我国的经济社会发展需求。

三是教师能力欠缺。习近平总书记在全国高校思想政治工作会议上强调:"教师是人类灵魂的工程师,承担着神圣使命。传道者自己首先要明道、信道。高校教师要坚持教育者先受教育,努力成为先进思想文化的传播者、党执政的坚定支持者,更好担起学生健康成长指导者和引路人的责任。"[①]课程思政需要充分发挥教师将专业课知识与思想政治价值融合的纽带作用,可是这无疑对教师能力提出了更高的要求。由于学科壁垒与知识局限,不少专业教师的能力在短期内无法满足课程思政的教学要求。

综上可见,要落实课程思政的立德树人目标,必须以协同育人为基本遵循,丰富教学手段、创新教学资源、提升教师能力。然而,根源于教学实践中专业知识与思想政治教育之间面临的融合困境,课程思政的教学改革效果仍待提高。

2. 源自行政法学特征的个性问题

既然"课程思政"教学改革的共性问题指向了专业知识与思想政治教育的融合困难,那么从行政法学的学科特征中能够更进一步了解行政法学课程思政教学改革的个性问题。

其一,行政法学存在的中西方理念冲突。行政法学缘起于西方,其理论建构与各国的政府体制、司法体制等国情因素密切相关。由于经济社会的发展,西方发达国家的法治传统与法制体系相较于我国更为健全。比如关于法国的行政法院制度与德国的行政行为理论涌现出一系列经典论著,这些对我国行政法治建构均具有参考价值。不过,与通常表现为客观规律的自然科学知识不同,人文社会科学理论因为涉及主观价值,深受一国的历史、地理、文化、社会等因素影响。我国的行政法学理论和实践与西方发达国家并不完全相同,在展开行政法学课程思政教学改革时,必须考虑政治经济社会文化状况,重视本土性与地域性需求。

其二,我国行政法学发展面临的挑战。由于中国现代史的曲折历程,我国的行政法学相较于法学专业的其他基础学科来说,起步晚、发展滞后。1989 年《中华人民共和国行政诉讼法》颁布,才标志着行政法的独立部门法地位。这就导致我国行政法学理论存在"重程序、轻实体""重政策、轻法律""重国外借鉴、轻本土建构"等局限。上述"先天不足、后天缺乏"的行政法学发展特征反而表明,行政法学在我国存在更大的发展空间与进步余地。在对行政法学进行课程思政教学改

---

① 马云志.明道·信道·传道[N].光明日报,2017-02-13(11).

革时,必须充分挖掘本土的政治资源与政策文件精神,积极应对中国特色社会主义建设的挑战。以依法行政原理为例,自1993年国务院《政府工作报告》正式提出依法行政原则后,我国分别于2004年发布了《全面推进依法行政实施纲要》、2010年发布了《关于加强法治政府建设的意见》、2015年发布了《法治政府建设实施纲要(2015—2020年)》、2021年发布了《法治政府建设实施纲要(2021—2025年)》。

二、行政法学课程思政教学改革的理论逻辑

剖析行政法学课程思政教学改革的理论逻辑,就是从原理层面回答行政法学课程思政教学改革"为什么"的问题。如前所述,课程思政的客观要求与行政法学的学科特征共同导致了行政法学专业知识与思想政治教育之间的融合不足。要破解该问题,需要结合我国进入新时代的现实背景,揭示行政法学理与思政价值的核心关联。从价值关联性来看,行政法学课程思政教学改革应以习近平新时代法治思想为基本遵循;从功能关联性来看,行政法学课程思政教学改革应以深入推进法治政府建设为目标追求。

(一)以习近平新时代法治思想为基本遵循

从行政法学与思政教育之间的价值关联性来看,两者均需要践行习近平新时代法治思想。行政法学课程思政教学改革的开展,应当以习近平新时代法治思想为基本遵循。基于此,下文将通过对习近平新时代法治思想的鲜明主题及其内容体系的解析,说明行政法学专业知识与思政教育元素的价值统一性。

1. 契合全面依法治国的时代主题

2020年11月,中央全面依法治国工作会议正式提出"习近平法治思想",同时第一次明确了习近平法治思想的"十一个坚持"的理论框架。新时代全面依法治国伟大实践,始终贯穿着"全面依法治国"这一鲜明主题,深刻回答了新时代为什么实行全面依法治国、怎样实行全面依法治国等一系列重大问题。[①] 习近平总书记明确强调,"新中国成立70多年来,我国之所以创造出经济快速发展、社会长期稳定'两大奇迹',同我们不断推进社会主义法治建设有着十分紧密的关系"。以我国疫情防控工作为例,不仅《中华人民共和国传染病防治法》《中华人民共和国突发事件应对法》《中华人民共和国民法典》等法律规范构成的法律体系为依法

---

① 周佑勇.深刻把握习近平法治思想的鲜明主题[J].红旗文稿,2021(19):28-31.

防控提供了规范依据,而且卫生主管部门、应急防控指挥部、市场监管部门、人力与社会保障部门等政府执法机构也需要主动作为以提高疫情防控的治理效能。申言之,法治追求的基本价值是建构一种能够确保社会稳定和谐、经济稳定增长、社会长治久安的良好法治秩序。

从习近平法治思想的科学性与先进性可以看出,中国特色社会主义法治凝聚着我们党治国理政的理论成果与实践经验,是"规则之治"与"制度之治"最稳定最可靠的保证。鉴于新时代必须坚持全面依法治国,不难理解行政法学"课程思政"教学改革的理论可行性。无论是法学专业知识的传授,还是思想政治教育的价值塑造,都必须在习近平法治思想指导下贯彻落实全面依法治国的中国特色社会主义道路,为全面建设社会主义现代化国家、实现中华民族伟大复兴储备德法兼修的高素质法学专业人才。

2. 提供行政法学课程思政的价值主线

习近平法治思想提出了"十一个坚持"的内容体系。其中,"坚持党对全面依法治国的领导;坚持以人民为中心;坚持中国特色社会主义法治道路;坚持依宪治国、依宪执政"等内容明确了根本政治方向,"坚持在法治轨道上推进国家治理体系和治理能力现代化;坚持建设中国特色社会主义法治体系;坚持依法治国、依法执政、依法行政共同推进,法治国家、法治政府、法治社会一体建设;坚持全面推进科学立法、严格执法、公正司法、全民守法;坚持统筹推进国内法治和涉外法治"等内容明确了重大工作部署,"坚持建设德才兼备的高质素法治工作队伍;坚持抓住领导干部这个'关键少数'"等内容明确了重要保障力量。法学专业知识与思想政治教育在价值理念上具有统一性。结合习近平新时代法治思想内容体系可知,行政法学课程思政教学改革应该践行以下基本立场观点。

首先,坚持以人民为中心立场。人民立场是马克思主义的根本政治立场。我国社会主义制度保证了人民当家作主的主体地位,也保证了人民在全面推进依法治国中的主体地位,这是我们的制度优势,也是中国特色社会主义法治区别于资本主义法治的根本所在。在面对行政法学理论存在的中西方理念冲突时,必须在人民立场下维护最广大人民的根本利益。故行政法学课程思政教学不是空洞的爱国主义宣讲,而是要从法治上切实回应人民群众对美好生活的向往。仍以我国疫情防控工作为例,习近平总书记做出重要批示,强调要把人民群众生命安全和身体健康放在第一位,这不仅是政治要求,更是全面依法治国的唯一正确答案。

其次,坚持良法善治论。习近平总书记多次强调,"以良法促进发展、保障善治","要把社会主义核心价值观贯穿其中,使社会主义法治成为良法善治"。① 良法善治论解决了法治的本体论问题,体现了法治是"规则之治"与"良法之治"的统一,良法是科学性与人民性的统一。② 因此,行政法学课程思政的教学内容,不仅是融入社会主义核心价值观的法学专业知识,而且涵盖了"立良法、谋善治"的法治全过程,以此促进国家治理能力现代化。

最后,坚持公平正义论。"促进公平正义是政法工作的核心价值追求"。③ "必须牢牢把握社会公平正义这一法治价值追求,努力让人民群众在每一项法律制度、每一个执法决定、每一宗司法案件中都感受到公平正义"。④ 正是因为现代社会的公平正义包容了秩序、效益、平等、公正等诸多价值内涵,所以在行政法学"课程思政"教学中坚持公平正义价值观,意味着重视职权法定、利益均衡、程序正当等行政法基本原则。

(二) 以深入推进法治政府建设为目标追求

从行政法学与思政教育之间的功能关联性来看,两者均需要致力于推进法治政府建设。行政法学课程思政教学改革的开展,应当以深入推进法治政府建设为目标追求。因而,下文将通过对我国法治政府建设的时代使命及其实现要点的把握,说明行政法学专业知识与思政教育元素的目标一致性。

1. 作为全面依法治国的重要一环

习近平总书记提出:"全面依法治国是一个系统工程,要整体谋划,更加注重系统性、整体性、协同性。"⑤针对法治建设内部如何实现全面依法治国,习近平法治思想中的重大工作部署已经做出了回应。详言之,全面依法治国的实现不仅要求党依法执政,而且要求各级政府依法行政,通过法治国家、法治政府与法治社会的一体建设,将法治落实到立法、执法、司法、守法的每一个法律实践环节。由此可见,行政法学虽然是调整行政机关与行政相对人之间关系的法律,但是行政法学关注的法治政府建设并非孤立存在,依法行政、严格执法等专业内容理应置于全面依法治国的系统工程中进行解读。

与此同时,习近平总书记也强调,各级政府要"在法治轨道上开展工作,加快

---

① 习近平.论坚持全面依法治国[M].北京:中央文献出版社,2020:166.
② 参见:周佑勇.习近平法治思想的人民立场及其根本观点方法[J].东南学术,2021(3):43-53.
③ 习近平.习近平谈治国理政(第一卷)[M].2版.北京:外文出版社,2018:148.
④ 习近平.加强党对全面依法治国的领导[J].思想政治工作研究,2019(3):6-9.
⑤ 习近平.论坚持全面依法治国[M].北京:中央文献出版社,2020:4.

建设职能科学、权责法定、执法严明、公开公正、廉洁高效、守法诚信的法治政府"。作为全面依法治国重点任务的法治政府建设,需要在推进"一体建设"中强化主体地位,发挥主体作用。① 因此,行政法学专业知识的传授,必须始终坚持从中国实际出发,通过依宪施政、依法行政、简政放权等法治化举措,积极推进法治政府建设。

2. 明确行政法学课程思政的功能定位

"法治工作是政治性很强的业务工作,也是业务性很强的政治工作。"②法学专业知识与思想政治教育在目标功能上具有一致性。行政法学课程思政应当为法治政府建设提供人才支持和理论制度供给。从这个意义上讲,行政法学课程思政教学需重视以下知识的传授与理念的培养,以此助力我国的法治政府建设任务。

一是划定行政权力的边界。"要用法治给行政权力定规矩、划界限,规范行政决策程序,健全政府守信践诺机制,提高依法行政水平。"③法治政府的本质要求就是政府的各项权力都在法治轨道上进行,严格依法行政。要想推进法治政府建设,应当通过行政主体、行政行为、行政监督救济、国家公务员等法律制度等来健全政府行政的依据。

二是完善行政执法的监督。习近平总书记提出:"政府是执法主体,对执法领域存在的有法不依、执法不严、违法不究甚至以权压法、权钱交易、徇私枉法等突出问题,老百姓深恶痛绝,必须下大气力解决。"④针对实践中存在的行政机关滥用国家权力损害公民权利的现象,要加强行政执法监督体系的建构,创新执法方式、提高执法质量。

三是以法治保障营商环境。社会主义市场经济本质上是法治经济,经济秩序混乱多源于有法不依、违法不究,因此必须坚持法治思维、增强法治观念,依法调控和治理经济。⑤ 我国新时代的法治政府建设理应转变政府职能,积极优化营商环境。现代行政法不止强调对公权力的控制,亦重视对私权利的保障。法治政府

---

① 张清.习近平"法治国家、法治政府、法治社会一体建设"法治思想论要[J].法学,2022(8):3-15.
② 徐显明.建设德才兼备的高素质法治工作队伍[EB/OL].(2019-05-24)[2022-08-15]. http://www.moj.gov.cn/pub/sfbgw/zwgkztzl/xxxgcgxjpfzsx/fzsxllqy/201905/t20190528_172826.html.
③ 习近平.坚定不移走中国特色社会主义法治道路 为全面建设社会主义现代化国家提供有力法治保障[J].实践(党的教育版),2021(3):4-11.
④ 习近平.论坚持全面依法治国[M].北京:中央文献出版社,2020:97.
⑤ 中共中央文献研究室.习近平关于全面依法治国重要论述摘编[M].北京:中央文献出版社,2015:115.

同时也是有限政府、服务政府、诚信政府。

三、行政法学课程思政教学改革的实现路径

探索行政法学课程思政教学改革的实现路径,就是从实践层面回应行政法学课程思政教学改革"怎么做"的问题。行政法学直接回应了我国全面依法治国背景下习近平新时代法治思想中的法治政府建设要求。然而,由于我国行政法存在的"先天不足、后天缺乏"问题,行政法教学中仍普遍面临"学生难学、老师难教"的局面。为此,我们分别从教学方法、课程设计与配套机制三个方面完善与创新行政法学课程思政教学。

(一)教学方法:法条+案例+理论

改革教学方法是课程教学创新的重要体现与强大保障。传统的教学方法往往以专业知识或者是思想政治教育内容为中心,学生的获得感与满足感较低。对此,行政法学课程思政的教学方法改革应当以学生参与为中心,重视启发式、讨论式、参与式的多元教学方式运用。结合行政法学专业知识的特征,具体提出"法条+案例+理论"三位一体的教学方法。

首先,通过重点法条的罗列,让学生对规范依据和相关知识点形成概括式了解。正是因为行政法学具有实体法与程序法不可分、缺乏统一规范体系等特征,导致我们对某一具体行政行为进行合法性判断时,往往面临规范适用上的困惑。为学生率先提供相关规范依据,是对某一案例或行为做行政法审视的必要前提,也能够较大程度降低知识点掌握难度。

其次,通过经典案例的讨论,让学生从当事人的角度去参与和探寻行政法争议的解决。在实际操作中,可以通过小组模拟法庭审判等方式,鼓励学生畅所欲言,彼此交换意见,使学生感受行政法平衡公私主体利益的争点所在与考量因素,促使学生从被动的接受者变为主动的学习者和参与者。

最后,通过基础理论的讲授,提升学生对于整体行政法学知识体系的认知与运用能力。特别是对于一些在理论上存在争议的问题,通过头脑风暴等方式发动学生的主观能动性,引导大家自由表达思想,相互碰撞观点,以追求最佳问题的解决方案。

综上可见,通过"法条+案例+理论"相互配合的教学方法改革,能够破除传统教学的被动式思维局限。一方面,通过课程教学,培养学生的爱国主义精神与良法善治、公平正义等价值观,使学生认识到习近平新时代法治思想对于行政法

学专业的指引功能,把握法治国家、法治政府与法治社会的一体建设。另一方面,让学生充分认识到,本课程对于法治中国、依法行政及推进中国特色社会主义法治道路的积极作用,是其他部门法所无法替代的。

(二)课程设计:教学内容与思政教育的融合点

完善课程设计是课程教学创新的直接表现。面对实践中行政法专业知识与课程思政教育融合不足的问题,应当以习近平新时代法治思想为基本遵循,以深入推进法治政府建设为目标追求,从以下方面增强教学内容与思政教育的融合度。

一是行政法总论革新。行政法总论包括行政法的范畴界定、基本原则、法律渊源等诸多内容。鉴于我国正处于经济快速发展、社会矛盾激增的时代,应立足新时代背景,引导学生理解和把握我国行政权的变革。比如,党的十八届二中全会指出,转变政府职能是深化行政体制改革的核心。在对行政法总论内容进行教学时,必须立足我国政府简政放权、放管结合、优化服务的现实改革需求。

二是行政组织法革新。随着现代行政任务的扩张,传统的干预行政开始向给付行政转变。我国的管制型政府逐渐转向了服务型政府。而且,越来越多的私人部门开始承担公共行政任务。该种情况下,对于行政组织法的理解,不能仅仅局限于行政机关、行政相对人、国家公务员等传统内容,而是应当在法治国家、法治政府、法治社会的三位一体部署下,从国家行政转向社会行政,将承担公共行政任务的主体亦纳入行政法视野,促进国家治理现代化。

三是行政行为法革新。传统行政行为理论确立了以"行政处分"的有效性为中心的一系列规范体系。然而,随着现代行政行为法的调整对象扩张,以行政有效为目的追求的行政法建构路径明显已不合时宜。对此,在行政法学课程思政教学中,可以结合我国引入社会资本提高公共服务、实施政府与社会资本合作等实践,诠释行政合同、行政协商、行政指导等行政行为的实体要件与程序要件。

四是行政救济法革新。我国全面依法治国要求法治政府建设应贯彻落实以人民为中心的基本立场。"在我国社会转型时期的行政法治实践中,一种全景式的公私合作治理新动向正在生成。"[①]即便公共行政任务由私人承担,国家出于公共利益的目的,也不能放弃对公共任务品质和服务的确保。在这种理念下,传统的行政救济法也应当做制度性革新。在个案中,法院在判断行政机关的行为是否

---

① 章志远.迈向公私合作型行政法[J].法学研究,2019,41(2):137-153.

合法正当时,必须始终坚持以人为本精神,维护公平正义。

概言之,在讲授行政法学知识时,必须以习近平法治思想为指导,基于新时代政府职能变革的要求,为学生勾勒中国特色社会主义法治的理想图景。其中,法律优先原则、法律保留原则、平等原则、比例原则、诚信原则、程序正当原则、信息公开原则与公众参与原则是良法善治与公平正义价值追求的具体要求。

(三)配套机制:搭建实践教学与资源共享平台

创新配套机制是课程教学创新的必要辅助手段。习近平总书记指出:"做好高校思想政治工作,要因事而化、因时而进、因势而新。"① 为实现"法条+案例+理论"三位一体的教学方法和立德树人的教学目标,在优化课堂教学内容之外,行政法学"课程思政"的手段还可以从实践教学和资源共享两个方面进行丰富。

一方面,搭建实践教学平台。正如美国著名法学家霍姆斯所言,"法律的生命不在于逻辑而在于经验"。行政法学专业知识的传授离不开实践教学。在融入课程思政元素时,理应重视律所实习、模拟法庭、普法实践等多种形式的实践教学平台的搭建。通过教学实践活动,学生不仅可以获得法律职业技能的培训,而且能够将行政法学知识与法治政府建设等行政体制改革实践结合起来,为中国特色社会主义法治事业贡献力量。

另一方面,搭建资源共享平台。随着互联网+大数据、人工智能时代的到来,海量数据的获取越来越便捷,技术手段的飞速发展也促进了行政法学课程思政教学媒介的多元化。特别是在疫情防控的需要下,网络课堂、线上教学越发普及。通过慕课、小鹅通、微信、哔哩哔哩直播、中国知网等网络平台的搭建与资源整合,不仅能够拓展学生学习行政法的视野,保持知识更新的及时性,而且能够激发学生的自主学习兴趣,增加与促进学生与教师之间的沟通和交流。

综上所述,行政法学课程思政教学改革是一场历史悠久的复杂系统工程。不仅需要长期坚持,而且需要与时俱进。通过课堂教学、实践教学与网络教学的统筹配合,改进教学方法,优化课程设计,完善配套机制,实现行政法学专业知识传授、思想政治教育价值塑造与法治人才能力培养的综合教学任务。

---

① 习近平.习近平谈治国理政(第二卷)[M].北京:外文出版社,2017:378.

参考文献

[1] 高德毅,宗爱东.课程思政:有效发挥课堂育人主渠道作用的必然选择[J].思想理论教育导刊,2017(1):31-34.

[2] 韩宪洲.课程思政的发展历程、基本现状与实践反思[J].中国高等教育,2021(23):20-22.

[3] 王学俭,石岩.新时代课程思政的内涵、特点、难点及应对策略[J].新疆师范大学学报(哲学社会科学版),2020,41(2):50-58.

[4] 习近平.习近平谈治国理政(第一卷)[M].2版.北京:外文出版社,2018.

[5] 习近平.习近平谈治国理政(第二卷)[M].北京:外文出版社,2017.

[6] 习近平.加强党对全面依法治国的领导[J].思想政治工作研究,2019(3):6-9.

[7] 习近平.论坚持全面依法治国[M].北京:中央文献出版社,2020.

[8] 习近平.坚定不移走中国特色社会主义法治道路 为全面建设社会主义现代化国家提供有力法治保障[J].求是,2021(5):4-15.

[9] 习近平.论坚持全面依法治国[M].北京:中央文献出版社,2020.

[10] 闫映全.宪法学、行政法学普遍原理与课程思政要素在教学中的融合[J].《上海法学研究》集刊,2021(16).

[11] 中共中央文献研究室.习近平关于全面依法治国论述摘编[M].北京:中央文献出版社,2015.

[12] 章志远.迈向公私合作型行政法[J].法学研究,2019,41(2):137-153.

[13] 章剑生.现代行政法总论[M].北京:法律出版社,2014.

[14] 张清.习近平"法治国家、法治政府、法治社会一体建设"法治思想论要[J].法学,2022(8):3-15.

[15] 周佑勇.深刻把握习近平法治思想的鲜明主题[J].红旗文稿,2021(19):28-31.

[16] 周佑勇.习近平法治思想的人民立场及其根本观点方法[J].东南学术,2021(3):43-53.

[17] 赵继伟."课程思政":涵义、理念、问题与对策[J].湖北经济学院学报,2019(2):114-119.

8 从本体到方法:刑法学课程思政的展开

刘耀彬　徐　静①

摘　要:课程思政作为一种新兴的教育理念,近年来在高校已经得到逐步推广和实施。刑法学开展思政教学具有必要性和可行性。刑法学是法学专业核心课程之一,蕴含着大量的思政元素,与自由、平等、公正、法治、爱国、敬业、诚信、友善等社会主义核心价值观高度契合。刑法学课程思政的教学方法主要是采取翻转课堂、课堂辩论和案例教学方法与学生深度交流,发挥学生的主观能动性,在学生自己思考的过程中和老师的指引之下学习专业知识,同时达到课程思政教学的目的。

关键词:刑法学;课程思政;社会主义核心价值观

2004 年,中共中央印发《关于进一步加强和改进大学生思想政治教育的意见》,为响应中共中央有关加强高等学校各门课程的育人功能,上海率先开启了学校思想政治教育课程改革的探索之路。2016 年,习近平总书记在全国高校思想政治工作会议上强调要"用好课堂教学这个主渠道"加强高校中的思想政治教育,为高校本科教学中的课程思政建设指明了方向。2020 年 6 月,教育部印发《高等学校课程思政建设指导纲要》,明确提出要在所有高校、所有学科专业中全面推进课程思政建设。②从此,各高校都开始了课程思政的建设,进行了很多有益的探索。和理工科专业相比,社会科学具有课程思政建设的优势,而象征着公平正义自由的法学优势更加明显,尤其是刑法学,其内容与社会主义核心价值观等思政内容完美契合。如果能在刑法学教学中有机地深度地融入思政内容,那么刑法学

---

① 刘耀彬,南京航空航天大学人文与社会科学学院法律系副教授,南京航空航天大学法学博士,专攻方向为刑事法学。徐静,南京航空航天大学人文与社会科学学院法律系 2021 级法律硕士研究生。本文系南京航空航天大学 2019 年本科教育教学改革研究项目"基于微课的翻转课堂在刑法学教学中的应用"(1901JF1001)的研究成果。

② 教育部.高等学校课程思政建设指导纲要[EB/OL].[2022 - 08 - 15]. http://www.moe.gov.cn/srcsite/A08/s7056/202006/t20200603_462437.html.

将极可能成为一门很好的贯彻课程思政理念的学科。本文将从本体论上探讨刑法学中的思政元素,以及从方法论上探讨如何开展刑法学的课程思政教学。

一、刑法学课程思政教学的必要性可行性

课程思政的目标是培养德才兼备的人才,其核心是提高学生的思想道德水平。道德有愿望的道德和义务的道德,"如果说愿望的道德是以人类所能达致的最高境界作为出发点的话,那么义务的道德则是从最低点出发。"[①]形象一点地说,愿望的道德是向上的道德、求善的道德,义务的道德是向下的道德,不为恶的道德。愿望的道德没有止境,可以毫不利己专门利人感天地泣鬼神,如雷锋一般几十年如一日做好人好事。这是圣人标准,并不要求一般人做到。但是,法律是最低限度的道德,不犯罪是做人的底线,也是一个人应该具有的最低限度的道德。因此,刑法最起码可以告诉国民什么行为是犯罪,犯罪之后应该受到什么惩罚,为国民开具一个不能触碰的负面清单。如果说愿望的道德是一般人难以做到的话,那么义务的道德一般人是应该也是完全可以做到的。从这个意义上讲,通过刑法学的学习让国民尤其是青少年大学生知晓最低限度的道德是非常重要和必要的。当然,刑法学课程思政的目标不仅仅在于让学生具备最低限度的道德,还要让学生树立自由、平等、正义的观念,培养爱国、敬业、诚信、友善的品质。

00后的大学生们刷着抖音、吃着麦当劳、看着好莱坞影片长大,颇具有后现代主义的怀疑、批判、解构精神。而风险社会下疫情的冲击和防疫中的乱象以及网络虚拟空间里真假难辨的海量信息,都可能影响着我国青少年以及大学生的价值观的形成。还有一些法律工作者,比如法官、检察官、司法部官员,缺乏社会主义法治信仰,不惜以身犯法,触犯刑法的底线,搅乱社会风气,影响人们对建设社会主义法治社会的信心,严重阻碍社会主义建设事业的顺利进行。法律工作者,是社会主义法治社会建设的中坚力量,应该具有更高的思想觉悟与品德,因此需要从学习法学专业之初,在各门法学课程中尤其是在刑法学课程中融入思政教育,从而培养德法兼修德才兼备的法律人才。

刑法是规定犯罪和刑罚的法律规范的总称,有着强烈的政治色彩,其立法宗旨是为了惩罚犯罪,保护人民,任务是用刑罚同一切犯罪行为作斗争,以保卫国家安全,保护公民的人身权利、民主权利和其他权利,维护社会秩序、经济秩序,保障社会主义建设事业的顺利进行。从性质上来看,刑法内容与思政内容密切相关,

---

① 富勒(Lon L. Fuller).法律的道德性[M].郑戈,译.北京:商务印书馆,2005.

从刑法的任务可以看出,刑法最终是为了保障社会主义建设事业的顺利进行。而社会主义事业的顺利建设离不开拥有中国特色社会主义道路自信、理论自信、制度自信、文化自信的法治人才,因此需要加强法学专业思政教育的培养,引导培育具有社会主义核心价值观的法律人才,为我国社会主义法治建设不断输送新鲜血液与力量。

高校课程思政建设是落实立德树人根本任务的重要途径,其中蕴含的习近平新时代中国特色社会主义思想、社会主义核心价值观、宪法法治教育、中华优秀传统文化和职业理想与道德这五大类思政元素,与刑法学背后的价值取向相契合,如社会主义核心价值观内容在刑法学中都有所体现,使刑法学课程中融入思政教育更为润物细无声。在社会主义法治建设的背景之下,刑法学作为惩罚手段最严厉的法律,涉及人的生命与自由,关乎公平与正义,背后承载的是国家的主流价值观,因此更应该符合我国社会主义的价值体系。课程思政所涵盖的思政元素,是我国社会主义发展至今的核心价值思想,涉及国家、社会、个人的方方面面,在实际的司法中具有高层次的价值引领作用,是法官定罪量刑时重要的考量因素。同时也作用到刑法学课程之中,通过思政元素的渗入,有助于引领刑法学所蕴含的价值取向,使学生在牢固树立法治理念时,实现对学生的价值引领,促进学生专业素养和法治信仰的共同发展,真正落实"立德树人、德法兼修"这一培养目标的实现。

二、本体论:刑法学课程中的思政元素

法学的核心在于揭示法治社会的形成和发展规律,具有明显的知识性、学术性和意识形态性等哲学社会科学的基本属性。这些特征决定了法学具有天然的育人功能,是高校思想政治教育的重要载体。[①] 刑法涵盖社会生活的方方面面,从国家安全、公共安全、经济秩序到公民个人的人身权利、财产权利,当然也涉及包括"自由""平等""公正"等思政元素的体现。

(一)刑法总论中的思政元素

1. 自由价值观的体现

一般认为,刑法具有两个机能:一是刑法的法益保护机能,二是刑法的人权保

---

① 江海,朱鹤群.思政教育融入环境资源法课程教学的路向[J].宿州教育学院学报,2021,24(4):72-77.

障机能。两种机能都和国民的自由息息相关。从刑法法益保护机能来看,刑法可以剥夺一个人的生命、自由、财产,具有限制自由的一面。但是规制国民的行为、限制国民的自由,都是为了保护法益,是为了保护更多人的自由不被侵犯。只有不侵害法益的自由,才是真正的自由。如果不限制国民的自由,结局必然是每个国民都没有自由。卢梭有一句名言:"人生而自由,却无往不在枷锁之中。"我们也可以说:"人虽然无往不在枷锁之中,却仍然是自由的。"这个枷锁就是让人们不能侵犯法益的法律。也就是说,我们在法律允许的范围内仍然是自由的。

从刑法的人权保障机能来看,刑法具有防止司法机关权力滥用、保障行为人自由的机能。一方面,只要行为人的行为不构成犯罪,他就不受刑罚处罚,就没有什么能干涉他的自由。这是限制了国家对刑罚权的发动,让国民的自由有了保障。另一方面,即便是对犯罪人,也只能根据刑法的规定对其进行处罚,不能超出刑法规定的范围。这就保障了犯罪人不会受到不恰当的刑罚处罚。《中华人民共和国刑法》(以下简称《刑法》)第三条规定:"法律明文规定为犯罪行为的,依照法律定罪处刑;法律没有明文规定为犯罪行为的,不得定罪处刑。"这就是刑法最重要的基本原则——罪刑法定原则。正是罪刑法定原则约束了公权力的滥用,从而保障了国民的自由。

2. 平等价值观的体现

《刑法》第五条规定适用刑法人人平等的原则,即对任何人犯罪,在适用法律上一律平等,不允许任何人有超越法律的特权。该原则明确了刑法面前人人一律平等,不论其社会地位高低、民族、种族、性别、职业、宗教信仰、财产状况如何,凡是触犯了刑法,在定罪量刑以及行刑的标准上都平等地依照刑法规定处理,不允许有任何歧视或者优待。法无特权,正是"平等"这个思政元素的体现。

"我爸是李刚"这句话大家应该都不陌生,2010年10月16日,22岁的河北小伙李启铭,在河北大学工商学院的校园里酒后驾车,因速度过快,将两名大一女生撞倒在地。车祸现场,李启铭不仅没有下车,反而一脸嚣张,口出狂言:"我爸是李刚,有本事就告我呀!"而他口中所说的李刚则是当地公安局北市区分局的副局长。[①] 然而刑法面前人人平等,即使是官二代的李启铭,同样也需要面临公正的审判,面对两名女生一死一伤,李启铭被判处6年有期徒刑,同时赔偿死者46万元,赔偿伤者9.1万元。"我爸是李刚"代表的是一群自认为社会地位高人一等的群体,企图凭借自己的身份地位凌驾于法律之上,殊不知平等是社会主义的本质

---

① 参见:http://news.sohu.com/a/569173061_121396267(最后访问日期:2022年8月20日)。

要求。我国社会主义平等目标,是全国每个公民都应当有平等的政治地位和社会地位,不允许任何人以任何方式享有任何特权。最终目的是消灭阶级、消灭剥削,实现人人平等。一切有违不平等的现象终将会被时代所唾弃,而法律也用行动毫不留情地击碎了他们这一错误的侥幸心理。最近的玛莎拉蒂撞宝马案车主醉酒驾驶致 2 死 4 伤,被判处无期徒刑,这一公正的判决,正是刑法对社会主义核心价值观"平等"的回应。

3. 公正价值观的体现

《刑法》第二十条规定了正当防卫,即为了使国家、公共利益、本人或者他人的人身、财产和其他权利免受正在进行的不法侵害,而采取的制止不法侵害的行为,对不法侵害人造成损害的,属于正当防卫,不负刑事责任。正当防卫明显超过必要限度造成重大损害的,应当负刑事责任,但是应当减轻或者免除处罚。对正在进行行凶、杀人、抢劫、强奸、绑架以及其他严重危及人身安全的暴力犯罪,采取防卫行为,造成不法侵害人伤亡的,不属于防卫过当,不负刑事责任。该条的制定为遭遇不法侵害的受害者提供了防卫的正当性,使之不用担心因可能伤害不法侵害者要承担刑事责任而退缩逃避不敢保护自己的合法权益。特殊防卫条款对于防卫限度条件的放宽,也体现了对正当防卫的鼓励,有利于更好地保护当事人的合法权益,从而震慑和预防重大违法犯罪行为。

正当防卫中的一个典型案件就是轰动一时的昆山反杀案,2018 年 7 月 27 日晚上,江苏省昆山市震川路发生了一起交通摩擦的伤人致死案。当事人刘海龙醉酒驾驶闯入非机动车道,与正常骑车的于海明险些发生碰撞。双方产生争执时,刘海龙突然下车对于海明进行推搡、踢打,并从车中取出一把砍刀(经鉴定,该刀为尖角双面开刃,全长 59 厘米,其中刀身长 43 厘米、宽 5 厘米,系管制刀具),连续用刀击打于海明颈部、腰部、腿部。击打中砍刀甩脱,于海明抢到砍刀,在和刘海龙争夺砍刀的过程中捅刺刘海龙,7 秒内砍击 5 刀。在刘海龙受伤跑向轿车时,于海明继续追砍 2 刀均未砍中。经过法医严格地查验以及调看现场监控视频,警方认定刘海龙一共被砍 5 刀,其中一刀刺伤了左腹部,导致腹部大静脉、肠管、肠系膜破裂;剩下的 4 刀依次造成左臀部、右胸部并右上臂、左肩部、左肘部等共 5 处开放性创口及 3 处骨折,最终导致死亡的原因是失血性休克。① 该案的主要争议在于于海明的行为属于正当防卫还是防卫过当,两者的区别主要取决于防

---

① 参见:https://www.163.com/dy/article/HB52MPAT0543BCJM.html(最后访问日期:2022 年 8 月 20 日)。

卫行为是否超出了防卫的必要限度。最后司法认定结果是于海明的行为被认定是正当防卫，因此不需要负刑事责任，江苏省司法机关对本案的判决背后体现了巨大的法益价值和道德伦理价值。我国司法实践中长年以来，会将本质上属于"正当防卫"的行为认定为"防卫过当"，进而认定行为人构成故意伤害罪，如山东聊城于欢案，但事实上一刀切的这种做法是不合理的，无法体现法律应有的正义价值。正当防卫作为法律赋予公民同违法犯罪行为作斗争。斗争的一项重要权利，对于遏制犯罪、维护社会治安秩序和培养良好社会道德风尚具有重要作用。①《关于在司法解释中全面贯彻社会主义核心价值观的工作规划（2018—2023）》中指出，需要大力弘扬正义、友善、互助的社会主义核心价值和道德要求，适时出台防卫过当的认定标准、处罚原则和见义勇为相关纠纷的法律适用标准，鼓励正当防卫，保护见义勇为者的合法权益。于海明的无罪释放也是对公民同违法犯罪作斗争、惩恶扬善这一正确价值导向的鼓励，而执法、司法机关对该案的及时通报、准确定性，也体现了以事实为依据、以法律为准绳的法治原则，让人民群众感受到了公平正义。

（二）刑法分论中的思政元素

1. 爱国价值观的体现

《刑法》分则第一章为危害国家安全罪，规定了背叛国家罪、分裂国家罪、间谍罪等破坏国家主权、领土完整与安全，分裂国家、颠覆人民民主专政的政权和推翻社会主义制度的犯罪，将危害国家安全类犯罪放在分则之首，有其应然性与必要性。中国人民从古至今都将国家利益放在至高无上的地位，在历史的洪流中，无数的群众与英雄烈士为祖国和民族的生存与发展而前仆后继、奋斗不息。我们每个人都清楚地明白，国家能有如今的成就有多么的来之不易，任何不利于国家主权与安全的行为都应该被杜绝。把危害国家安全犯罪放在首位，既体现了我们对国家主权独立与完整的强硬立场，也表明了国家打击任何有损国家安全、人民安全等犯罪行为的坚定态度。

2022年4月25日，杭州市国家安全局依法对勾结境外反华敌对势力，涉嫌从事煽动分裂国家、煽动颠覆国家政权等危害国家安全活动的马某某采取刑事强制措施，目前此案正在深入调查中。马某某长期以来，在网上接受境外反华敌对

---

① 彭新林.于海明正当防卫案的法理思考[M]//赵秉志.刑事法判解研究（第38辑）.北京：人民法院出版社，2018:41-47.

势力"洗脑",将境外活跃敌对分子视为"人生导师",在其渗透影响下逐渐形成顽固的反政府思想,成为境外敌对势力"以华制华"的工具。马某某屡屡扬言,其终极目标是颠覆国家政权,为此逐步升级"内奸"行径,着手制定反宣纲领,甚至筹备成立"大陆临时国会",委托有关人员制定所谓"法律制度",宣称要"借助境外的力量推翻中国政府"。①马某某的行为已对我国家安全和社会稳定造成严重危害,每一位爱国人士都不能容忍这种行为。爱国是我们民族精神的核心内容,是中华民族传承五千年的美德,也是全国各族人民共同的精神支柱。任何企图损害国家发展利益、危害国家安全、背叛祖国和民族的人,必将受到刑法的严惩。

2. 敬业价值观的体现

《刑法》分则中有不少有关职务类的犯罪,分散在渎职犯罪、贪污贿赂犯罪、侵犯财产犯罪中,如滥用职权罪、玩忽职守罪、贪污罪、职务侵占罪,这些犯罪不仅严重侵害国家与人民的重大利益,而且与我国社会主义核心价值观中的敬业观相悖,势必需要用刑法进行相应的规制。敬业对于个人而言,是生存发展的必要条件,也是实现自我价值的重要途径。小到做好自己的本职工作,大到怀有为国家奉献、服务于全社会的精神。然而现实中职员侵占公司财产、国家公职人员徇私枉法等现象屡屡发生,严重影响着和谐的社会风气,阻碍国家的进步。党的十八大以来,全党以零容忍态度惩治腐败,150多只"老虎"落马,20多万只"苍蝇"被处分,超过800只"狐狸"归案,②对于其中涉及刑事犯罪的必将严惩不贷。对公职人员职业风气的整治,给人民建设社会主义国家增强了信心,中华民族要实现伟大复兴的梦想,需要艰苦奋斗、勤奋敬业、拼搏奉献,需要坚决抵制不劳而获、渎职玩职、结党营私等行为,而刑法正是整治这类不良现象最有效的手段之一。

3. 诚信价值观的体现

破坏社会主义市场经济秩序犯罪中存在着大量违背诚信观的犯罪,如生产、销售伪劣产品罪、恶意透支信用卡诈骗罪、拒不支付劳动报酬罪、内幕交易罪、背信损害上市公司利益罪、提供虚假证明文件罪等等,这些犯罪违反的不仅是市场经济秩序和交易秩序,还有最基本的诚实守信原则。诚实守信一直以来都是我国优秀的文化传统,是构建市场秩序、和谐社会必不可少的要素。因为诚实交易,才促进了社会主义市场经济的发展;因为信守承诺,社会主义市场经济才能永葆生

---

① 参见:https://baijiahao.baidu.com/s?id=1731805644251711845&wfr=spider&for=pc(最后访问日期:2022年8月20日)。

② 参见:http://www.xinda618.com/z/132573.html(最后访问日期:2022年8月20日)。

机。诸如欺骗消费者、违反合同诚实信用原则以及社会主义核心价值观,严重危害社会的违法犯罪活动,必将受到刑法的严厉惩治。

4. 友善价值观的体现

细读《刑法》条文,不难发现《刑法》中也有体现友善价值观的规定。友善是公民维系良好的人际关系和社会关系的基本道德要求,《刑法》总则中关于正当防卫和紧急避险的规定,目的之一就是为了鼓励人们去为了社会、他人以及自身的合法利益而尽可能地帮助他人。对于他人的恶意侵犯,《刑法》分则中也有如诬告陷害罪、侮辱罪、诽谤罪、非法入侵住宅罪等罪名来进行遏制。现实生活中一些人会为了一己私利而做出恶意诬告陷害、诽谤他人,甚至非法入侵他人住宅等恶劣行为,轻者损害他人声誉,重者造成受害者人身乃至精神上的伤害,这些无法挽救的恶劣行为与社会主义核心价值背道而驰,缺失了做人最基本的道德水准,也正是刑法所要规制的行为。

三、方法论:刑法学课程思政的开展

刑法的内容与社会主义核心价值观高度契合,具有丰富的思政元素,为开展刑法学的课程思政教学提供了良好的条件。但是,如何能让学生们在学习专业知识的同时树立正确的价值观、世界观、人生观却不是一件容易的事情。为此,笔者采取翻转课堂、课堂辩论和案例教学方法与学生深度交流,发挥学生的主观能动性,在学生自己思考的过程中和老师的指引之下学习到了专业知识,同时也达到了课程思政教学的目的。

(一) 采取翻转课堂,让学生自觉领悟思政内容

现阶段刑法学教学模式存在教学分离、手段单一、缺乏创新、重理论轻实践等问题。刑法教学方式多以教师讲授为主,在这样的氛围当中,课堂气氛较为沉闷,学生对于新知识、新观点的求知欲望很低,导致教学课堂的预期目标难以达到。为此,很多高校进行了翻转课堂的教学改革。翻转课堂译自"Flipped Classroom"或"Inverted Classroom",也可译为"颠倒课堂",是指重新调整课堂内外的时间,将学习的决定权从教师转移给学生。在这种教学模式下,学生能够更专注于主动的基于项目的学习,共同研究解决本地化或全球化的挑战以及其他现实世界面临的问题,从而获得更深层次的理解。教师不再占用课堂的时间来讲授信息,这些信息需要学生在课前完成自主学习,他们可以看视频讲座、听播客、阅读功能增强的电子书,还能在网络上与别的同学讨论,能在任何时候去查阅需要的材料。教

师也能有更多的时间与每个人交流。在课后,学生自主规划学习内容、学习节奏、风格和呈现知识的方式,教师则采用讲授法和协作法来满足学生的需要和促成他们的个性化学习,其目标是为了让学生通过实践获得更真实的学习。

"纸上得来终觉浅,绝知此事要躬行",学生自己思考研究才能有更深刻的心得体会。为此,笔者曾组织学生自主研究中国应否设立见死不救罪,做成PPT,在课堂上展示汇报。一部分学生认为不应该有此罪名,因为见死不救顶多是道德上的问题,不能上升为法律义务,否则,人人都有可能由于见死不救沦为阶下囚。一部分学生则通过比较研究方法,认为在特定情形下设立见死不救罪是合理的。笔者赞成在特定情形下见死不救罪是可以成立的。即如果遇到别人处于危难境地,能够救助且救助行为不会给自己带来危险,则有救助义务,否则以见死不救罪论处。曾几何时,国人明哲保身,但求无过,事不关己,高高挂起,都成为精致的利己主义者。遇到危难,大多数人冷漠、怯懦、息责。长此以往,对良好的国民性格的培养极为不利。而要养成热情、勇敢、负责的良好品质,从正面进行宣传号召当然必不可少,但从反面用刑法进行制裁以倒逼国人乐于救助他人亦为一种方法。而且,世界上很多国家都有该罪,不能不引起我们的深思。举例如下:王某(女)和李某(男)是恋人关系,到了谈婚论嫁的地步,但是,李某突然提出分手。王某深受打击,百思不得其解,问男友为何分手。李某保持缄默。一天,王某手拿敌敌畏,到了李某门前,告诉李某说如果不告诉分手原因,就喝药自杀。但是,李某铁石心肠,就是不回答。王某喝药死亡。根据刑法理论,如果没有见死不救罪,则李某无须承担任何责任。这个结果可能令人无法接受,但是如果有见死不救罪,李某应当以见死不救罪论处。这样才能体现法律的公平公正,亦可以培养国民乐于助人的友善品德。

(二)采取课堂辩论,引领学生树立正确价值观

辩论式教学是以学生为主体,以反向思维和发散性思维为特征,由小组或全班成员围绕特定的论题辩驳问难、各抒己见、互相学习,在辩论中主动获取知识、提高素养的一种教学方式。一般的传统的课堂教学注重认知学习,而辩论式教学更注重学生学习的过程与方法,情感与价值观的形成。为了说明己方观点的理由,学生要翻阅大量的图书和资料,经过同学老师的探讨、切磋形成清晰的思路,在课堂上团结队员协同作战,随机应变去争取胜利。这个过程,学生会学到学习的方法,增进对知识认知,获得师生间的情谊,同时辩论能直接引发学生对社会现象和社会事物之本质的追问,对社会问题发生之原因的深度思考。形成正确的价

值观和人生观,成为社会建设的有用人才。

刑法学中有些论题具有高度争议性,学界实务界都尚无定论,非常适合用来进行辩论式教学。这些论题之所以具有高度争议性,就是因为人们的道德价值观不同。但是道德价值观有对错之分,就像罗翔认为快乐有高级和低级之分一样。辩论式教学可以引导学生树立正确的道德价值观而摒弃错误的价值观。比如,聚众淫乱是否应该构成犯罪?笔者曾以南京马尧海聚众淫乱案为例组织学生进行辩论。学生们唇枪舌剑、针锋相对,辩论非常精彩。反对者主张聚众淫乱行为一般是成年人之间自愿秘密参加,没有危害他人和社会秩序,不具有社会危害性。支持者主张聚众淫乱具有社会危害性,危害的是善良风俗和普通民众的性观念性道德。笔者在肯定双方的表现之后指出:根据法益理论,犯罪侵犯的法益可以是集体的、抽象的、情感的法益。聚众淫乱行为侵犯的法益就是普通民众的性观念性道德,是一种集体的抽象的情感的法益。在刑法中这种犯罪并不罕见,比如盗窃侮辱故意毁坏尸体尸骨尸灰罪、侮辱国旗国徽国歌罪、编造故意传播虚假恐怖信息罪、侵害英雄烈士名誉荣誉罪、赌博罪等等。聚众淫乱是一种低级的快乐,侵害了性行为的纯洁神圣性,丧失了性的羞耻心。因此,聚众淫乱以犯罪论处是正当的合理的必要的。

(三) 采取案例教学,加强学生的思政实践认知

古今中外的犯罪案例浩如烟海,为刑法学案例教学提供了丰富的资源。刑法案例教学着眼于基本案件事实进行刑事法律问题的分析,案件事实源于真切的生活事件,一贯保有其生动性和趣味性,案例教学可以加强学生的思政实践认知。从教学目标到具体的教学内容,案例教学都能形成其课程思政模块,并且这些模块并不是独立存在的,它们再现了政治认同、家国情怀、道德修养、法治意识、文化素养的价值引领,共同构建了整个刑法学课程思政的系统工程。刑法案例教学具有生动性和直观性,可以引发学生对人生观、世界观和价值观的深思。笔者非常注重刑法案例教学,针对刑法学中的思政元素,分为数个模块选择了相应的典型案例,通过对实际案例的探究分析,帮助学生树立正确的价值观。案例模块如下:

表 8-1 刑法学思政模块及典型案例

模块名称	典型案例	思政要点
自由	1. 凤凰单车"多一根羽毛"假冒注册商标案 2. "佘祥林""赵作海""聂树斌"冤案 3. 张玉环"疑罪从无"案	法律是人民自由的圣经
平等	1. 美籍外教杀害女大学生案 2. 李天一轮奸案 3. 李启铭交通肇事案	法律面前人人平等
公正	1. 潘金莲杀害武大郎案 2. 湄公河糯康杀害中国船员案 3. 《赵氏孤儿》《哈姆雷特》	善有善报、恶有恶报
法治	1. 足球裁判龚建平"黑哨"案 2. 劳荣枝法子英绑架杀人案 3. 唐山烧烤店殴打女生案	依法治国,罪刑法定
爱国	1. 王立军叛逃案 2. 辽宁舰泄密案 3. "海莲花"境外黑客组织案	爱国主义
敬业	1. 薄熙来受贿、贪污、滥用职权案 2. 那某玩忽职守致病毒扩散案 3. 1994 年新疆克拉玛依大火案	敬岗爱业
诚信	1. 黄光裕内幕交易案 2. 顾雏军虚报注册资本、挪用资金案 3. 上海鲜言背信损害上市公司利益案	诚实信用
友善	1. 见死不救,"小悦悦"被碾压案 2. 女大学生扶跌倒老人被讹被判无责案 3. 妻子自杀、丈夫不救案	热情、勇敢、担责

课程思政的教学改革是以后高校教学的目标和方向,值得高校老师重视。但是,课程思政既不能简单地认为是在专业教学过程中进行正能量传播,也不能无差别地重复中、小学思想政治教育的内容。大学的课程思政应该和本学科的专业知识紧密结合,深入挖掘学科专业知识中的思政元素,然后运用适当的方法开展

课程思政教学。只有这样,才能避免生硬机械的思政思想灌输,才能让学生在学习专业知识的同时,道德得以提升,灵魂得以净化,素质得以提高。

参考文献

[1] 教育部.高等学校课程思政建设指导纲要[EB/OL].[2022-08-15].http://www.moe.gov.cn/srcsite/A08/s7056/202006/t20200603_462437.html.

[2] 富勒(Lon L. Fuller).法律的道德性[M].郑戈,译.北京:商务印书馆,2005.

[3] 江海,朱鹤群.思政教育融入环境资源法课程教学的路向[J].宿州教育学院学报,2021,24(4):72-77.

[4] 彭新林.于海明正当防卫案的法理思考[M]//赵秉志.刑事法判解研究(第38辑).北京:人民法院出版社,2018.

9 冲突与协调：刑法学课程思政中的外国理论

王 腾[①]

摘 要：在刑法学的课程内容中，存在着大量的外国刑法理论。刑法理论的事实与价值的双重性决定着外国刑法理论势必与刑法学课程思政相冲突。在刑法学课程中实施课程思政尤其必要性，但应当认识到外国刑法理论的除斥效应、补缺效应和对比效应，有可能会影响"四个自信"的树立。对此，在刑法学的课程设计与课程教学中，必须凸显外国刑法理论与刑法学课程思政的实质一致性，并在价值层面接受我国思想价值的指引、取代和补充。

关键词：刑法学；课程思政；外国刑法理论；冲突；协调

一、问题的提出

在我国法学理论体系的发展与演进过程中，对外国法学理论的移植和继受构成了我国法学理论体系的鲜明底色。就我国刑法学的理论体系发展而言，无论是新中国刑法学初创时期，对于苏联刑法学的移植和继受，还是晚近刑法学理论发展的德日转向，无不表明着我国刑法学理论体系内在地包含着外国理论因素。然而，课程思政要求，"通过高等学校课程建设和课堂教学来对大学生进行思想政治教育"[②]，推进大学生的国家认同、政治认同，认同中国道路、中国理论、中国制度和中国文化，坚定"四个自信"，进而形成文化认同和价值观认同，树立民族自信。[③] 这就要求课程建设与课堂教学必须突出中国理论的鲜明特色与理论优势。

由此，在刑法学专业课的课程思政教学中，必然面临的棘手问题是：如何在客观地阐述外国刑法理论知识的同时，又能兼顾课程思政坚定"四个自信"的育人要

[①] 王腾，南京航空航天大学人文与社会科学学院法律系助理教授，南京师范大学刑法学博士，主要研究方向为刑法学。本文系江苏省哲学社会科学青年项目"经济犯罪的规范保护目的与财产损失评价研究"（22FXC008）的阶段性成果之一。

[②] 刘建军.课程思政：内涵、特点与路径[J].教育研究,2020,41(9):28-33.

[③] 邱仁富."课程思政"与"思政课程"同向同行的理论阐释[J].思想教育研究,2018(4):109-113.

求? 毕竟,在客观阐述外国刑法理论的同时,势必会影响作为受众的学生对于我国本土刑法理论的疑虑或误解,甚至可能产生我国并不存在本土刑法学的错误认知。对此,有学者指出:"要借鉴包括发达资本主义国家的一切先进的法治理念和法律制度,因为它们体现了人类对建设法治国家的探索,是人类文明和智慧的结晶,但同时我们要自觉抵制资本主义意识形态领域的一些腐朽的思想、理念以及政治法律文化。"[①]也即在课程建设与课堂教学中,应批判地吸收和介绍国外的法治理念和法律制度,"从树立学生法治观念的角度出发,着力弘扬自由、平等、公正、法治的社会主义核心价值观"[②],进而实现外国法律理论阐述与课程思政教育的兼容。

但一方面,既有的探讨总是局限于宏观层面的理念传导,并未提出较为可行的实践方案,有陷于空洞之嫌。例如,哪些法律制度是先进的法律理念与法律制度,其判断标准如何? 即使是先进的法律,从本质上而言,其依然是发达资本主义国家的法律制度,那么仍然面临着在阐述其先进性的同时,如何树立民族理论自信的疑虑。另一方面,虽然在专业课的教学中应进行课程思政早已形成共识,甚至在某种程度上,"课程思政"这一名词指摘的就是专业课中内嵌的思想政治教育过程。但刑法学作为一门时刻体现正义的显学,在刑法学的教学过程中,是否还有必要专门凸显课程思政,还是其早已内嵌在以追求正义为目标的学科理论体系中,则不无疑问。刑法学课程的特殊性并未受到应有的重视与开示。基于此,本文拟在论证刑法理论体系与课程思政和而不同的基础上,分析刑法学课程思政与外国刑法理论的冲突根源,并提出较为可行的实践方案。

二、刑法学课程思政与外国刑法理论的矛盾冲突

(一)刑法学课程思政的必要性分析

法学是一门彰显正义的学科,其学科知识内在地包含着价值判断与价值追求。作为法学学科体系重要组成部门的刑法学也是如此。因此,与大多数的专业课纯粹的工具理性不同,刑法学本质上是工具与价值的统一体。甚至在很多时候,如果不能准确地领悟刑法学理论背后的价值遵循,就很难理解刑法理论的精

---

① 时宇娇.政法类院校公共英语课"课程思政"教学改革探索[J].学校党建与思想教育,2019(8):30-32.
② 田鸿芬,付洪.课程思政:高校专业课教学融入思想政治教育的实践路径[J].未来与发展,2018,42(4):99-103.

要所在。刑法学理论的教学势必会传导相应的价值观。课程思政同样要求,在课堂教育学中,对学生进行思想政治教育,形成"思政课程"与"课程思政"的同行同力,协同育人,实现"立德树人"的教育目标。[①]"要用好课堂教学这个主渠道,思想政治理论课要坚持在改进中加强,提升思想政治教育亲和力和针对性,满足学生成长发展需求和期待,其他各门课都要守好一段渠、种好责任田,使各类课程与思想政治理论课同向同行,形成协同效应。"[②]

同样是价值观念的塑造与传导,诸如正义、公平等价值理念与课程思政的价值理念,有何不同? 其二者与习近平新时代中国特色社会主义法治思想的关系又如何? 对于这些问题的解答,将直接影响刑法学课程设计与教学的效率与效果。所谓效率,是指是否需要在刑法学的既定专业教学内容中额外地增加课程思政的教学内容,避免无效的重复价值传导。所谓效果是指刑法学课程思政应达到何种目的,除了践行"立德树人"的育人目标外,是否还应兼顾信仰习近平新时代中国特色社会主义法治思想的新法律人这一专属目标。

第一,刑法学理论的价值底色与课程思政的价值追求属性不同,二者不可完全替代和等同。就本质而言,课程思政其目的在于解决"培养什么人? 怎样培养人? 为谁培养人?"这一关键问题[③],带有鲜明的政治性。而刑法学理论底色的价值性,更为偏重的是一种自然法意义上的普世价值,具有价值中立的色彩。当然,就不同的刑法理论而言,其理论生发的社会背景不同,其或多或少地会带有一定程度的地域价值倾向。而这种价值倾向就有可能与课程思政的价值追求不相兼容。此时,就需要舍弃此种价值倾向,坚守课程思政的价值追求,深刻地践行为中国特色社会主义培养建设者与接班人的根本目标。由此可见,课程思政的价值追求与刑法学理论的价值底色至少存在如下两种关系:(1) 课程思政的价值追求与刑法学理论的价值底色相兼容,但前者比后者具有更为丰富的内涵。也即课程思政所欲传导的价值无论是在深度上还是在广度上,都比刑法学理论自身蕴含的价值更为深刻。例如,刑法学理论中的谦抑性原则自然地内含着作为最为严厉的惩罚手段,刑法不应轻易地施加于民众的价值追求,但课程思政不会停留于此,其还会传导人应该有怜悯之心、应能宽以待人,给人以悔过自新的机会。同时,还会传

---

① 何红娟."思政课程"到"课程思政"发展的内在逻辑及建构策略[J].思想政治教育研究,2017,33(5):60-64.
② 张烁.把思想政治工作贯穿教育教学全过程 开创我国高等教育事业发展新局面[N].人民日报,2016-12-09(1).
③ 黄国文,肖琼.外语课程思政建设六要素[J].中国外语,2021,18(2):1+10-16.

导虽然某些人犯了大错,但这种矛盾依然是人民内部的矛盾,不应轻易地把同志、战友放到对立面,使之成为敌人,应坚持感化、教育与挽救优先的原则,惩戒的目的也在于感化、教育与挽救,而非为了惩戒而惩戒。甚至在某种程度上,只有理解了谦抑性中的课程思政要素,也才能真正地理解我国社会主义刑法谦抑性原则。(2) 课程思政的价值追求与刑法学理论的价值底色不相兼容,此时应坚持课程思政的价值追求。例如,在面对网络诈骗行为的规制困境,有观点认为,可以采用处分意识不要说进行处理,只要行为人基于被骗处分了财物,就构成诈骗罪,至于其主观上是否具有处分的认识和意志并不必需。虽然在刑法理论上,多数的学者,以我国刑法应坚持主客观相统一予以反对和拒斥。但从课程思政的角度看,这一理论观点实质上违背了马克思主义理论主客观相统一的原理,进而不符合我国社会主义法治建设的要求,因而,没有市场,成为小众观点。

第二,习近平新时代中国特色社会主义法治思想是刑法理论的试金石,同时也是刑法学课程思政的指挥棒。从体系的角度而言,课程思政面向的是除思想政治课等专门思政课以外的所有专业课的思想政治教育要求,其处理的是高等教育专业课思想政治教育的一般性问题。而习近平新时代中国特色社会主义法治思想是习近平新时代中国特色社会主义思想在法治领域的专门总结和集中体现,是法学与法治领域的核心指导思想,任何的立法执法司法以及法学教育都应遵循习近平新时代中国特色社会主义法治思想的要求,并接受其检验。因此,在刑法学的课程思政教学中,除了应实现大思政背景下的协同育人要求[1],其更应接受习近平新时代中国特色社会主义法治思想的宗旨指引。为此,才能实现兼顾一般与特殊的双重要求。这就要求刑法学课程思政课,不能仅局限于思想政治教育价值观的通识性传导,更应回应习近平新时代中国特色社会主义法治思想的特殊价值需求。要在解决培养什么人、怎样培养人、为谁培养人问题之上,更进一步追问与解决,培养什么样的法律人、怎样培养能够服务于我国法治建设的法律人等一系列更为聚焦和专业的关键问题。这无疑对刑法学课程思政提出了更要的要求和更多的内涵。例如,在公平正义的价值传导中,刑法学的课程思政,除了要准确地传导公平正义的价值意蕴和功能内涵,以使得学生树立和践行公平正义的理念外,还需要传导习近平新时代中国特色社会主义法治思想对公平正义提出的更高要求,即努力让人民群众在每一个司法案件中感受到公平正义。公平正义是具体的,更是实践的。而实现公平正义的场域是一个个生动的司法案件,这就要求公

---

[1] 杨波,苏波.大思政背景下高校课程思政建设刍议[J].学校党建与思想教育,2022(12):46-48.

平正义走出理论抽象与价值观念,转变为一个个彰显公平正义的现实图景。这无疑是对公平正义课程思政教学提出的更高要求。

(二)刑法学课程思政与外国刑法理论的冲突

在刑法学的课程设计与理论教学中,外国刑法理论是刑法学绕不开的主题。无论是苏联的刑法学知识,还是当下颇为推崇的德日刑法学理论,这些都构成了刑法学教学的有机组成部分。然而,外国刑法理论毕竟生长生发于外国的社会制度环境,其自然而然地为外国的社会价值观所影响。由于刑法学理论抑或法学理论的工具与价值的双重属性,在传导外国刑法理论的同时,势必会对作为受众的学生产生一定的价值观影响。而这种影响很有可能会动摇学生对于我国刑法制度的信服与信赖,进而可能影响四个自信立场的坚定。这主要表现为:

第一,外国刑法理论与我国刑法理论的除斥效应,影响理论自信。在刑法学的理论体系中,外国刑法理论常常是作为我国刑法理论的对立面而存在的。主张借鉴国外刑法理论的前提与基础,也通常是建立在对我国既有刑法理论的反思基础之上的。在外国刑法理论与我国本土刑法理论对立冲突而互相除斥之时,对于外国刑法理论的传导就有可能会让学生对我国本土刑法理论产生误解,进而误认为我国的本土刑法理论比不上外国的刑法理论,从而丧失对于"理论自信"的信心。例如,在犯罪构成要件的理论教学中,德日的犯罪构成三阶层理论与我国本土的四要件理论,就形成除斥效应。[1] 虽然无论是从逻辑性还是从体系性的视角来看,相对于犯罪构成四要件理论,三阶层理论都具有相对明显的优势,但如果不能谨慎地传导三阶层理论,就有可能使学生对我国犯罪构成理论体系的转变形成误解,进而片面地认为德日刑法理论具有天然的优势,从而对我国本土刑法理论与本土刑法制度丧失信心。这是值得警惕的。

第二,外国刑法理论与我国刑法理论的补缺效应,影响制度自信。在刑法学的理论体系中,有部分外国刑法理论是作为我国刑法理论的漏洞填补而存在的,其目的既在于理论体系的完整性,也在于为未来的立法和司法提供前瞻性的指导。在我国缺乏相应的理论制度,而这种理论制度又是当下社会所期待时,以外国刑法理论进行补缺就可能会使得学生对"制度自信"产生疑虑。其可能会追问,为何外国刑法理论已经提倡了这种制度,为何中国没有这样的制度?例如,刑法理论中的期待可能性制度,在德国、日本的刑法理论中,已经形成了完备的理论体

---

[1] 陈兴良.刑法阶层理论:三阶层与四要件的对比性考察[J].清华法学,2017,11(5):6-19.

系,并形成相应的司法判例。但在我国刑法理论中,是否需要引入期待可能性制度尚且争论不休,更何谈切实的司法判例。但在一些引发社会民众大量关注的热点案件中,刑法的机械适用与一般民众的朴素法感情的冲突,又亟须期待可能性理论的化解与协调。因此,在期待可能性理论的教学中,就有可能会使得学生对我国刑法制度产生误解,认为我国的刑法制度不如外国的刑法制度,不能很好地使刑法的使用符合并尊重"常识、常理、常情"①,进而对"制度自信"产生怀疑。

第三,外国刑法理论与我国刑法理论的对比效应,影响文化自信。在刑法学的理论体系中,还有部分外国刑法理论是为了刑法理论体系的完整,对比我国刑法理论而存在的。这些外国刑法理论既不与我国刑法理论相冲突,也未补缺我国刑法理论的疏漏,其功能仅仅在于学科理论体系范畴的完整性,进而仅在比较法的意义上存在。但即便是这些外国刑法理论,由于与我国的刑法制度和文化形成对照,仍有可能在有限的范围内影响到学生的文化自信。例如,刑法理论中的结合犯,在我国的刑法实体规定中,就不存在,但在理论上,为了罪数体系的完整性,结合犯的理论仍需要传授与传导。就实体溯源的角度而言,结合犯的立法例通常存在于日本刑法中,如日本刑法中的强盗强奸罪等。② 在讲授结合犯的理论与制度时,就有可能会影响学生对为何我国没有结合犯法律规定的误解,进而在刑法文化层面产生轻微的疑问。当然,需要指出的是,此种疑问显然与前述两种外国理论对四个自信的影响无法相提并论,但防微杜渐,仍应受到应有的关注。

道路自信的形成依靠于理论自信、制度自信、文化自信的树立与确立。因此,在刑法学的课程思政教学中,如若意图达致为祖国培养、服务于中国特色社会主义法治国家建设的新时代"有理想、有道德、有文化、有纪律"的法律英才,那么就必须处理好外国刑法理论与刑法学课程的冲突矛盾。在教学中,既要实现外国刑法知识与我国刑法知识的客观讲授,更要实现人才培养的思政政治教育目标,坚定维护"四个自信",坚守为祖国培养人才的理想追求。

三、刑法学课程思政与外国刑法理论的协调突围

应当认识到外国刑法理论并不是什么洪水猛兽,而是极具借鉴价值的理论富矿。但在阐述外国刑法理论的过程中,应当警惕就外国讲外国,而应联系我国实

---

① 马荣春.论犯罪构成新体系之常识、常理、常情化[J].法律科学(西北政法大学学报),2011,29(2): 77-86.
② 李冠煜.结合犯的刑事责任合理性研究[J].中南大学学报(社会科学版),2011,17(3):70-76.

际,在实体一致性与价值二元性两个层面展开,实现外国刑法理论与刑法学课程思政的有机融合。

(一)刑法学课程思政与外国刑法理论的实体一致性

事实上,外国刑法理论虽然冠以外国之名,但其理论的实体内容却并不意味着只在国外存在,而与我国相应的制度或实践相对应。恰恰相反,绝大多数的外国刑法理论早已内嵌在我国刑事司法的运作实践之中。只不过,由于我国刑法学学科的发展历史不够久远,因而,未成体系化地形成理论总结,转化为各种各样的刑法理论。在全球化视野下,我国的刑法学学科发展具有后发优势,能够直接借鉴或引入国外已经归纳发展成熟的刑法理论,无须再强行地舍同求异,另行归纳实体内涵一致而仅仅语言表达不同的相同理论。就此而言,刑法学的学科理论中存在着大量的外国刑法理论既是必要的,也是可理解的。其与刑法学的课程思政也不存在着实体内涵的直接冲突,恰恰相反,它们具有高度的一致性。为了充分阐释刑法学课程思政与外国刑法理论的实体一致性,这就要求刑法学教师在课程设计与课程教学中,除了要客观地阐述外国刑法理论的理论体系外,更要阐述我国刑事司法所对应的制度运作和实践样态。

例如,在讲述外国刑法理论中的可罚的违法性概念时,除了要阐述可罚的违法性的概念内涵、体系内容外,还应向学生讲授,可罚的违法性概念其实在我国的刑事司法实践中,早已被践行。而且,由于我们国家奉行"行政惩罚"+"刑事制裁"的二元惩罚模式,慎用刑法的观点早已深入人心。不是任何违反刑法条文的行为的都是犯罪,只有该行为的社会危害性已经达到了严重程度,刑法才会介入,否则仅仅是治安管理处罚。[①] 在常见的盗窃行为中,在不同地区,只有盗窃 1 000~3 000 元以上的才会被归入刑法进行定罪处罚,在此数额区间以下的盗窃行为,则应由治安管理处罚法对其进行规制,刑法应退场。这种区分行为的社会危害性程度或法益侵害程度的实践或做法,早已表明,虽然在我国刑法学学科体系中,不存在本土化的可罚的违法性表述,但可罚的违法性理论所代表或阐述的实体内容,却早已成为我国刑事立法和刑法司法自发自觉的有机组成部分。

同样,在讲述犯罪构成要件时,虽然来自德日刑法学的三阶层犯罪构成理论与我国借鉴于苏联的四要件犯罪构成理论存在理论的更迭与冲突,但应该告诉学生,无论是德日刑法学的三阶层犯罪理论,还是借鉴于苏联的四要件犯罪构成理

---

① 王彦强.可罚的违法性论纲[J].比较法研究,2015(5):108-124.

论,在本质上,都是一种认定犯罪的思维方法。虽然传统的四要件犯罪构成理论在体系上是平面耦合式的犯罪构成理论,在具体刑事司法实践中,由于任何的主观都是客观证据呈现的,因此,其必然会呈现出先后顺序,客观会优先于主观。就此而言,虽然德日的三阶层犯罪构成理论因为理论体系的逻辑性优势,而为更多的学者所支持或采纳,但就刑事司法实践而言,其内涵的客观判断优先于主观判断的思维逻辑,也早已内嵌在我国刑事司法的运作实践之中,尤其是在公安机关侦查案件阶段。而且,正如有的学者所言,就案件的处理结果而言,无论是采用四要件犯罪构成理论,还是采用三阶层犯罪构成理论,对于绝大多数的案件,其处理结果都是相同的。在刑事司法的实体运作层面,二者并未呈现出南辕北辙的巨大差异。

就刑事法治的发展进程而言,刑法理论必然是指导和服务于刑事司法实践的。因此,与我国刑事法治进程不相兼容和背道而驰的外国刑法理论,在我国注定是没有市场的,自然也就无法成为我国刑法理论中的有机组成部分。就此而言,能够被借鉴纳入我国刑法学理论体系的外国刑法理论,在实质内涵上,必然也是与我国刑事司法的运作体系相契合的。这种外国刑法理论与刑事司法实践的实体一致性,就为刑法学课程思政与外国刑法理论的协调提供了基底和可能。既然外国的刑法理论是对我国刑法实践的有机总结,直接借鉴其成熟的理论表达,仅仅是在享受我国刑法学学科建设的后发红利,那么,学习与讲授外国刑法理论就不会影响到学生的理论自信、制度自信、文化自信,进而影响其道路自信。恰恰相反,由于实践样态已经存在,外国刑法理论是总结并服务于这种实践样态的,讲授外国刑法理论反而更能激化学生坚定四个自信。

(二)刑法学课程思政与外国刑法理论的价值二元性

作为一种理论工具,外国刑法理论在实体内涵上与我国刑事司法实践具有契合性,因而,与刑法学课程思政可以兼容并行。但外国刑法理论所内含的价值理念却有可能未必与我国的法治理念相契合,即便是相契合,其内涵的丰富程度,也可能尚未达到刑法学课程思政所欲达到的广度与深度。因此,在刑法学的课程设计与课程教学中,应当注意到外国刑法理论与刑法学课程思政的价值二元性。这种价值二元性,既可以表现为我国价值观念对外国刑法理论价值观念的拒斥,也可能表现为我国价值观念对外国刑法理论价值理念的延展与扩充。

第一,在我国价值观念与外国刑法理论蕴含的价值观念相冲突时,应坚持我国的价值观念。每一种刑法理论都是基于一定的社会背景和一定的价值观念而形成的。因此,外国刑法理论必然内嵌着外国的社会背景与价值观念。其中,有些价值观念就有可能与我国的价值理念不相吻合。此时,应当拒绝外国的价值观念,弘扬适合于我国社会现实与具体国情的价值理念。例如,在部分外国刑法理论中,承认情感损失可以成为刑法中的损失,进而构成诈骗罪。即甲通过虚构事实或隐瞒真相的方式,骗取乙女朋友丙写给乙的一封极具真情实感的情书,可以认为此时的乙因情书被骗而遭受财产损失,进而构成诈骗罪。其理论要旨蕴含的是,保护情感寄托物,并赋予其经济价值的价值观念。在这种价值观念,在我国并未得到普遍的共识。在我国的价值观念中,所谓财产损失是指客观财产价值的减损,是与精神损害相并列的东西。将精神损害等同于客观财产价值损失进行保护的价值观念,显然就与我国区分财产损害与精神损害的价值理念不相吻合。此时,在讲授此种外国刑法理论时,就应该清楚地讲述其与我国价值理念不相吻合的地方,虽然具有知识性,应该为同学们所了解,但不应纳入我国刑法理论中,并转化为刑事司法实践。

第二,在外国刑法理论因价值意涵较少而呈现出较为明显的工具属性时,应当补充陈述我国的价值理念。例如,在诈骗罪的认识错误理论中,来源于日本山口厚教授的"法益关系错误"理论,①为我国学者所大为提倡。其理论意涵在于,并非所有的欺骗行为导致的错误认识,都是诈骗罪中的错误认识,只有导致对法益关系产生误解的错误认识才是诈骗罪中的错误认识,从而限缩诈骗罪的成立范围,将诸如品牌诈骗等行为类型排除出诈骗罪的成立犯罪。此种刑法理论,也为我国刑事司法实践所认可,品牌诈骗的行为在我国总是被认定销售假冒伪劣产品等犯罪,并未以诈骗罪进行定罪处罚。但就价值内涵而言,法益关系错误说蕴含的价值仅是诈骗罪保护的财产安全,而非交易安全。但立足于我国的社会背景,除了认识到诈骗罪保护的是财产安全而非交易安全外,还应该认识到,我国奉行的是二元惩罚体系,刑法应具有谦抑性,在被害人财产并未发生明显减损的情形下,刑法不应介入。这体现了我国一贯坚持的宽容、教育、感化与改造的刑法价值理念。同时,由于我国刑事犯罪带有明显的污名化特点,具有严重的附带效应与效果,草率地将一个人定罪影响的不仅是他自己,甚至对他的家庭都有巨大的影响,因此,从和谐社会、以人文本的角度,都应该审慎地适用刑法,进而应限缩诈骗罪的成立范围。进一步而言,在我国的价值观念中,诚信本质上是由道德观念来约束的,而非诉诸法律,尤其是刑法。这些独特的价值内涵,都是基于我国的社会

---

① 山口厚.刑法总论[M].3版.付立庆,译.北京:中国人民大学出版社,2018:162.

现实和演进历史而存在的独属于我国的本土价值观念。但这些价值观念,在诈骗罪认识错误的具体判断中,都将转化为法益关系错误说的适用。因此,在讲授法益关系错误说这一外国刑法理论时,必须补充成熟我国的价值理念,实现外国刑法理论与我国价值理念的有机融合。

参考文献

[1] 刘建军.课程思政:内涵、特点与路径[J].教育研究,2020,41(9):28-33.

[2] 邱仁富."课程思政"与"思政课程"同向同行的理论阐释[J].思想教育研究,2018(4):109-113.

[3] 时宇娇.政法类院校公共英语课"课程思政"教学改革探索[J].学校党建与思想教育,2019(8):30-32.

[4] 田鸿芬,付洪.课程思政:高校专业课教学融入思想政治教育的实践路径[J].未来与发展,2018,42(4):99-103.

[5] 何红娟."思政课程"到"课程思政"发展的内在逻辑及建构策略[J].思想政治教育研究,2017,33(5):60-64.

[6] 张烁.把思想政治工作贯穿教育教学全过程 开创我国高等教育事业发展新局面[N].人民日报,2016-12-09(1).

[7] 黄国文,肖琼.外语课程思政建设六要素[J].中国外语,2021,18(2):1+10-16.

[8] 杨波,苏波.大思政背景下高校课程思政建设刍议[J].学校党建与思想教育,2022(12):46-48.

[9] 陈兴良.刑法阶层理论:三阶层与四要件的对比性考察[J].清华法学,2017,11(5):6-19.

[10] 马荣春.论犯罪构成新体系之常识、常理、常情化[J].法律科学(西北政法大学学报),2011,29(2):77-86.

[11] 李冠煜.结合犯的刑事责任合理性研究[J].中南大学学报(社会科学版),2011,17(3):70-76.

[12] 王彦强.可罚的违法性论纲[J].比较法研究,2015(5):108-124.

[13] 山口厚.刑法总论[M].3版.付立庆,译.北京:中国人民大学出版社,2018.

10 课程思政内涵与课程思政元素的挖掘
——以知识产权法课程思政为例

郭 莉[①]

摘 要:课程思政体系化由两方面决定:一是体现课程思政内涵,即政治性和德育性;二是在课程资源中挖掘课程思政元素,并将符合课程思政内涵的课程思政元素与课程知识点深入结合,融入课程设计中。在实现课程思政体系化的过程中,首先要厘清课程思政内涵与课程思政元素之间的关系;其次理顺课程思政元素的挖掘逻辑,这是课程思政体系化的客观要求;最后则是针对不同的课程内容和特点,将深入挖掘的课程思政元素融合到课程知识点的教学中,以达到潜移默化的育人目的。本文在探讨课程思政内涵与课程思政元素关系的基础上,以知识产权法课程思政为例,详细论证了知识产权法课程思政元素的挖掘逻辑及其实现。

关键词:课程思政;思政内涵;思政元素;知识产权法;资源挖掘

在2016年全国高校思想政治工作会议上,习近平总书记指出:"要用好课堂教学这个主渠道,思想政治理论课要坚持在改进中加强,提升思想政治教育亲和力和针对性,满足学生成长发展需求和期待,其他各门课都要守好一段渠、种好责任田,使各类课程与思想政治理论课同向同行,形成协同效应。"[②]这对新时代思想政治理论课和其他各类课程改革创新提出了更高要求,强调专业课程中的育人功能。那么,通过课程思政要培育什么样的人,如何通过课程思政育人就是课程改革中的重点。在建设课程思政体系的过程中,挖掘课程思政元素是实现课程思政的具体手段,厘清课程思政元素的挖掘原则和挖掘逻辑对课程思政成效起关键

[①] 郭莉,南京航空航天大学人文与社会科学学院法律系讲师,中南财经政法大学法学硕士,主要研究方向为知识产权法学。本文系南京航空航天大学人文与社会科学学院2021年示范性课程思政建设项目(2021KCSZ02)的结题成果。

[②] 参见:习近平在全国高校思想政治工作上强调 把思想政治工作贯穿教育教学全过程 开创我国高等教育事业发展新局面[N].人民日报,2016-12-09.

作用。

一、课程思政内涵与课程思政元素

2020年5月,教育部印发《高等学校课程思政建设指导纲要》,首次提出"全面推进高校课程思政建设,发挥好每门课程的育人作用"。高校课程思政的新局面至此打开。理解和把握课程思政内涵、课程思政元素等几个关键因素,厘清它们的关系,对课程思政体系建设具有重要意义。

(一)课程思政内涵:政治本位和德育本位

2018年9月,习近平总书记在全国教育大会上强调:"培养什么人,是教育的首要问题。""要把立德树人融入思想道德教育、文化知识教育、社会实践教育各环节。""教师要围绕这个目标来教,学生要围绕这个目标来学。"2021年,习近平总书记在参加全国政协十三届四次会议医药卫生界、教育界委员联组会时强调,"教育是国之大计、党之大计""要从党和国家事业发展全局的高度,坚守为党育人、为国育才""办好人民满意的教育,培养德智体美劳全面发展的社会主义建设者和接班人"。习近平总书记的重要论述明确了课程思政的内涵——课程思政是全过程有效立德树人的渠道。它的本质是为培育什么样的人、怎样培育人提供一种新理念、新思路。课程思政要求高校所有课程和所有教师都必须坚守又红又专的育人方向,讲政治是其突出特征。以政治性引领专业性并融汇于专业教育中以实现社会主义高校的育人目标,这是课程思政的崇高使命。① 政治性是课程思政的核心,在高等教育中要引导学生树立坚定共产主义理想、树立爱党爱国报效祖国的责任感、树立民族文化自信、培养学生创新奋斗意识和能力,这是课程思政的政治本位。

课程思政也是在遵循课程自身逻辑体系的前提下对其固有德育资源进行的内涵式开发,是课程育人价值回归的过程。课程思政的特点是价值引领。课程思政是要将价值元素融入各类课程的教学过程中,将思想政治教育所体现的价值理念和精神追求植入专业课程教学。一方面,从课程思政的具体融入内容看,具有较强的可操作性和比较容易实现的融合模式,即通过挖掘课程思政资源将德育价值观融入课程教学过程中,在内容中浸入式地体现课程思政的价值引领特点;另一方面,从课程思政内容融入的抽象层面看,课程思政的德育教育不是要向学生

---

① 鄢显俊.论高校"课程思政"的"思政元素"、实践误区及教育评估[J].思想教育研究,2020(2):88-92.

灌输德育教育的基本理论知识,而是要通过这种教育形式来培养学生树立正确的世界观、人生观和价值观,实现对学生的价值引领。总体而言,不管是从具体还是抽象的内容融入来看,德育价值引领始终是课程思政的核心特点。教育的根本立足点在于育人。专业课程中体现的"真善美"能帮助学生形成正确的世界观、人生观和价值观。在教育中引导学生形成法治素养、诚信素养、敬业素养、公德素养,这是课程思政的德育本位。

(二)课程思政元素:课程思政资源的着力点

前文已明确,课程思政突出地体现出政治本位和德育本位。课程思政的核心特点要在教学中体现出来,才能真正地实现课程思政的价值。不同课程的内容和特点不同,形成的课程资源不同,不同的课程在帮助学生塑造正确的世界观、人生观和价值观方面所能发挥作用的余地或者大小有较大的不同。有的课程,例如法学,教授社会规则,这些规则本身即意味着价值判断与取舍。制度背后的逻辑天然即蕴含了思政元素,例如公平、正义等等。通过课程内容中理论及体系的教学与梳理,通过法条背后的逻辑讲解,通过案例教学中的单个司法案例的价值提炼,课程思政的政治性特点和德育特点在课程中潜移默化地渗透到教学中。有些课程则需要通过对课程资源中思政元素的挖掘来渗透进教学,要在"立德树人"的"育人"取向构建相应的衡量体系。① 通过统整课程内外资源在立德过程中的价值与作用,寻找其中切实体现思政内涵的理论或实践性元素,将其融入学科教学设计中。统整立德过程,需要将学生的道德素养统整方式与学生的学科核心素养培育程序对接起来,不断发掘课内外教学资源中蕴含的思政元素,将其进行统整处理后,归纳出其中的教育性元素,使其自然的融合入教学设计中。

(三)课程思政内涵与课程思政元素的有机统一

将课程思政的理念融汇于专业课程教育的全过程,将育人目标贯穿于课程教育的全过程、恰到好处地将学科知识与思想政治教育内容有机结合,不仅能够丰富学科教育的内容,而且也让学科教育的内容更加有深度,让学科教学最终回归到"育人"的本真目的,这也是新时代背景下稳步推进思想政治教育改革以形成大思政育人体系的一个重要方向。② 在这个意义上,课程思政内涵与课程思政元素

---

① 赵富学,陈蔚,王杰,等."立德树人"视域下体育课程思政建设的五重维度及实践路向研究[J].武汉体育学院学报,2020,54(4):80-86.
② 谭晓爽.课程思政的价值内涵与实践路径探析[J].思想政治工作研究,2018(4):44-45.

是有机统一的。

课程思政内涵体现在课程思政内容体系建设上,课程思政内容体系的建设则主要表现为对课程思政元素的发掘—梳理—融合过程。专业课程的思想政治教育内容体系建设,需遵循"上行—下行"的复合路线。"上行"路线为:结合《高等学校课程思政建设指导纲要》通过深入挖掘形成较为粗放的思想政治教育元素堆积—通过深入梳理形成各门具体课程的思想政治教育知识体系—进一步深入梳理形成专业的思想政治教育知识体系和图谱。"下行"路线为:专业的思想政治教育知识体系和谱系—具体化为专业课程群的思想政治教育知识布局—形成具体专业课程的思想政治教育知识安排—通过有机融入设定具体章节的课程思政教案。①

二、知识产权法课程思政元素的挖掘

(一)体现课程思政内涵是知识产权法课程思政元素挖掘的原则

知识产权法课程思政元素怎么确定?其原则是要实现课程思政内涵,即知识产权法课程思政元素要体现政治性和德育性。如前文所述,课程思政的政治性主要体现为引导学生树立坚定共产主义理想、树立爱党爱国报效祖国的责任感、树立民族文化自信、培养学生的创新奋斗意识和能力;课程思政的德育性主要体现为在教育中引导学生形成法治素养、诚信素养、敬业素养、公德素养。要善于在知识产权法课程教学资源中挖掘能体现课程思政政治性和德育性的教学点。这些教学点贯穿在知识产权制度诞生发展的过程中,也体现在为迎接新时代中华民族伟大复兴的知识产权制度保障中。新中国建立后,我国知识产权制度的诞生并不是一蹴而就,从探索到诞生到发展到与国际接轨,整个制度的发展是在一代又一代知识产权法律人的艰辛付出中逐步完善的。在讲授我国知识产权法历史沿革时,老一辈法学家孜孜不倦推敲法条、兢兢业业查阅国内外资料、仔仔细细比较国内外适用环境的对待法学的责任和热情可以很好地启发学生的爱国热情和作为法科生的社会责任感。在讲授专利制度的作用时,可结合热点讲授专利法律制度在推动科技发展和社会进步方面的功能,如在疫情时代,"抗疫先锋,专利先行"。病毒检测、抗病毒药品研发需要加强科研攻关,而疫苗研制工作则离不开专利信息的支撑和专利制度的保障,启发学生深刻认识专业意义,引导学生热情投入知

---

① 陆道坤.论课程思政的教学设计与实施[J].思想理论教育,2020(10):16-22.

识产权法学事业。在讲授重要的知识产权国际条约《专利合作条约》(PCT)时,可通过向学生展示中国近年来通过世界知识产权组织《专利合作条约》(PCT)途径提交的专利申请数据,例如 2019 年,我国通过《专利合作条约》(PCT)途径提交了 5.899 万件专利申请,首次超过美国(5.784 万件)跃升至第一位等权威数据,①将我国实施的知识产权强国战略、创新驱动发展等思想政治教育元素融入其中。让学生深刻认识到,创新早已深入中华民族的血液,是中华民族的优良传统和品格,引导青年学生弘扬爱国主义精神,增强民族荣誉感、自豪感。总之,要将课程思政的内涵特点通过课程思政元素寓于具体的课程内容中,借助课程这一载体,实现育人目的。

(二) 思政内涵与课程内容的融合是知识产权法课程思政元素挖掘的逻辑

知识产权法课程的思政教育内容体系建设,可结合 2020 年 5 月教育部颁布的《高等学校课程思政建设指导纲要》通过深入挖掘形成较为粗放的思政元素堆积—通过深入梳理形成各门具体课程的思政元素体系—进一步深入梳理形成专业的思政元素与专业知识点融合的教学体系。在这个过程中,针对对应的教学资源所体现出的思政元素,可进行细致化的教学设计,将思政目标和教学目标统一起来,在教学层次、深度、重难点上建立思政元素与课程知识点之间的关联,形成育人主线;结合知识产权法课程内容、课程特点和课程价值,形成专业课程内容与课程思政元素融合的内在逻辑。

知识产权法课程思政元素来源于课程资源,它是思政内涵的反映,使思政内涵与课程内容紧密融合。这种融合是课程思政内涵在课程内容的讲授中自然而然地呈现并被学生感知和体会的。这种价值引导要避免思政内涵的实现与专业教学内容"两张皮",思政内涵的实现一定是依托课程内容或课程实践的实现,课程内容和课程实践是课程思政内涵的载体,对这个载体中诸多思政元素的深入挖掘才能更大意义地实现课程思政内涵。从课程思政内涵融入的抽象层面看,这个过程不一定有具体的思政教育理论知识,而是通过课程内容的讲授或课程社会实践来体现某种价值理念或精神追求,在内容上集中凸显了价值引领特点。

---

① 数据来源于国务院新闻办公室 2020 年 4 月 23 日的新闻发布会。

(三) 课程资源＋司法案例＋课程社会实践是知识产权法课程思政元素挖掘的资源

课程思政的结构是立体多元的。课程思政本身就意味着教育结构的变化,即实现知识传授、价值塑造和能力培养的多元统一。[①] 在课程内容中,知识产权法作为法学核心课程,思政元素的挖掘不能仅仅着眼于教材内容;知识产权法律理论和体系变化中体现出的爱国情怀和文化传承,知识产权法律制度体系鼓励学术探索和科研创新精神、规范科研诚信、惩戒市场失信,知识产权制度及其应用中体现的一般法律精神——公平原则、契约精神,这些思政元素蕴含在知识产权理论、体系、法律法规、司法案例中,与专业知识点相互映衬、相互支撑。

1. 课程资源中的思政元素

知识产权法课程资源包括教材内容、教材中的理论及其拓展、知识产权法律法规。知识产权法理论的发展、知识产权法律法规与具体的知识产权制度的发展与变化中蕴含着整个制度的价值考量。

以知识产权法资源挖掘思政元素——创新为例,知识产权法中的诸多知识点和法条资源都体现出创新的价值导向。知识产权法与创新联系在一起。知识产权法源于创新而生,是为财产权制度革新的产物;基于创新而变,当以激励知识创新为价值目标。可以认为,坚持制度创新与知识创新,是知识产权法的历史过程和时代使命。[②] 2017年10月18日,习近平总书记在十九大报告中指出,实现中华民族伟大复兴是近代以来中华民族最伟大的梦想。走新时代中国特色社会主义道路,要不断推进理论创新、实践创新、制度创新、文化创新以及其他各方面创新,知识产权制度保障不可或缺。创新是引领发展的第一动力,保护知识产权就是保护创新。面对中华民族伟大复兴历史进程的大跨越,我国积极通过知识产权引领科技创新。2018年3月11日,第十三届全国人民代表大会第一次会议投票表决,通过了《中华人民共和国宪法修正案》,对《中华人民共和国宪法》(以下简称《宪法》)进行修改。作为国家的根本法,《宪法》为科技创新做出了最基本的制度安排,为科技创新的发展夯实"地基"。《宪法》第二十条规定:"国家发展自然科学和社会科学事业,普及科学和技术知识,奖励科学研究成果和技术发明创造。"《宪法》第十四条第一款规定:"国家通过提高劳动者的积极性和技术水平,推广先进

---

① 王学俭,石岩.新时代课程思政的内涵、特点、难点及应对策略[J].新疆师范大学学报(哲学社会科学版),2020,41(2):50-58.

② 吴汉东.知识产权法的制度创新本质与知识创新目标[J].法学研究,2014,36(3):95-108.

的科学技术……以不断提高劳动生产率和经济效益,发展社会生产力。"《宪法》推动市场经济发展,提供创新物质基础;《宪法》保障自由,培养适宜的创新环境;《宪法》保护产权,激发创新积极性;《宪法》保障公序良俗,理清创新障碍等。① 以《宪法》作为坚固根基,知识产权法律体系中的各个部门法不断修订和完善,鼓励科技创新,推动经济和社会发展。2015年,《中华人民共和国促进科技成果转化法》得到了修改,为深化科技体制改革、建立和完善符合发展规律的科技成果转化路径提供了支撑;2020年,《中华人民共和国专利法》(以下简称《专利法》)修改,为鼓励和保护发明创造、促进专利转化和应用提供重要法律依据。科技是第一生产力,保护专利就是保护生产力。有了知识产权保护,才能促进和发展生产力,并增强和提高生产力,从而促进经济的发展、财富的积累。回顾中国专利法的历次修改就会发现,制度的改进促进了中国专利数量飙升,制度的改进保障了专利实施后带来的巨大经济收益驱动。《专利法》自1985年实施后,分别于1992年、2000年、2008年和2021年进行了四次修改。每一次修改,目的都是为了适应新形势、解放生产力,鼓励人们不断探索和创新。2021年6月1日实施的第四次修改的《专利法》,在原第十六条的基础上,新增了"国家鼓励被授予专利权的单位实行产权激励,采取股权、期权、分红等方式,使发明人或者设计人合理分享创新收益"。这是《专利法》新增条款,国家鼓励单位采用产权激励的方式去与发明人或设计人分享创新收益,从而促进创新和研发热情,激活市场。虽然该款是任意性规定,不具有强制力,但具有引导作用,是国家重视知识型人才、鼓励单位去灵活用人来提高创新和技术应用、不再限制奖励或报酬的具体方式。这种规定,显然适应了经济社会的发展,有利于促进科技创新、进一步推动专利的实施和运用。通过专利法律法规的变化,很明显能够看到知识产权制度变化中所体现出的对科研创新的促进和激励。知识产权制度的创新价值体现在知识产权政策制定与立法活动之中。国家通过其政策导向包括知识产权法的制度设计,将"创新"上升为"规划理性"的法律价值。② 知识产权制度建设的本身,就是一场以制度创新促进知识创新、以法治建设保障创新发展的伟大社会实践。③

以知识产权法课程资源挖掘思政资源——爱国主义和文化传承为例,我国于1985年加入《巴黎公约》,开始以国际公约的形式对地理标志进行保护。1994年

---

① 郭守明.科技创新与宪法的基础保障[J].传承,2015(3):94-95.
② 吴汉东.知识产权法的制度创新本质与知识创新目标[J].法学研究,2014,36(3):95-108.
③ 吴汉东.新时代知识产权强国建设使命艰巨[N].中国知识产权报,2020-12-14(9).

12月30日生效的《集体商标、证明商标注册管理办法》首次以证明商标的方式来保护地理标志。2001年《中华人民共和国商标法》(以下简称《商标法》)进行修订,在第十六条第二款明确了地理标志的定义,这意味着地理标志在我国以法律的形式确定下来。2005年出台《地理标志产品保护规定》,对地理标志产品的定义、组织、申请受理、审核批准、专用标志使用、保护和监督等进行了规定。2017年3月15日,全国人大审议通过的《中华人民共和国民法总则》明确将"地理标志"专门列为一类知识产权客体。2020年5月28日,全国人大审议通过的《中华人民共和国民法典》承继了这一规范模式,确立了地理标志在知识产权体系中的重要地位。2019年中共中央办公厅、国务院办公厅印发的《关于强化知识产权保护的意见》则明确到2025年要"完善地理标志保护相关立法",我国知识产权保护体系更加完善,保护水平和保护能力得到有效提升,并达到较高水平。2020年9月,《中欧地理标志协定》正式签署,为中欧双方高品质的地理标志产品进入彼此市场提供了全面有效的保护与推广,助力更多特色优质名品进入彼此市场,为中欧经贸合作带来新机遇。因此,在讲授地理标志制度时,地理标志概念中的自然因素和人文因素特点、地理标志保护的意义、地理标志的保护体系和保护模式的变迁等资源中都能体现文化自豪和传承、家国情怀等课程思政元素。我国地理标志资源丰富,潜在商业价值和文化价值十分突出。地理标志内涵中的自然因素和人文因素体现了我国农耕文化的根。几乎每个地理标志产品都承载了厚重的历史,并被赋予了浓郁的本地文化。加强地理标志保护,就是要保存传统文化的根,发掘传统文化的价值;加强地理标志保护,是充分利用国际规则和法律手段保护农业自然资源、人文资源和地理遗产的现实要求,是培育地方农产品特色产业、形成地域品牌、扩大农产品出口数量和国际声誉的有效手段。

2. 案例库中的思政元素

在司法审判中,人民法院积极将社会主义核心价值观纳入知识产权司法全过程,将社会主义核心价值观贯穿法律解释和法律适用全过程。在教学中,可通过典型案例让学生去直观地感受。在河北山人雕塑有限公司(简称山人雕塑公司)诉河北中鼎园林雕塑有限公司(简称中鼎雕塑公司)等著作权侵权案中,山人雕塑公司与中鼎雕塑公司是从事雕塑设计、制作和安装的专业机构。2017年,山人雕塑公司与贵州省遵义市播州区三合镇人民政府(简称三合镇政府)商谈合作三合镇刀靶烈士陵园的雕塑工程,山人雕塑公司将创作完成的涉案作品"刀靶大捷"设计图及展板交给三合镇政府审阅,并按三合镇政府的要求进行数次修改,但双方最终未达成合意。2017年5月,三合镇政府作为业主方将三合镇烈士陵园建设工程发包给慧隆建工遵义分公司。2018年3月,慧隆建工遵义分公司与中鼎雕塑公司签订《雕塑设计制作安装合同书》,约定由中鼎雕塑公司作为承揽方设计、制作、安装被控侵权雕塑。后山人雕塑公司发现由中鼎雕塑公司制作安装的被控侵权雕塑剽窃其作品,遂向法院提起诉讼,主张三合镇政府委托中鼎雕塑公司在刀靶烈士陵园设计、安装的被诉侵权雕塑侵害其著作权。贵州省高级人民法院二审认定侵权行为成立,但同时认为,刀靶烈士陵园是进行革命传统教育和爱国主义教育的重要场所,从遵循利益平衡原则和有效利用资源的效益角度出发,被诉侵权雕塑不宜判决拆除。故可通过适当提高侵权赔偿标准对山人雕塑公司的权利予以充分救济的情况下,对山人雕塑公司主张停止侵害、拆除侵权雕塑的诉讼请求不予支持。据此,改判中鼎雕塑公司、三合镇政府等共同赔偿山人雕塑公司侵权赔偿和合理支出共20万元。此案中,妥善审理涉及红色经典作品的著作权案件,是传播知识产权司法保护正能量的重要环节。本案是一起涉及红色经典作品的著作权纠纷,二审判决秉承尊重法律、尊重权利、尊重经典的原则,在判决不停止侵权的同时,通过提高侵权赔偿金和使用费的方式对权利人进行救济,既充分考虑了对权利的有效保护,也有力兼顾了经典传承,使裁判结果符合法律,又契合社情民意,实现了法律效果、政治效果和社会效果的有机统一。①

我们还可以在很多案例中发现鼓励文化传承和创新等思政元素。在白秀娥诉国家邮政局、国家邮政局邮票印制局不与其订立合同且未经其同意修改、使用其作品侵犯著作权纠纷案中,法院在判决书中明确:"对于国家邮政局及邮票印制局对本案争议的剪纸作品属于民间作品范畴,其保护不适用著作权法的主张,法院认为,《著作权法》第六条规定的民间文学艺术作品,应为民间世代相传的、长期演变、没有特定作者,通过民间流传而逐渐形成的带有鲜明地域色彩、反映某一社会群体文学艺术特性的作品,如民歌、民谣、蜡染等。本案中的剪纸作品是原告白秀娥运用民间剪纸技法,自己独立创作完成的,应当受到《著作权法》的保护。""本案涉及的蛇图剪纸系白秀娥独立创作完成,该剪纸作品虽然采用了我国民间传统艺术中'剪纸'的表现形式,但其并非对既有同类题材作品的简单照搬或模仿,而是体现了作者白秀娥审美观念,且表现出独特意象空间,属于应当受《著作权法》保护的美术作品。借鉴民间文学艺术表现形式创作出的新的作品,应当视为对民间文学艺术的继承和发展,其作者依法享有著作权,符合我国著作权法'鼓励创

---

① 案例摘编自《最高人民法院办公厅关于印发2019年中国法院10大知识产权案件和50件典型知识产权案例的通知》。

作'的立法精神。"①

还有一些案例结合时代热点,这些案例资源中的知识产权法思政元素则是多层次的,既包括尊重知识产权的法治意识,维护法的公平、诚信精神,也包括知识产权法律制度对新兴产业的推动作用,拥有自主知识产权的原创作品才能为国家产业未来发展和祖国复兴大业带来可持续发展的持久推动力。以太极熊猫案为例,苏州蜗牛数字科技股份有限公司(简称蜗牛公司)开发的手机游戏《太极熊猫》于2014年10月31日上线,成都天象互动科技有限公司(简称天象公司)、北京爱奇艺科技有限公司(简称爱奇艺公司)开发的手机游戏《花千骨》最早版本于2015年6月19日上线。蜗牛公司向江苏省苏州市中级人民法院提起诉讼,主张《花千骨》手机游戏"换皮"抄袭了《太极熊猫》游戏,即仅更换了《花千骨》游戏中的角色图片形象、配音配乐等,而在游戏的玩法规则、数值策划、技能体系、操作界面等方面与《太极熊猫》游戏完全相同或者实质性相似,侵害其著作权。一审法院确认,《花千骨》游戏与《太极熊猫》游戏相比,其中有29个玩法在界面布局和玩法规则上基本一致或构成实质性相似;另外《花千骨》游戏中47件装备的24个属性数值与《太极熊猫》游戏呈现相同或者同比例微调的对应关系;《花千骨》V1.0版游戏软件的计算机软件著作权登记存档资料中,功能模块结构图、功能流程图以及封印石系统入口等全部26张UI界面图所使用的均为《太极熊猫》游戏的元素和界面。同时,在新浪微博以及IOS系统《花千骨》游戏用户评论中,亦有大量游戏玩家评论两游戏非常相似。一审法院遂判令天象公司、爱奇艺公司停止侵权行为、消除影响,并赔偿蜗牛公司经济损失3000万元。天象公司、爱奇艺公司不服,提起上诉。江苏省高级人民法院二审判决驳回上诉,维持一审判决。这是新业态发展中产生的知识产权纠纷案例。"互联网+"产业方兴未艾,新技术和新业态的发展不断对知识产权审判工作提出新的挑战。本案是网络游戏产业领域知识产权保护的典型案例。二审法院在本案中明确,网络游戏"换皮"抄袭可能构成侵害著作权的行为,并在此基础上全额支持了权利人3000万元的诉讼请求,体现了严格保护知识产权的裁判理念。本案裁判是"互联网+"环境下司法裁判积极回应技术发展与产业需求的例证,在充分考虑网络游戏作品的知识产权价值、侵权手段的多样性与隐蔽性等因素的前提下,以有利于促进创新、有利于公平竞争、有利于消费者长远利益为指引,对网络游戏知识产权保护问题进行了有益探索,对保护

---

① 案例摘编自《白秀娥诉国家邮政局、国家邮政局邮票印制局不与其订立合同且未经其同意修改、使用其作品侵犯著作权纠纷案》,北京市高级人民法院[2003]高民再终字第823号。

新兴产业发展壮大、推动产业健康发展均具有重要意义。①

3. 课程社会实践中的思政元素

对于课程的社会实践,首先需要让学生知道什么是实践。让学生去发现问题,同时把实践和研究整合在一起。对于学生而言,不仅仅是做实践,还要对现有的社会司法进程当中的实践进行经验的提炼和总结。这个过程就是一个人才培养的过程,是一个集知识领悟、价值塑造和能力培养的多元统一的教学实践过程。

知识产权法学是一门实践性很强的法学专业课程,不仅要在课堂上学,在书本上学,还要到社会中去体会知识应用的特点和职业特点。在每年4月26日世界知识产权日系列普法宣传活动中,在校内外、社区进行知识产权保护的理论宣讲、案情咨询、模拟法庭等多种形式的法律援助的过程中,一方面,课程的实效性得到了强化,在实践中遇到的真实问题和困惑,使学生真正触及对知识产权法专业知识的理解和对处理问题的方式方法的思考。如何选择知识产权法专业知识应对问题、法律适用上的模糊与逐步地辨清、最终采用何种救济手段来解决问题,这一过程促发他们认知和实践的思考,从而对学生的价值观产生积极的影响。在理性化的社会中,感性必须和理性、感性体验必须和知性认识结合起来,才有可能真正使某种价值观念得到深入、稳定、持久的理解和认同。② 另一方面,这个实践过程形成一个"流动"的法治课堂,在这个"流动"的法治课堂上,以案析法,以案示范,通过形象直观的方式将抽象深奥的知识产权法普法理念融入普通百姓日常实践,达到知识产权法普法目的。通过实践真实案例及其妥当解决,使学生能够深入体会、理解并把握应用思政要素,深刻理解领会平等、自由、公平、诚信这些法律价值和思政要素以何种技术路线实现于社会。

所以,知识产权法课程的思政元素不仅仅体现在课程的教学环境中,也贯穿于学校模拟法庭、学校法律援助中心、社区、法学实践基地的实践过程中,这些实践环境让学生在法律实践中学习行业与职业与专业的不同,培养实践精神与团队精神,不仅在实践中收获知识,也收获巨大的精神力量,增强适应现代化建设的历史使命感和责任感。从教学层面,通过实践案例中的专业问题的探究,教师鼓励学生进行科研创新实践,以学生成长为中心,建立和实施以"案例探究—实践驱动—能力提升"为主线的科研创新能力培养路径。通过校外资源和课外资源的有

---

① 案例摘编自《最高人民法院办公厅关于印发2019年中国法院10大知识产权案件和50件典型知识产权案例的通知》。
② 王学俭,石岩.新时代课程思政的内涵、特点、难点及应对策略[J].新疆师范大学学报(哲学社会科学版),2020,41(2):50-58.

效融合,形成政治认同与法律信仰融合、人格养成与法治精神融合、专业能力与法治思维融合的互融互促的局面,真正落实思政教育与课程实践同向同行,协同育人。

三、知识产权法课程章节思政元素示范

知识产权法课程章节思政元素示范详见表10-1。

表10-1 知识产权法课程章节思政元素示范

教学内容	课程思政元素
绪论	开拓精神、使命感和责任感。可通过视频学习,感受老一辈知识产权立法者、学者为中国知识产权事业作出的贡献,鼓励学生在面对复杂的国际知识产权发展趋势时,发扬老一辈法学家的开拓精神,热忱于法学事业
著作权的客体	文化传承与保护。民间文学艺术作品保护的必要性与民族文化传承与保护。民间文学艺术作品是著作权法保护的重要客体,是我国民族文化遗产的重要组成部分。对其进行立法保护是一种需要,也成为一种趋势。民间文学艺术作品是流传下来的精华,我国是一个传统知识极其深厚的国家。面对保护传统的民间文化这一世界性课题,教育学生要利用现行知识产权制度,在传统知识和知识产权相结合方面作出应有的贡献
著作权的取得与归属	契约精神,公序良俗。作品在进行演绎时,出于对原作作者的著作人格权的尊重,在演绎方行使其获得的演绎权时,应当遵守诚实信用原则,在原作作者精神权利与演绎作者创作自由之间寻求平衡。课程中可以利用演绎作品著作权纠纷案例,例如影视改编文学引发的保护作品完整权的侵权,音乐类作品的随意改编等,告诫学生尊重原作,只有演绎过程中遵循诚实信用原则,才能真正促进和推动文化的繁荣与发展
著作权的内容	学术品德。尊重原创,远离抄袭。近几年,抄袭之风盛行。抄袭之风涉及从音乐作品到小说散文、从技术论文到大型出版物,而互联网为抄袭创造了一个极好的平台。如何看待互联网背景下的抄袭行为,是当代大学生都应该思考和警惕的问题。原创作品是需要付出辛勤的劳动和代价才能够完成的,抄袭行为对原创者的打击是巨大的。同时也会给原创者造成名誉和经济上的损失。对社会的技术进步和文艺发展不利。并浪费社会资源。认识抄袭的性质,并用法律手段制止并惩罚它

续表 10-1

教学内容	课程思政元素
邻接权	爱国主义，国际化视野。基于对保护邻接权相关国际公约的评介，在讲授表演者、录音录像制作者、广播组织的权利义务内容中，让学生了解知识产权国际保护趋势，领悟知识产权保护"双刃剑"的现实所指
著作权的限制	理解法律的公平。著作权法在赋予著作权人以著作权的同时，又通过种种制度对著作权的范围进行不同程度的限制，其目的在于实现著作权人、作品利用人与公众间的利益平衡。合理使用制度是为平衡著作权人的私权利与信息传播自由的公共利益而创设的制度，虽然它限制了若干情形下著作权人的权利行使，但它与著作权法的立法目的是相协调的，对真正促进社会文学艺术和科学的进步具有重要意义
著作权的利用	法治精神、科学精神。结合我国市场经济发展史介绍著作权许可使用制度的发展与我国市场经济发展史。经济的发展决定著作权制度的产生，市场机制的发展制约着著作权制度的完善程度。中国著作权制度的发展经历了从自然经济到计划经济，再到社会主义市场经济的历史发展过程。知识产权的市场化进程，极大地推动了中国著作权制度的前进步伐
侵害著作权的法律责任	道德修养和法治意识。在互联网这个存贮数据资料的宝库，任何资料几乎都可以通过百度、谷歌等搜索引擎检索找到。互联网未经允许的随意上传、存储和任意下载对现行的著作权保护制度造成了巨大的影响。网络独特的"数字化"信息方式，著作权体系的地域空间概念被完全打破，大量的文字、图像、音乐、电影等均可通过网络链接的方式，在全世界范围内实现自由流动。知识产权在互联网环境下很难得到保护，作品被复制等行为给著作权人造成了巨大损失。大学生群体极易在这样的环境中形成道德失范，对随意下载、复制、利用他人作品的行为形成麻木，甚至模仿这些行为。通过讲解著作权侵权行为的构成要件及法律责任，帮助学生树立正确的价值观和道德观
专利权的对象	法的适度与合理。此问题涉及两个方面：明确专利保护对象与明确不受专利法保护的对象。由于专利保护既有好处也有缺陷，在考虑是否将某种新的主题纳入专利客体的范围时应当格外审慎。在专利权不断扩张的趋势下，如何界定"适度与合理的专利保护范围"是专利法价值实现的考虑范畴。新的保护主体随着新型技术不断出现，在保护与不保护的博弈中，法律必须进行利益平衡。学生可以从这个章节的前沿问题思考法律的价值与实现

续表 10-1

教学内容	课程思政元素
专利权取得的实质条件	创新精神与敬业精神。创新始终是一个国家、一个民族发展的重要力量,也始终是推动人类社会进步的重要力量。近年来,天宫、蛟龙、天眼、悟空、墨子、大飞机等国之重器的相继问世,就是创新驱动发展战略的最新科技成果。中国创造改变着中国,影响着世界。让学生从近年来各种经典发明中体会科学探索的重要性,培养敢于质疑权威、勇攀高峰的科学精神,追求真理、严谨治学的求实精神,淡泊名利、潜心研究的奉献精神,进一步培养学生的职业道德
专利权的归属、取得与消灭	科技创新时代我国职务发明专利权属制度所彰显的尊重发明人的权益。国家之间的竞争归根到底是科技的竞争,科技的竞争归根到底是科技人员的竞争,各国都采取各种法律的、政策的措施来保护和促进本国科技的发展。知识产权法是其中一项重要的法律制度,而专利法作为知识产权法的重要组成部分与科技创新的联系尤为紧密。国家鼓励企业与大学、科研机构合作开发新技术,在这个过程中,要特别重视调整发明人与大学、科研机构的权益。职务发明专利权属政策和法律要在发明人和投资者之间寻找平衡点,既鼓励发明人,又保护投资人的利益
专利权的内容与限制	保障人权(公共健康)。我国《专利法》规定了为提供行政审批所需要的信息,制造、使用、进口专利药品或者专利医疗器械的,以及专门为其制造、进口专利药品或者专利医疗器械的,不视为侵犯专利权。根据药品和医疗器械上市审批制度,不管是新药或医疗器械还是仿制药或医疗器械,其上市经过必要的审批程序,而这种审批程序中不仅不可避免地要使用专利药品或医疗器械,而且一般使用时间还相当长。如果不允许在药品或者医疗器械专利到期之前为了提供行政审批所需信息而使用专利药品或医疗器械,而直到专利到期之后才允许,事实上就相当于变相地延长了专利药品或医疗器械的保护期。不仅过度保护了专利权人,而且大大推迟了仿制药品和医疗器械的上市时间,危害公共健康。所以这条对专利权的限制是将公共健康至上
专利权的利用	弘扬社会主义核心价值观中的诚信原则。专利的许可和转让要遵守合同签订的基本原则:公平、诚实信用。专利的许可使用方式更加丰富,许可使用方式的多元化对技术转化具有促进作用,进一步对我国市场经济具有促进作用。

续表 10-1

教学内容	课程思政元素
侵害专利权的法律责任	维护国家利益和个人财产利益。对专利进行法律保护是维护市场经济秩序的客观需要。专利权具有与一般财产权不同的社会价值，它是代表社会共同利益的一种新型产权制度的体现。专利制度的基本内容之一就是对经济技术领域不正当竞争行为的否定和排斥，而反不正当竞争是健全市场经济运行机制，保护国民经济健康发展，维护国家利益、社会公共利益和消费者合法权益的基本前提。在此种意义上，专利制度是市场经济体制的重要组成部分。因而，要求侵害专利权的行为承担法律责任是维护国家公共利益的重要保障，从而有利于市场经济秩序的稳定和繁荣
植物新品种权和集成电路布图设计权	创新精神和法治精神。植物新品种保护有利于在我国育种行业中建立一个公正、公平的竞争机制。这个机制可以最大限度地调动和鼓励育种者积极投入植物品种的创新活动，从而培育出更多更好的优良品种。高水平的植物新品种保护制度，是培育种业国家实验室、打造种业创新高地的制度保障。植物新品种保护使育种者依法通过有偿转让或合作经营拓宽获取品种研究经费的渠道，同时获取应得的报酬；植物新品种保护有利于种子繁殖经营部门在相应的法律制度保护下进行正常种子繁殖经营活动；植物新品种保护还有利于促进国际间的品种交流合作 爱国主义、创新精神。我国目前的集成电路产业与发达国家还有较大差距，部分厂商不追求技术的创新和进步，想通过抄袭、复制他人的集成电路布图设计，享受他人的成果。这也是一种短视行为，中国的现代化不可能靠抄袭来实现。建立健全集成电路法律保护制度，对于促进和扶植集成电路产业的发展十分有利，可以引导生产厂商专注技术开发，研发新技术、新产品
商标权的对象	文化传承与创新强国。《知识产权强国建设纲要（2021—2035 年）》（以下简称《纲要》）中关于商标保护体系建设。《纲要》提出要推进商标品牌建设，加强驰名商标保护，发展传承好传统品牌和老字号，大力培育具有国际影响力的知名商标品牌。发挥集体商标、证明商标制度作用，打造特色鲜明、竞争力强、市场信誉好的产业集群品牌和区域品牌。要统筹推进知识产权强国建设，全面提升知识产权创造、运用、保护、管理和服务水平，充分发挥商标制度在社会主义现代化建设中的重要作用

续表 10-1

教学内容	课程思政元素
商标权的取得和消灭	道德修养和法治要求。《商标法》第十条第一款八项是:"有害于社会主义道德风尚或者有其他不良影响的"标志,不得作为商标使用。道德是社会意识形态之一,是人们共同生活及行为准则和规范;风尚是指在一定时期内社会上所流行的风气和习惯;社会主义道德风尚是社会主义时期人们生活和行为共同遵守的准则和规范。"其他不良影响",是指商标的文字、图形(或其他构成要素)对我国政治、经济、文化、宗教、民族等社会公共利益和公共秩序产生消极的、负面的影响
商标权的内容与利用	诚信原则。在识别功能的基础上,商标还有质量保障功能。质量保障功能,即消费者有理由认为相同商标的商品质量是一样的,不管其真正的生产者是不是一样的。从这个意义上来看,可以说商标权是商标注册人的权利,但是商标制度保护的不只是商标权人,还要保护相关公众(消费者)的合法权益。因此,商标法确立了诚信原则,申请商标和使用商标要遵守诚实信用原则。商标被许可人应当保证使用该注册商标的商品质量,许可人应当监督被许可人使用其注册商标的商品质量
侵害商标权的法律责任	保护商标专用权的意义。侵害注册商标权的行为在剽窃注册人商品信誉的同时,还损害消费者的利益。通过法律手段打击侵害注册商标权的行为是改善投资环境,营造创新环境的重要举措。保护商标专用权,不仅是树立我国国际信用、营造良好投资环境、扩大国际合作的需要,更是激励国内自主创新、创建自主品牌的需要。对侵犯商标专用权行为的制止与惩罚,是维护公平竞争的市场经济秩序的重要手段,也是市场机制充分发挥作用的重要保障
其他商业标志保护	文化传承与爱国主义。把产品的地域文化和历史原力植入到标志中,标志就获得了文化基因,就拥有了旺盛的生命力,通过商标法的确认和保护,就能在长久的发展历程中,生生不息。地理标识是我国商标权的保护对象,通过认识地理标识、了解地理标识,认识家乡和祖国的美好,培育学生的家国情怀,鼓励学生奋发建设家乡和祖国
与知识产权有关的反不正当竞争的权利保护	职业道德、公平与诚信。侵犯商业秘密,它不仅损害商业秘密权利人的经济利益,而且破坏正常的市场竞争秩序。加强商业秘密的保护,有助于打击扰乱市场秩序的不良行为,也有助于树立公平、诚实、信用的市场经营理念。企业员工应当遵守国家法律,遵守职业道德,讲究社会诚信,恪守义务规定,为营造公平、公正和有序的商业竞争环境,推进经济社会健康发展做出有益的贡献

续表 10-1

教学内容	课程思政元素
知识产权国际条约	"北京精神"。2012年6月,经过多方斡旋、反复磋商、积极协调,154个世界知识产权组织成员国和48个国际组织代表在北京正式签订了《视听表演北京条约》。如今,这一条约在签近8年后正式生效。这既是中国知识产权不断加强国际合作的表现,又能推动中国知识产权国际合作不断深化。《视听表演北京条约》2020年4月28日起正式生效。这是新中国成立以来第一个在我国缔结、以我国城市命名的国际知识产权条约。这份条约的缔结被认为是填补了视听表演领域全面版权保护国际条约的空白,与《新加坡条约》"马德里体系""伯尔尼联盟"等知识产权体系齐名。条约从缔结到如今正式生效更大的意义在于,这既是中国知识产权领域不断加强国际合作的表现,也将推动中国知识产权国际合作不断深化。2012年的外交会议体现出"理解、支持、包容、合作"的"北京精神",这种精神将继续推进国际知识产权合作

参考文献

[1] 习近平在全国高校思想政治工作上强调把思想政治工作贯穿教育教学全过程 开创我国高等教育事业发展新局面[N].人民日报,2016-12-09.

[2] 鄢显俊.论高校"课程思政"的"思政元素"、实践误区及教育评估[J].思想教育研究,2020(2):88-92.

[3] 赵富学,陈蔚,王杰,等."立德树人"视域下体育课程思政建设的五重维度及实践路向研究[J].武汉体育学院学报,2020,54(4):80-86.

[4] 谭晓爽.课程思政的价值内涵与实践路径探析[J].思想政治工作研究,2018(4):44-45.

[5] 陆道坤.论课程思政的教学设计与实施[J].思想理论教育,2020(10):16-22.

[6] 王学俭,石岩.新时代课程思政的内涵、特点、难点及应对策略[J].新疆师范大学学报(哲学社会科学版),2020,41(2):50-58.

[7] 吴汉东.知识产权法的制度创新本质与知识创新目标[J].法学研究,2014,36(3):95-108.

[8] 郭守明.科技创新与宪法的基础保障[J].传承,2015(3):94-95.

[9] 吴汉东.新时代知识产权强国建设使命艰巨[N].中国知识产权报,2020-12-14(9).

11 论"混合所有制"改革背景下党组织参与国有企业公司治理的定位、路径和法律责任
——从课程思政的角度切入

孙清白[①]

摘　要：国有企业"混合所有制"改革离不开党的领导。当前，我国国有企业均存在不同程度的党组织领导弱化、党组织参与公司治理缺位等问题。国有企业党组织参与公司治理本质上是由中国共产党作为执政党的领导地位决定的。在国有企业"混合所有制"改革背景下，党组织对于国有企业公司治理应遵循"合理参与"原则，《中华人民共和国公司法》或者未来的国有企业专门立法应当明确国有企业党组织是法定公司治理机关，国有企业党组织有权参与国有企业重大决策、重要人事决定并对国有企业进行全面监督。

关键词：混合所有制；国有企业；党的领导；公司治理

商法学是高校法学专业教育的核心课程之一，也是法学教育课程思政的重要阵地。在商法学课程教育中，要结合商法学的教学规律，深度挖掘商法课程中所蕴含的思想价值和精神内涵，将爱国主义、国情世情党情民情、社会主义核心价值观以及传统商事法律文化等融入思政教育，提高立德树人的成效。[②] "党政军民学，东西南北中，党是领导一切的"，中国共产党是社会主义建设事业的领导核心。在商法学教学中，深化学生对党领导社会主义经济建设、完善商事法律制度建设是商法学课程思政的重要内容。本文即以国有企业混合所有制改革中党组织参与公司治理为例，探讨商法学课程思政中如何让学生准确理解和把握党对国有企业的领导问题。国有企业是我国社会主义公有制经济最重要的载体，是中国共产党执政和国家事业发展的重要物质基础和政治基础。根据财政部发布的数据，

---

① 孙清白，南京航空航天大学人文与社会科学学院法律系讲师、硕士生导师，法学博士，专攻方向为商法学、互联网与信息法学。
② 汪开明，程建华.高校法学专业商法课课程思政教育探析[J].高教学刊，2022(6)：184-187,192.

2021年全国国有企业(不含国有金融类企业)营业总收入755543.6亿元,同比增长18.5%,占当年国内生产总值的66%(114.4万亿元)。可见,在如今市场经济环境下,国有企业对我国国民经济的贡献仍处于不可争辩的主导地位。当前我国经济体制改革已进入深水期和攻坚期,国有企业改革作为经济体制改革的重中之重也到了攻坚克难的关键时期。中共十八届三中全会和中共中央、国务院《关于深化国有企业改革的指导意见》提出要推进国有企业混合所有制改革。国有企业改革离不开党的领导,截至2018年底,公有制企业党组织覆盖率为90.9%[①],在对国有企业进行混合所有制改革的过程中,作为执政党的中国共产党必须全面参与到国有企业的改革进程中,国有企业党组织能否充分发挥领导作用,将直接决定国有企业混合所有制改革的成败。

从2015年以来中央和地方对国有企业的专项巡视来看,国有企业均存在不同程度的党组织领导弱化,尤其是党组织参与公司治理缺位的问题。在新时代国有企业混合所有制改革的大背景下,参与混合所有制改革的国有企业将面临股东来源多元化、利益诉求多样化、管理层结构复杂化等新挑战,党组织参与国有企业公司治理必须制度化,才能从根本上解决党组织参与国有企业公司治理缺位的问题。由于长期以来党组织参与公司治理一直缺乏明确法律依据,尽管有人认为习近平总书记的讲话是对长期以来党组织实质主导或参与国有企业治理的一种法治化反思和合法性承认[②],但党组织参与公司治理的法律依据最终还是应当落实到《中华人民共和国公司法》(以下简称《公司法》)的规定上,明确党组织参与公司治理的主体资格以及参与治理的方式。[③] 因此,在国有企业混合所有制改革的大背景下,国有企业党组织如何依法依规参与国有企业公司治理,巩固党对国有企业的全面领导,是一个值得深入研究的问题。

一、党组织参与国有企业公司治理的现实必要性

现代公司治理体系已基本形成以股东会、董事会、经理层为代表的治理架构,大陆法系国家公司治理架构中还包括监事会(监事)。环顾当今世界,很少有执政党直接参与公司治理的实践。这也是一直以来不断有人质疑中国共产党参与公

[①] 中国共产党最新党内统计数据发布[EB/OL].(2019-07-01)[2022-09-15]. https://baijiahao.baidu.com/s?id=1637818647050976554&wfr=spider&for=pc.

[②] 王贵.党组织内嵌国有企业治理的法治逻辑:理据与进路[J].天府新论,2018(1):102-114.

[③] 李东方,李崇军.党委会参与公司治理的法律分析:以国有控股上市公司为研究对象[J].经济法论坛,2011,8(1):73-84.

司治理必要性和合理性的重要理由,毕竟,外国企业(尤其是以欧美为代表的发达国家的国有企业)不直接受到执政党的领导,同样可以经营得很好。再者,从委托代理理论来看,国有企业党组织并非国有企业经营管理的直接受托人,似乎也不应直接参与到国有企业治理过程中。然而我国的实践却是,在国有企业经历了从全民所有制的传统企业模式向现代公司的转化的过程中,国有企业党组织在国有企业的治理中一直发挥着重要作用。依据《公司法》设立的国有企业需要建立以股东会、董事会、监事会为代表的现代企业治理结构,但《公司法》并没有揭示党组织参与公司治理的方式和路径。[①] 一些党内法规、规范性文件如《中国共产党章程(2017年版)》《关于中央企业党委在现代企业制度下充分发挥政治核心作用的意见》(中办发〔2013〕5号)等明确了新时代党组织对国有企业治理的参与,这为当前国有企业党组织参与公司治理提供了一定的制度依据。不过,仅仅通过党内法规寻求党组织参与国有企业公司治理的制度依据还是远远不够的,在全面依法治国,推进国有企业治理现代化的大环境下,必须从法律制度建构的角度,对党组织参与国有企业公司治理进行全面的规范,确保党的领导在国有企业治理层面得到切实、有效的实现。在展开我国国有企业党组织如何参与公司治理的讨论前,有必要先明确党组织为何必须参与到国有企业的公司治理中。

在我国,作为执政党的中国共产党是领导一切的力量,是工人阶级的先锋队,是最广大人民根本利益的代表。从国体角度而言,我国实行的是工人阶级领导的、以工农联盟为基础的人民民主专政。国有企业容纳了大量工人,也是工人阶级最能发挥主动性、创造性和先进性的平台,让工人阶级的代表参与国有企业治理,是工人阶级当家作主的应有体现。从经济制度角度而言,我国当前实行的是以公有制为主体,多种所有制经济共同发展的基本经济制度。作为公有制经济最重要的承载主体,国有企业可谓社会主义制度的经济基石。依据宪法,我国全体人民是国有企业中国有资产的所有者,是国有企业中国有股份的终极股东。然而由于全体人民不可能直接行使股东权利,故只能委托国家代为行使,再由国家委托国有资产经营管理机构具体承担国有企业的出资人职责,国有企业内部还需要通过出资人委派或者选任等方式产生管理层。可见,在国有企业设立、经营的整个架构中,存在多重委托代理关系,"所有权"和"经营权"相分离所带来的困扰同

---

① 有学者认为《中华人民共和国公司法》第十九条所谓的"党的活动",是指思想政治工作、生产经营工作以及参与公司重大决策(参见:李东方,李崇军.党委会参与公司治理的法律分析:以国有控股上市公司为研究对象[J].经济法论坛,2011,8(1):73-84),但通说观点认为《中华人民共和国公司法》第十九条并不是党组织参与国有企业治理的直接依据。

样会出现在国有企业中。要避免或者减少国有企业经营管理中可能存在的内部人控制、国有资产流失等问题,作为最广大人民根本利益的代表,由党组织参与国有企业治理,可以更好地维护全体人民的权益,实现对国有企业管理层的有效监督,因而党组织参与国有企业治理就是党对国有企业的领导的微观安排,也是国有企业治理的最大特色。从党对国有企业的领导来看,党是国有企业的领导核心,党对国有企业的领导是政治领导、思想领导、组织领导的有机统一,党对国有企业的领导要"把方向、管大局、保落实",协调好和其他治理主体的关系,形成各司其职、各负其责、协调运转、有效制衡的公司治理机制。要实现前述这些目的,最恰当地方式必然是让党组织成为法定公司治理主体,直接参与到公司治理中。

二、党组织在国有企业公司治理中的定位:合理参与原则

改革开放四十多年来,国有企业改革的一个重要内容是解决国有企业"党政不分""政企不分"的问题。随着改革的深入和西方企业治理理论的引入,国有企业"党政不分""政企不分"的问题得到一定程度的解决,但部分国有企业党组织的领导职能却也在改革中被弱化。从2015年中央第一轮国有企业专项巡视开始,"管党治党不严"越来越多地出现在各巡视组的反馈意见中,不落实全面从严治党要求,党的观念淡漠、党的领导弱化、重业务轻党建等问题,在国有企业比较普遍,党组织参与公司治理形式化。[①] 另一方面,在有些国有企业中,党组织则和董事会、经理为代表的经营班子存在很大程度上的职权交叉,或者完全充当监督机构,与监事会的职责高度重合。显然,这两种情况都不应当是国有企业党组织参与公司治理的应然状态,党组织参与国有企业公司治理应当有所为,有所不为。

习近平总书记在2016年全国国有企业党的建设工作会议上指出,中国特色现代国有企业制度,"特"就特在把党的领导融入公司治理各环节,把企业党组织内嵌到公司治理结构之中,在决策程序上把党组织研究讨论作为"前置程序"。"混改"后的国有企业,股东架构中既有国有资本股东,也有非国有资本股东;同样,董事会和监事会中的成员中既有国有资本股东利益的代表,也有非国有资本股东利益的代表。从国有企业治理的发展规律来看,治理主体的多元化、企业经营管理活动相对民主化将是新时代混合所有制改革背景下国有企业治理的主要特征。党组织尽管仍要发挥领导作用,但必然需要照顾到非国有资本股东的利

[①] 王晓易.中央巡视组巡视55家国企50家有问题 腐败风险大[EB/OL].[2018-06-05]. http://money.163.com/15/1206/21/BA6BC9UE00251OB6.html.

益,让非国有资本股东以及代表非国有资本股东利益的董事、监事能够表达诉求,在公司治理中发出自己的"声音"。申言之,党组织对于国有企业公司治理应遵循"合理参与"原则,既要正确处理现代企业制度要求与党组织领导作用的关系,又要正确处理党组织领导作用与尊重股东会、董事会、监事会自主决策的关系,特别是避免两种情况的出现:一是党组织只搞党建,不参与公司治理;二是党组织的意见或决策完全取代股东会、董事会和监事会的决议,党组织成为国有企业事实上唯一的决策机关。国有企业党组织对于公司治理的参与不是机械地分配本属于股东会、董事会和监事会的职权,而是要深度介入公司治理的各个环节,党组织的意见能够对股东会、董事会和监事会的决策产生实质性影响。[①] 要让国有企业党组织的意见能够产生实质性影响,不能将党组织定位为与股东会、董事会和监事会地位平等的公司治理机关,而要根据党领导一切的原则将党组织定位为高于股东会、董事会和监事会的法定公司治理机关。当然,尽管党组织的地位高于股东会、董事会和监事会,党组织仍应充分尊重股东会、董事会和监事会的职权,不能干涉股东会、董事会和监事会的独立决策。

三、党组织参与国有企业公司治理的路径

在市场经济条件下,党对国有企业的领导一直存在政治优先还是经济优先的问题。[②] 在经济优先逻辑下,国有企业首先是一个市场经营主体,而直接的经营管理工作都是由国有企业的经营管理层而非党组织承担,因而经济优先逻辑下党组织参与国有企业治理必然会被弱化。[③] 尽管我们要适当修正经济优先的逻辑,强化党组织对国有企业公司治理的参与,但这并不意味着党组织需要事必躬亲。党组织过度介入公司治理不仅会破坏我们基于现代公司理论所搭建起的公司治理结构,也会挫伤非国有资本股东参与国有企业"混合所有制"改革的积极性,甚而在国有企业完成"混合所有制"改革后,引发非国有资本股东对国有企业公司治理的不满,影响混合所有制改革的实施效果。因此,无论从理论层面还是实际操作层面来看,党组织都不必直接参与到国有企业的具体经营管理事务中,而应当

---

① 实质性影响是指股东会、董事会和监事会在做出决策前必须充分重视和尊重党组织的意见,如因违背党组织的意见做出决策并导致公司、股东利益甚至国家利益受到重大损失,有关人员应当承担相应法律责任。

② 政治优先,即国有企业把完成国家交代的政治任务放在优先地位;经济优先,即国有企业把提高经济效益放在优先地位。

③ 龚睿.政党权力视阈下的国企党建生成逻辑与路径转型[J].理论与改革,2017(6):148-157.

是"把方向、管大局",党组织作为国有企业领导"核心"与董事会作为公司治理的"中心"之间不应产生冲突。① 党组织参与国有企业公司治理,核心在于处理好与股东会、董事会、监事会之间的关系及各自的职责分工。笔者认为,党组织参与国有企业治理,主要体现在三个方面:一是参与以"三重一大"为代表的重大决策,二是参与重要人事决定,三是对国有企业的全面监督。

(一) 参与重大决策

党作为国有企业的领导核心,在国有企业的重大决策中显然不能缺席。不过,从中央到地方的相当一部分国有企业党组织参与重大决策的职能似乎正在弱化。2015年,中央巡视组对55家国有重要骨干企业进行巡视。从巡视组的反馈看,有31家企业"三重一大"存在决策制度流于形式、执行不严格或违规决策现象,占比高达56%,造成国有资产重大损失。② 从2015年到2022年地方一级的巡视来看,北京、浙江、安徽、甘肃等省部分国有企业同样存在企业党组织参与重大决策弱化的问题。如北京外企服务集团有限责任公司"二级企业普遍存在决策随意、甚至违规决策问题",北京演艺集团有限责任公司"'三重一大'"制度不完善,执行不严格;③浙江省交通投资集团"决策随意,监管不力,造成国有资产巨大损失",浙江机场集团"执行民主集中制不够严格、'三重一大'决策不规范",浙江金融控股有限责任公司推动党的领导融入公司治理结构存在短板、履行国有金融资本出资人职责不够有为;④安徽国贸集团公司存在"重大投资监管缺失";⑤甘肃建设投资集团总公司"基层单位执行民主集中制和落实'三重一大'不严格",甘肃银行股份有限公司"执行层、经营层职责不清晰,企业'三重一大'决策机制不健

---

① 李建伟.国有企业特殊法制在现代公司法制中的生成与安放[J].中南大学学报(社会科学版),2017,23(3):41-48.
② 王晓易.中央巡视组巡视55家国企50家有问题 腐败风险大[EB/OL].[2018-06-05]. http://money.163.com/15/1206/21/BA6BC9UE00251OB6.html.
③ 姜萍萍,常雪梅.北京市通报12家国企巡视反馈问题[EB/OL].(2015-11-25)[2018-07-02]. http://fanfu.people.com.cn/n/2015/1125/c64371-27853006.html.
④ 方力.省委巡视组向4家省属国有企业反馈专项巡视情况[EB/OL].(2016-03-07)[2018-07-02]. http://zjnews.zjol.com.cn/system/2016/03/07/021054004.shtml.戴睿云.省委巡视组向省国有资本运营有限公司党委等8个单位党组织反馈巡视情况[EB/OL].(2022-01-11)[2022-09-15]. https://baijiahao.baidu.com/s?id=1721648180711617174&wfr=spider&for=pc.
⑤ 徐文兵,常国水.省委第七巡视组向安徽国贸集团公司党委反馈"机动式"巡视情况[EB/OL].(2018-06-19)[2018-07-02]. http://ah.people.com.cn/n2/2018/0619/c383768-31719747.html.

全"。① 由此可见,国有企业党组织参与公司重大决策缺失危害极大,有的甚至已造成国有资产巨大损失等严重问题。因此,强化党组织对国有企业重大决策的参与迫在眉睫。

中共中央组织部、国务院国资委《关于加强和改进中央企业党建工作的意见》和中共中央办公厅、国务院办公厅《关于进一步推进国有企业贯彻落实"三重一大"决策制度的意见》等文件列举了包括"三重一大"在内的需要党组织参与决策的重大事项。对于这些已有明确规定的事项,必然需要纳入党组织参与国有企业重大决策的范围。除通过统一的法律规制(含党内法规)对党组织参与国有企业重大决策进行全面规制外,还应当赋予国有企业公司章程对党组织参与国有企业重大决策以一定的自治空间,毕竟统一的法律规制难以适应企业的个性化需要,通过公司章程设置自律性规范的方式可以更灵活地应对不同企业特殊的治理环境。根据学者的研究,目前至少在国有上市公司领域,公司章程中涉及党组织参与公司治理的内容基本流于形式,部分公司章程直接援引《公司法》第十九条和《中国共产党章程》第三十三条第二款的相关条文,除此以外并无其他内容。在对公司党委职权进行集中规定的公司章程中,有的章程内容几乎一致,没有针对所在行业、本企业的状况体现出自身的特点。② 这说明目前公司章程在党组织参与国有企业治理中并未发挥重要作用。那么,公司章程可以怎样体现党组织对国有企业重大决策的参与？显然,法律法规(包括党内法规)做出强制性规定的内容公司章程自无自治空间,可由公司章程自行规定的主要是就法律法规未予明确或需要公司结合自身实际做出规定的内容,如公司章程可以结合本企业所处行业或自身特点规定其他应当由党组织参与的重大决策。

在明确党组织参与国有企业重大决策的范围后,还应当考虑党组织参与国有企业重大决策的方式。习近平总书记在全国国企党建工作会议上指出,国有企业重大经营决策事项要明确党组织研究讨论是董事会、经理层决策重大问题的前置程序。在实践中,在国有企业股东会、董事会、监事会对重大事项做出决策前,通常党组织就要事先进行研究讨论并得出一致意见,股东会、董事会、监事会在决策时需要慎重考虑党委会的意见,有些重大事项还要召开党政联席会议。但这种实践并未形成制度化,党组织的意见对股东会、董事会的决策有何影响也缺乏明确

---

① 吕宝林.省委巡视组向三家省属国有企业反馈巡视情况[EB/OL].(2015 - 08 - 15)[2018 - 07 - 02]. http://www.gansu.gov.cn/art/2015/8/15/art_36_246926.html.
② 蒋建湘,李依伦.论公司章程在党组织参与国企治理中的作用[J].中南大学学报(社会科学版),2017,23(3):34 - 40.

法律依据。未来《公司法》修改时,应当明确国有企业重大决策做出前,先经党委讨论形成组织意见,在董事长、总经理与党委书记分设的情况下[①],董事长、总经理应与党委书记充分沟通,召开党政联席会议对该事项集体研究,向董事长、总经理等行政班子主要负责人传达党组织对该决策事项的意见;决策时,进入董事会、经理层的以及作为股东代表的党组织成员要认真履行职责,充分表达党组织的意见和建议,使党组织的意图得到尊重和体现,具备党员身份的股东代表、董事会成员应发表与党组织研究决定一致的意见,并促使党组织的意见尽可能成为股东会、董事会决议;决策后,党组织保证各项决策顺利实施。如发现"三会"做出的决策或在决策实施过程中不符合党和国家方针政策、存在重大经营风险或可能损害国家利益、社会公众利益等时,要及时提出意见;如得不到纠正,应向上级党委报告。[②] 如股东会、董事会、监事会决策时存在轻微违法的(如程序瑕疵),党组织应当及时提出纠正意见;如股东会、董事会、监事会决策时存在严重违法或违背党中央决策部署、国家大政方针和基本路线的,党组织应当及时阻止决策的实施,可能涉及相关处罚的还应向主管机关通报。

(二) 参与重要人事决定

党对国有企业领导的一个重要方面是组织领导,在人事安排方面主要体现为"双向进入、交叉任职"。早在《中共中央关于进一步加强和改进国有企业党的建设工作的通知》(中发〔1997〕4号)中,"双向进入、交叉任职"的精神即有所体现。在《中共中央组织部、国务院国资委党委关于加强和改进中央企业党建工作的意见》(中办发〔2004〕31号)第一次提到"双向进入、交叉任职"这一概念。中共中央、国务院《关于深化国有企业改革的指导意见》则全面完善了对"双向进入、交叉任职"的要求,即符合条件的党组织领导班子成员可以通过法定程序进入董事会、监事会、经理层,董事会、监事会、经理层成员中符合条件的党员可以依照有关规定和程序进入党组织领导班子;经理层成员与党组织领导班子成员适度交叉任职;董事长、总经理原则上分设,党组织书记、董事长一般由一人担任。实践中,在依据《公司法》选任国有企业主要领导人员之前,上级党组织要先确定相应人选。走完党组织的任命程序后,再依《公司法》及公司章程的规定完成任免程序。以设股东会、董事会和监事会的国有企业为例,要通过召开股东会、董事会、监事会的

---

① 包括监事会主席与纪委书记分设的情形,此处省略讨论。
② 刘大洪,许丹琳.党组织参与国企公司治理的路径与法律保障研究:以国企分类改革为视角[J].中南大学学报(社会科学版),2017,23(5):31-38.

方式选举或聘任由组织任命的主要领导人员。目前这套实践做法存在的问题是,先由上级党组织任命国有企业主要领导人员,再依据《公司法》及公司章程的规定完成选任程序似有"架空《公司法》"之嫌。因而,建议实践中上级党组织再对国有企业主要领导人员进行人事安排、发布决定时一律使用"提名"一词,用词上的变化并不会对国有企业主要领导人员的任免产生实质性的影响,但能够彰显出对《公司法》的尊重。

由以上分析可见,国有企业党组织本身并不能决定本企业主要领导人员的任免,国有企业党组织参与重要人事决定应当如何实现?其一,国有企业党组织参与国有企业的重大人事决定,主要是对国有企业的主要领导人员进行政治上、思想上的考察,向上级党组织推荐相关人选,党组织对本企业主要领导人员只有推荐权而没有提名权。对于上级党组织拟任命的本企业主要领导人员,党组织可以提出相关意见。其二,对于国有企业其他领导人员,在由经营班子选聘前,应当征求党组织意见,党组织在对经营班子提供的人选进行政治上、思想上的考察并认为符合要求后,才能进入正式的选聘程序;经党组织考核不合格的,党组织对该人选拥有一票否决权。其三,国有企业党组织参与重要人事决定的突出表现是任免下属企业的主要领导人员。同国资委、其他政府组成部门或其委托单位直接出资的国有企业不同,国有企业下属企业的主要出资主体是上级国有企业,从国有企业主要领导人员的任免规律来看,国有企业党组织对于本企业主要领导人员并无任免权,通常由上级国有企业党组织任命(但也有特殊情形,此处不讨论)。如此,国有企业党组织任免下属国有企业主要领导人员也是参与重要人事决定的重要组成。

(三)全面监督国有企业

国有企业党组织需要"把方向、管大局、保落实",参与重大决策是为了直接管控国有企业的经营,参与重要人事决定则是将国有企业主要领导人员的任免权牢牢掌握在党组织手中,间接实现对国有企业控制。而要确保国有企业能够坚定贯彻党的方针政策、国家宏观战略,完成国家交给的生产经营任务,则离不开党组织对国有企业的全面监督。国有企业党组织在履行监督职责方面,需要承担起主体责任。

从公司治理角度而言,国有企业党组织的监督职责需要与监事会的监督职权相区分。党组织需要承担起党内监督职责自不待言,唯在于党内监督之外,国有企业党组织是否还有权进行更多的监督?依据《公司法》,监事会的监督职权主要在于:检查公司财务;对董事、高级管理人员执行公司职务的行为进行监督,对违反法律、行政法规、公司章程或者股东会决议的董事、高级管理人员提出罢免的建议;当董事、高级管理人员的行为损害公司的利益时,要求董事、高级管理人员予以纠正;当董事、高级管理人员的行为损害公司或股东利益,对董事、高级管理人员提起诉讼或代表公司提起诉讼。由此可见,监事会的监督对象主要是董事和高级管理人员,是对董事和高级管理人员是否勤勉、忠实,是否存在违反法律、法规和公司章程的行为的监督。而对于公司、董事、高级管理人员的行为是否坚定贯彻党的方针政策、国家宏观战略等则不在其监督的范围内。再如,国有企业大多需要承担国家分配的一些生产经营任务,如果国有企业、国有企业的主要领导人员消极对待这些任务,通常也不涉及违法违规,监事自无明确依据进行监督。此外,诸如国有企业员工民主权利和劳动权益保障等,均不在监事会监督的范围内。党组织作为国有企业的领导核心,理应承担起监事会无权监督的事项。因而,国有企业党组织的监督是全方位的监督,不仅要对对以董事会、监事会为代表的经营班子的行为进行监督,还要对国有企业贯彻落实执行国家方针政策情况、企业经营任务的完成情况、企业职工民主权利和合法权益的保障情况等。当然,《公司法》已明确授权监事会的监督职权(如授权监事提起代表诉讼),党组织则不必代为行使,但当监事会怠于行使监督职权时,党组织有权督促监事会行使相应职权。对于党组织行使监督职责过程中发现的问题,应当分别情况予以处理:属于处理权限范围内的,应要求相关主体停止、改正或给予相应处分、处罚;不在处理权限范围内的,则提请上级党党组织处理或移交有关部门处理。

四、党组织参与公司治理的法律责任

依据公司法基本理论和现行《公司法》的相关规定,公司治理参与各方如滥用权利、违规决策或违反相应义务给公司造成损失的,需要承担相应责任。如《公司法》第二十条规定,股东不得滥用股东权利损害公司或者其他股东的利益。第一百一十二条规定,董事会的决议违反法律、行政法规或者公司章程、股东大会决议,致使公司遭受严重损失的,参与决议的董事对公司负赔偿责任。在明确党组织作为法定公司治理机关后,也需要考察党组织行为不当,尤其是党组织滥用权利、违规决策所产生的相应责任。一直有观点质疑党组织承担责任的能力,盖因党组织没有责任财产(虽然国有企业党员都要缴纳党费,但党费由党委组织部门

代党委统一管理,党费只能用于党的活动①),无法实际承担相应的责任。不过,根据《公司法》的前述规定,公司治理参与各方滥用权利、违规决策或违反相应义务给公司造成损失的,皆是由个人自行承担相应责任,而不是由公司治理机关承担赔偿责任。类推可知,在由党组织作为法定公司治理机关的前提下,党组织成员滥用权利、违规决策给公司、股东利益造成损失的,也应由其个人承担相应责任。因而由于党组织没有责任财产而质疑党组织作为法定公司治理机关的观点是不成立的。

  党组织参与公司治理的责任方面也面临一些特殊问题。依据《公司法》,董事会是公司的日常经营管理决策机关,经理则具体负责执行董事会的决策,监事会则履行监督职责。鉴于国有企业党组织参与公司治理的最重要方式是参与重大决策,在董事会、监事会或高级管理人员和党组织成员存在身份上重合的情况下,特别是当党组织的意见与作为董事、监事、高级管理人员的独立商业判断不一致时,必须考虑党组织成员违反党组织意见投票的法律后果。由于党组织决策实行的是"少数服从多数",党组织成员必须无条件服从党组织意见,理论上应当按照党组织的意见在董事会、监事会上投票。但依据《公司法》,董事必须独立做出决策,并对董事会的决议承担责任,董事会决议给公司造成损失的,参与决策的董事需要对公司承担赔偿责任,除非经证明在表决时曾表明异议并记载于会议记录的,该董事可以免除责任。监事、高级管理人员同样应当独立做出决策。由此引发的问题是如果党组织形成的意见与党组织成员作为董事、监事、高级管理人员的独立商业判断不一致,具有党组织成员身份的董事、监事,能否违背党组织的意见,在董事会、监事会上投出违反党委会意见的一票?具有党组织成员身份的高级管理人员,能否违背党组织的意见,做出与党组织意见相左的决策?这必须要回到国有企业党组织参与公司治理的目的上来分析。党组织参与国有企业公司治理,本质上由党的领导地位、党作为工人阶级先锋队和最广大人民根本利益的代表决定的,同时也是确保国有企业的经营符合党和国家方针政策、贯彻的必要之举。因此,如果党组织形成的意见与党组织成员作为董事、监事、高级管理人员的独立商业判断不一致,具有党组织成员身份的董事、监事,违背党组织的意见,在董事会、监事会上投出违反党委会意见的一票,或者具有党组织成员身份的高级管理人员,违背党组织的意见,做出与党组织意见相左的决策,只要事后证明该表决或决策是正确的,是符合国有企业根本利益的就不应当受到追责。即,在贯

---

① 参见中央组织部 2008 年 2 月 4 日印发的《关于中国共产党党费收缴、使用和管理的规定》。

彻国有企业党组织意见和坚持真理、维护国有企业根本利益发生冲突时,应当以后者为先。当然,对于自认为党组织意见是"错误的",以个人意志代替党组织意见,在董事会、监事会上投出违反党委会意见的一票,或做出与党组织意见相左决策的党组织成员,不仅应当受到党纪处罚,还应当依据《公司法》承担作为董事、监事、高级管理人员错误决策给国有企业造成损失的责任。

五、结语

党组织参与国有企业治理必须要通过修改《公司法》及相关法律,明确党组织在国有企业公司治理中的法定地位的方式实现。考虑到作为国有企业改革的顶层设计,《深化国有企业改革的指导意见》确立了国有企业分类改革的部署,商业类国有企业和公益类国有企业在营利性和公益性方面存在巨大差异。公益类国有企业由于以保障民生、服务社会、提供公共产品和服务为主要目标,需要承担更多的社会责任。商业类国有企业则按照市场化要求实行商业化运作,以增强国有经济活力、放大国有资本功能、实现国有资产保值增值为主要目标。对国有企业进行分别立法势在必行,商业类国有企业宜继续适用《公司法》,对于公益类国有企业有必要出台专门的《国有公益企业法》。在分别立法的基础上,国有企业党组织参与商业类国有企业和公益类国有企业治理也应有所差别,主要应体现在对商业类国有企业治理的参与应更多地体现"经济逻辑",而对公益类国有企业治理的参与则需更多的体现"政治逻辑"。最后,无论对于商业类国有企业还是公益类国有企业,在引入非国有资本股东的情况下,党组织在参与公司治理过程中都需要尊重民营资本股东以及代表民营资本股东利益的董事、监事、高级管理人员的意见,在《公司法》及相关法规、公司章程的指引下开展有序的公司治理活动,打造良好的公司治理环境。

参考文献

[1] 中国共产党最新党内统计数据发布[EB/OL]. (2019 - 07 - 01) [2022 - 09 - 15]. https://baijiahao.baidu.com/s?id=1637818647050976554&wfr=spider&for=pc.

[2] 王贵.党组织内嵌国有企业治理的法治逻辑:理据与进路[J].天府新论,2018(1):102 - 114.

[3] 李东方,李崇军.党委会参与公司治理的法律分析:以国有控股上市公司为研究对象[J].经济法论坛,2011,8(1):73 - 84.

[4] 王晓易.中央巡视组巡视55家国企50家有问题 腐败风险大[EB/OL].[2018-06-05].http://money.163.com/15/1206/21/BA6BC9UE00251OB6.html.

[5] 龚睿.政党权力视阈下的国企党建生成逻辑与路径转型[J].理论与改革,2017(6):148-157.

[6] 李建伟.国有企业特殊法制在现代公司法制中的生成与安放[J].中南大学学报(社会科学版),2017,23(3):41-48.

[7] 姜萍萍,常雪梅.北京市通报12家国企巡视反馈问题[EB/OL].(2015-11-25)[2018-07-02].http://fanfu.people.com.cn/n/2015/1125/c64371-27853006.html.

[8] 方力.省委巡视组向4家省属国有企业反馈专项巡视情况[EB/OL].(2016-03-07)[2018-07-02].http://zjnews.zjol.com.cn/system/2016/03/07/021054004.shtml.

[9] 戴睿云.省委巡视组向省国有资本运营有限公司党委等8个单位党组织反馈巡视情况[EB/OL].(2022-01-11)[2022-09-15].https://baijiahao.baidu.com/s?id=1721648180711617174&wfr=spider&for=pc.

[10] 徐文兵,常国水.省委第七巡视组向安徽国贸集团公司党委反馈"机动式"巡视情况[EB/OL].(2018-06-19)[2018-07-02].http://ah.people.com.cn/n2/2018/0619/c383768-31719747.html.

[11] 吕宝林.省委巡视组向三家省属国有企业反馈巡视情况[EB/OL].(2015-08-15)[2018-07-02].http://www.gansu.gov.cn/art/2015/8/15/art_36_246926.html.

[12] 蒋建湘,李依伦.论公司章程在党组织参与国企治理中的作用[J].中南大学学报(社会科学版),2017,23(3):34-40.

[13] 刘大洪,许丹琳.党组织参与国企公司治理的路径与法律保障研究:以国企分类改革为视角[J].中南大学学报(社会科学版),2017,23(5):31-38.

第三部分

国际法学课程思政的尝试

12 以课程思政促进国际私法教学改革的策略探析

于 焕[①]

摘　要：国际私法是规范和保障涉外民商事交往有序开展的重要法律部门，是法学本科专业培养计划中的必修课程之一。受学生对国际私法课程重视程度不高，国际私法理论性强、术语晦涩、课程内容庞杂但课时有限等因素的影响，需要对国际私法课程进行教学改革才能实现课程的教学目标，助力国家培养高质量涉外法律人才。课程思政元素的有机融入能够成为国际私法教学改革的突破口。可以通过国家政策、价值理念和维护国家利益的精神追求等元素引导学生重视国际私法课程的学习，激发学生的学习热情从而实现教学目标。

关键词：国际私法；课程思政；教学改革；涉外法律人才培养

一、国际私法课程的教学目标

高等法学教育的任务在于培养高素质的法律专业人才[②]。国际私法课程是法学本科生培养计划中 16 门核心课程之一，是法律专业人才培养的重要一环。学生通过国际私法课程的学习，能够掌握国际私法的基础知识，具备运用国际私法解决相关法律问题的能力即是国际私法课程教学的初级目标。

随着全球化程度不断加深，大量国际民商事交往推动了国际社会的不断发展。自改革开放以来，我国已经发展成为世界第二大经济体，在国家政策激励下，涉外民商事交往成为我国对外交往的重要内容。为更好地服务于国家发展，在人才培养方面 2010 年国务院发布的《国家中长期教育改革和发展规划纲要（2010—2020）》指出："适应国家经济社会对外开放的要求，培养大批具有国际视野、通晓

[①] 于焕，南京航空航天大学人文与社会科学学院法律系讲师，德国吕讷堡大学法学博士，研究方向为外层空间法、航空法、国际法。本文系南京航空航天大学人文与社会科学学院 2021 年示范性课程思政建设项目（2021KCSZ06）的阶段性成果。

[②] 黄进.关于国际私法教学的几点思考[J].武大国际法评论,2003(1):311-316.

国际规则、能够参与国际事务和国际竞争的国际化人才。"①2014年党的十八届四中全会通过的《中共中央关于全面推进依法治国若干重大问题的决定》提出"建设通晓国际法律规则、善于处理涉外法律事务的涉外法治人才队伍"②。2020年习近平主席在中央全面依法治国工作会议上指出,涉外法治建设是当前我国全面依法治国的重要组成部分③。而涉外法律人才的培养则是我国实现涉外法治建设的核心内容和基础,对提高我国参与全球治理的水平和服务"一带一路"建设等具有十分重要的意义④。人才的培养离不开教育,因此培养涉外法律人才是我国当前法学教育的重要任务,而加强国际法教育是建设涉外法律人才队伍的关键,应当在以马克思主义法学思想和中国特色社会主义法治理论为指导的基础上,加强国际法学基础理论教育⑤。

国际私法是调整国际民商事关系的基础性法律,作为国际法体系中的独立法律部门,有着悠久的历史,在规范和保障国际民商事交往秩序方面发挥着重要作用⑥。在涉外法律人才的培养中,国际私法是基础性的学科,是培养学术型和应用型高端涉外法律人才不可或缺的知识环节⑦。精通国际私法的涉外法律人才的培养是关系到我国运用国际私法维护国家利益⑧、规范对外民商事交往、积极参与全球治理、构建人类命运共同体的重大战略性工程⑨。因此,通过国际私法课程教学培养专业性强的国际私法人才,为国家储备涉外法律专业人才力量则是国际私法课程教学应当达成的高级目标。

---

① 更多详细内容参见中国政府网:国家中长期教育改革和发展规范纲要(2010—2020)[EB/OL]. (2010-07-29)[2022-09-06]. http://www.gov.cn/jrzg/2010-07/29/content_1667143.htm.
② 更多详细内容参见央广网:中共中央关于全面推进依法治国若干重大问题的决定[EB/OL]. (2014-10-29)[2022-09-06]. http://finance.cnr.cn/gundong/201410/t20141029_516682137.shtml.
③ 习近平在中央全面依法治国工作会议上强调 坚定不移走中国特色社会主义法治道路 为全面建设社会主义现代化国家提供有力法治保障[N].人民日报,2020-11-18.
④ 刘晓红.加强涉外法治人才培养[N].法治日报,2021-01-20(9).
⑤ 黄进,鲁洋.习近平法治思想的国际法治意涵[J].政法论坛,2021,39(3):3-13.
⑥ 谭晓杰.人类命运共同体构建下国际私法使命的重新解读[J].时代法学,2022,20(4):90-98.
⑦ 何其生.国际私法秩序与国际私法的基础性价值[J].清华法学,2018,12(1):31-50.
⑧ 莫纪宏,徐梓文.善于运用法律武器维护国家利益加强涉外法治体系建设[EB/OL]. (2021-01-11)[2022-09-06]. http://www.npc.gov.cn/npc/c30834/202101/2e4dafe2a53342609191ab522b88dfc2.shtml.
⑨ 刘仁山.践行法治、坚守梦想,为新时代中国国际私法事业而努力奋斗[M]//黄进,肖永平,刘仁山.中国国际私法与比较法年刊(2020·第二十七卷).北京:法律出版社,2021:350-357.

二、国际私法课程的教学难点

当前,国际私法课程教学的实际效果与教学目标的实现之间存在着一定差距,究其原因,主要是学生对国际私法课程缺乏重视、国际私法学科的自身特点以及国际私法课程在法学本科教育中逐渐式微等多重因素所致。

(一)学生对国际私法课程缺乏重视

自 20 世纪 90 年代以来,国际法学在我国法学学科体系中仅作为二级学科,相较于国内各部门法学,国际法学在法学本科培养中所占比重和分量较为单薄[①],所受重视程度较弱。从整体上看,学生在国际公法、国际经济法和国际私法"三国法"的学习过程中,一方面由于"三国法"的研究对象与广大学生现实生活有一定距离,无法像刑法、民法等部门法那样贴近日常生活,使学生对"三国法"的学习有一定疏离感,从而缺乏学习动力;另一方面,由于国际法的学习需要学生以掌握国内法的相关知识为基础,因此"三国法"通常都开设在法学本科大三、大四年级,而这一阶段大多数学生会将学习中的关注重点放在毕业实习、国家法律职业资格考试、考研备考等其他事项上,对本科毕业前所剩无几的法学专业必修课程态度冷淡,学习热情不及大一、大二年级。此外,许多高校法学本科专业在课程设置上,大幅压缩国际私法教学课时,使国际私法在学生整体成绩中所占学分的比例不高,也是导致学生对国际私法课程缺乏重视的部分原因。

(二)国际私法课程理论性强、术语晦涩

国际私法是一门专业性很强较难掌握的学科[②],国际私法基础知识的学习对法学本科学生来说并不轻松。国际私法虽为古老的法学学科,但许多基础理论,如概念、范围、性质等在学理上仍存在较大争议,存在不同的理论主张,这就要求教师在教学过程中,针对各种理论分歧为学生进行详尽阐述,才能使学生掌握国际私法的基本内容并对国际私法学科有较为宏观的了解。然而这一过程对学生的思辨能力有一定要求,能否充分理解相关理论知识对学生来说并非易事。而与其他部门法相比,国际私法有不少区别于其他部门法的专业术语,如国际私法中冲突规范、范围、系数、连接点、系数公式、反致、转致等等,对于初次接触国际私法的本科学生来说,这些术语晦涩难懂,容易让学生感到枯燥乏味,难以产生学习兴

---

① 刘晓红.加强涉外法治人才培养[N].法治日报,2021-01-20(9).
② 田洪鋆.国际私法教学方法选择与教学改革初探[J].吉林省教育学院学报,2007,23(5):37-39.

趣。此外,国际私法属于移植于西方发达资本主义国家的"舶来品",许多重要的理论制度和原则都来源于经典案例,如关于"法律规避"的"1878年法国鲍富莱蒙婚姻案",关于"反致"的"1878年法国福果继承案",涉及"先决问题"的"1968年英国布伦特伍德婚姻登记员案"等等,这些经典的外国案例对国际私法基本理论制度的发展具有重要的里程碑意义,是授课过程中需要重点讲解的内容。但对于学生来说,这些案例年代久远并且来自不同的法律背景、文化背景,就连案例中的人名、地名读起来都非常拗口,所以学习起来带入感不强,很难产生较强的学习兴趣,这就容易导致教学过程中教师费力讲解经典案例,但学生学习效果不佳的问题。

(三)国际私法课程内容庞杂、课时有限

国际私法课程包含的基础知识量大但课时有限,在较短的课时里如何达到良好的授课效果且完成教学目标是个难题。学术界关于国际私法的研究范围问题一直存在争议,在不同观点下国际私法所涵盖的内容有所不同。我国国际私法学界关于这一问题也存在不同主张,但从目前众多教材在体例编排上看,多数国际私法教材遵循了我国部分学者"大国际私法"这一主张[①],也就是说,国际私法课程包括国际私法基本理论问题,涉及调整对象、法律渊源、基本原则、发展史、主体、冲突规范、准据法、冲突规范的运用等内容,即国际私法总论;国际私法分论则讲述具体的法律适用,内容甚广,包含婚姻家庭、继承、物权、知识产权、合同、货物买卖、货物运输、货物保险、侵权、不当得利、无因管理等内容[②]。此外,随着全球经济的不断发展,信托、劳动关系等也被纳入国际私法不断发展的体系之中[③]。除总论和分论之外,多数教材还包括程序法,即国际民事诉讼和国际商事仲裁的内容;部分教材同时附加中国区际私法作为教材内容。由此可以看出,国际私法课程内容量非常庞大,学生需要掌握的知识点非常多,然而由于国际私法在法学本科教育中日渐式微[④],以南京航空航天大学法学本科生培养计划为例,国际私

---

① "大国际私法"由我国国际私法学界泰斗韩德培教授提出,更多内容参见:肖永平,毕小婧.中国国际私法学四十年回顾与展望[J].武大国际法评论,2018,2(6):51-71.

② 以中国政法大学出版社,杜新丽、宣增益主编的《国际私法》普通高等教育"十一五"国家级规划教材为例。

③ 田洪鋆.国际私法教学方法选择与教学改革初探[J].吉林省教育学院学报,2007,23(5):37-39.

④ 何其生.中国国际私法学的危机与变革[J].政法论坛,2018,36(5):68-84.

法课程为必修课但仅有32课时①,这就意味着任课教师在有限的国际私法授课过程中需要对教学内容进行较大程度上的取舍,帮助学生尽可能多地掌握国际私法核心内容,同时为了达到教学目标和良好的教学效果,还要在授课过程中尽可能地激发学生后续自主学习国际私法的热情。

除以上提出的教学难点外,从国际私法课程内容可以看出,国际私法是一门综合性学科,在学习国际私法基本内容前,要求学生对国内民商法、民事诉讼法、仲裁法都要有相对扎实的基础,这样学生才能较好地理解和掌握国际私法的课程内容,所以各院校将国际私法课程放在法学本科三年级或四年级进行授课。但同时也就意味着学生能否掌握国际私法的课程内容还取决于学生前期国内法的学习效果,这也给国际私法课程目标的实现带来了一定难度。

三、课程思政元素的融入与国际私法课程教学改革

国际私法课程教学难点多,需要对教学方法进行不断改革,除在教学形式上探索如3D式②、BOPPPS式③等多样化教学模型的应用外,在现有32课时水平下,帮助学生全面掌握国际私法基础知识实现教学目标基本上是不可能完成的任务。因此,在有限的课时里,抓核心抓重点,提升学生对国际私法的课程认知,激发学生后续自主学习国际私法的热情才是国际私法课程改革现阶段最为可行的办法,而课程思政④元素的融入则是这一改革办法的重要实现途径。课程思政即是将政治理论、价值理念和精神追求等融入专业课程当中,影响学生的思想意识和行为举止⑤。课程思政以价值导向为支撑,能够实现思想意识导向与课程知识传播的紧密结合⑥。国际私法与一国国家利益维护、政策理念传导以及价值观输

---

① 目前我国各院校国际私法本科课程的课时不尽相同,例如武汉大学、吉林大学等课程为72课时,南京航空航天大学、哈尔滨工业大学等课程为32课时。
② 3D指Discussion(讨论)、Dialogue(对话)和Debate(辩论),参见:黄进.关于国际私法教学的几点思考[J].武大国际法评论,2003(1):311-316.
③ BOPPPS指Bridge(导入)、Objective(目标)、Pre-assessment(前测)、Participation(参与)、Post-assessment(后测)、Summary(总结),参见:曹月平,印兴耀.加拿大BOPPPS教学模式及其对高等教育改革的启示[J].实验室研究与探索,2016,35(2):196-200.
④ 2020年5月教育部指出"要创新课堂教学模式,推进现代信息技术在课程思政教学中的应用,激发学生学习兴趣,引导学生深入思考",参见:教育部关于印发《高等学校课程思政建设指导纲要》的通知[EB/OL](2020-05-28)[2022-09-06]. http://www.gov.cn/zhengce/zhengceku/2020-06/06/content_5517606.htm.
⑤ 王学俭,石岩.新时代课程思政的内涵、特点、难点及应对策略[J].新疆师范大学学报(哲学社会科学版),2020,41(2):50-58.
⑥ 邱伟光.课程思政的价值意蕴与生成路径[J].思想理论教育,2017(7):10-14.

出密不可分,因此国际私法课程要充分发挥思想政治教育作用,引导学生树立维护国家利益的观念以及家国情怀,同时运用课程思政效果的"反作用力",帮助学生认识到学习国际私法课程的重要性,激发学生对国际私法课程以及后续自主学习的学习热情,从而推动国际私法课程教学改革,实现课程教学目标,培养德才兼备全面发展的专业法律人才。

(一)讲好中国故事激发学生学习国际私法的热情

党的十八大以来,习近平主席多次强调"讲好中国故事",让人民从中受到鼓舞,让世界了解更加立体的中国[①],受这一重要思想启发,面对作为舶来品的国际私法,同样可以通过讲好中国故事激发学生的学习热情,带动学生对我国国际私法发展的认同感。

国际私法授课阶段,大部分法学本科生都在积极准备国家法律职业资格考试,在此阶段学生们会将课程学习与复习国家法律职业资格考试结合起来,从而将国际私法学习的关注点集中于《中华人民共和国涉外民事关系法律适用法》法条及司法解释内容的学习上。然而,这就意味着学生们在主观上将关注重点集中在国际私法课程中法律适用的内容学习上,间接忽视了国际私法基础理论的学习。受课时限制,从目前网络上能够检索到的国际私法课程大纲可以看出,国际私法基础理论中的历史部分通常不会占据本科课程中太多课时,但国际私法基础理论的法史部分十分重要,是掌握国际私法整个学科发展的重要途径,而国际私法的历史中,学说史相较于立法史,是课程教学中是授课重点和难点。但学说史中的各学说都是由西方学者提出的,教学过程中学生的融入感和代入感不强,很难产生认同感和自豪感。与之相对应,虽然立法史的内容在国际私法课程中的地位不及学说史,但立法史中,我国国际私法在不同历史时期的立法史具有很强的可探讨性,因此,可以将讲好中国故事作为突破口,在授课过程中将我国汉、唐、宋元等重要历史时期的国际私法立法史上的高光时刻,以及当前我国国际私法发展的热点问题作为故事源泉,结合特定历史事件,将学生代入到特定情境中进行思考,增强课程内容的趣味性。通过讲好国际私法中的中国故事,在激发学生的爱国热情和家国情怀的同时,增强学生的学习热情和代入感,促使学生对国际私法相关理论进行有益思辨,同时对国际私法课程专业知识的学习产生兴趣。例如,可以通过汉朝的刘细君、解忧公主、王昭君等和亲案例,针对国际私法立法起

---

① 徐东波.讲好中国故事[N].解放军报,2018-12-21.

源的争论进行探讨,与学生互动交流国际私法立法起源的判断标准,锻炼学生的思辨能力。公元651年唐朝的《永徽律》以成文法的形式规定了"诸化外人同类自相犯者,各依本俗法;异类相犯者,以法律论",成为世界范围内最早的法律适用成文立法,比13至14世纪意大利的"法则区别说"早了好几百年,奠定了我国在国际私法立法史中的重要地位。可以通过唐朝立法的背景介绍,与学生探讨国际私法学科形成与发展的社会根基。虽然明清时期对外政策转向闭关自守以及后来的社会动荡使得我国国际私法的立法和研究上严重滞后于西方发达国家,但随着改革开放不断深入,四十多年来我国关于国际私法的研究奋起直追,关于国际私法的研究范式、研究方法和研究成果都有了较大转变①。在国际私法立法上,2010年《中华人民共和国涉外民事关系法律适用法》正式出台,过去的十多年间这部法律在保障和促进我国对外民商事交往方面发挥了重要作用。可以借由以上我国国际私法研究由落寞到奋起直追的故事,提高学生对国际私法学科的认同度。而2021年1月1日《中华人民共和国民法典》(以下简称《民法典》)正式实施后,关于国际私法的研究再度火热,有学者指出为配套补充细化《民法典》有必要开启"国际私法典"的编纂②,因此,在授课过程中还可以借助《民法典》实施的热度,向学生阐述我国国际私法与民法之间的关系,探讨国际私法研究能够在我国参与全球治理,推动我国对外政策以及维护国家利益等方面起到的积极作用等,引导学生重视国际私法的学习和研究。

(二)传递国际私法对实现国家对外政策的重要性

近年来,国际私法逐渐成为执行国家政策和彰显价值观的重要手段③。当前,构建人类命运共同体和坚持"一带一路"建设是我国对外交往的重要内容。"一带一路"建设是我国发起的重要国际合作项目④,自2013年提出至今,已经有149个国家与我国签署了共建"一带一路"的合作文件⑤,然而各个国家调整民商事关系的法律各有不同,随着沿线国家合作交流程度不断深入,沿线国家之间的

---

① 肖永平,毕小婧.中国国际私法学四十年回顾与展望[J].武大国际法评论,2018,2(6):51-71.
② 刘仁山.坚持统筹推进国内法治和涉外法治[J].荆楚法学,2021(1):19-34.
③ 杜涛.国际私法国际前沿年度报告(2020—2021)[J].国际法研究,2022(4):109-128.
④ 党的十九大报告指出,新时代我们要坚持对外开放的基本国策,积极促进"一带一路"国际合作,努力实现政策沟通、设施联通、贸易畅通、民心相通,打造国际合作的新平台。
⑤ 更多"一带一路"国际合作信息,可参见中国一带一路网:已同中国签订共建"一带一路"合作文件的国家一览[EB/OL].(2022-02-07)[2022-09-06]. https://www.yidaiyilu.gov.cn/xwzx/roll/77298.htm.

民商事法律在频繁的交流中必然会不断碰撞[1],而在调整相关民商事交往法律问题时,国际私法是协调差异的唯一方法[2]。因此,应当通过阐释国家"一带一路"国际合作倡议鼓励学生学好国际私法,努力成为服务"一带一路"建设的涉外专业法律人才。

国际私法是实践性极强的学科,在阐释国家"一带一路"国际合作倡议的同时,如果可以恰当引入具体案例,则能够达到较好的教学效果。随着国家"一带一路"国际合作项目的不断推进,实践中对相关法律冲突解决的需求与日俱增,不少专家学者近年来针对"一带一路"实际案例进行整理分析,为国际私法课程寻找案例提供了有益参考[3]。此外,得益于中国裁判文书网等法律案件公开检索途径的发展,广大师生可以通过在线检索途径获得有关国际私法课程内容的相关案例。通过课堂教学中具体案例的引入,借助问题引导学生进行案例讨论,强化学生感知体验,推动学生主动积极对问题提出质疑,进而锻炼学生运用国际私法基础知识分析实际问题的实践能力,一方面能够缓解学生对国际私法课程经典案例较为古旧且都是外国案例产生的枯燥乏味之感,拉近国际私法法律实践与学生们的距离;另一方面,借助国家大政方针的价值引导,能够有效促使学生积极掌握国际私法的知识点、基本理论和原理,为国家培养更多的应用型涉外法律人才积蓄后备力量。

(三)强调国际私法对维护我国涉外民商事交往合法利益的功能性

如前所述,法学学生在学习"三国法"课程时,经常会有"三国法""不实用"的认识,认为"三国法"在国家法律职业资格考试中所占分值比例较小,在未来工作中很大程度上用不到"三国法"的专业知识等,因此对待"三国法"的学习态度不够严肃认真,认为学好学不好对未来职业发展差别不大。但客观的情况是,单就国际私法而言,国家目前急缺通晓国际私法的专业涉外法律人才。随着国家开放政策的不断深化,"走出去"和"引进来"已经形成了促进涉外民商事交往的肥沃土壤。在大量涉外民商事交往过程中,各方如何合理合法地维护自身利益,是促进涉外民商事交往有序可持续发展的重要因素。然而据统计,近年来我国企业在对

---

[1] 李双元."一带一路"倡议下国际私法理念的新发展[J].陕西师范大学学报(哲学社会科学版),2019,48(2):69-72.
[2] 何其生.国际私法秩序与国际私法的基础性价值[J].清华法学,2018,12(1):31-50.
[3] 参见:韩俊."一带一路"国际法律业务探究[M].北京:法律出版社,2018;敬云川,解辰阳."一带一路"案例实践与风险防范(法律篇)[M].北京:海洋出版社,2017.

外商业交往过程中如果遇到商业法律纠纷,90%的情况下会选择以仲裁的方式来解决,但我国企业海外仲裁"十案九败",国内企业在败诉中通常要承担数额巨大的赔偿,据学者分析,败诉的原因多种多样,除了有合同条款、法律背景、文化背景等诸多影响因素外,国内缺少精通国际私法的专业人才在法律纠纷解决中充分维护国内企业利益是导致败诉的重要原因[1]。因此,国际私法授课过程中,应当将国家目前对国际私法人才的需求充分表达给学生,使学生对国际私法在未来个人职业发展中所能起到的角色有充分的认识,拓宽学生视野,刺激学生智力觉醒,使其对未来职业的选择有更为多元化的思考路径,这样不但有利于提高学生对国际私法课程的认可度和重视程度,也有利于为我国涉外民商事交往专业法律人才的培养储备力量。

(四)塑造学好国际私法积极参与国际规则制定的重要意识

国际法是国际关系中最主要和最重要的行为准则,是全球治理的重器,是国际社会通用的话语体系[2]。在国际社会上,能够积极影响国际法的制定是一国软实力的重要表现,展示的是一国的国际话语权,通过影响国际法的制定能够实现价值导向和汇聚认同进而助力一国对外政策目标的实现[3]。虽然目前我国已经发展成为世界上屈指可数的政治经济大国,但在影响、引领国际法制定的问题上我国依然处于弱势地位,在很多领域无法通过参与国际法的制定充分表达自身立场以更好地维护国家利益。积极参与国际法的制定对中国来说任重而道远,不但要在公法领域有所作为,在民商法领域的国际规则制定中也必然需要进行深度参与,因为统一国际私法规则是当前全球治理的重要途径[4]。虽然我国国际私法研究在过去的几十年里取得了一定的成绩,但不得不面对的现实是,作为独立部门的中国国际私法学在国际和国内学术上的竞争力极为薄弱[5],国际私法研究理论创新不足[6],在国际规则塑造中很难发挥影响力,这与中国的大国地位和综合实力极不相符。因此,培养更多的能够致力于国际私法研究的学者,从而肩负起时代责任和国家赋予的光荣使命是当前法学教育的重要任务。许多法学学生在本科阶段对国际法的认识模糊,并不清楚通过自身的学习可以对未来国家参与国际

---

[1] 何其生.国际私法秩序与国际私法的基础性价值[J].清华法学,2018,12(1):31-50.
[2] 黄进,鲁洋.习近平法治思想的国际法治意涵[J].政法论坛,2021,39(3):3-13.
[3] 赵庆寺.创新中国学术话语提升国际话语权[N].中国教育报,2016-06-09(5).
[4] 何其生.国际私法秩序与国际私法的基础性价值[J].清华法学,2018,12(1):31-50.
[5] 何其生.中国国际私法学的危机与变革[J].政法论坛,2018,36(5):68-84.
[6] 黄进.关于国际私法教学的几点思考[J].武大国际法评论,2003(1):311-316.

法的制定有所影响,因此在国际私法授课过程中,有必要让学生充分认识到国际私法规则对一国发展和利益维护的重要影响,也要让学生明白通过自身的努力未来能够成为影响国际法规则制定的人才,将爱国热情和家国情怀通过自己的专业素养切实地践行起来。为了引导学生树立参与国际法制定服务国家发展的目标,在课堂教学中还需要与学生分享当前我国国际私法学术研究的动向,虽然本科阶段对学生的要求主要是掌握国际私法的基础知识,但通过学术研究动态的探讨则可以在学生心中埋下未来从事国际私法学术研究的种子,这些种子或许能够在学生未来的职业规划中生根发芽。同时,鼓励学生积极关注相关国际组织实习锻炼的机会,在学习实践中了解国际私法的发展,为日后发出中国声音积蓄力量[①]。

四、结论

国际私法是涉外法律人才培养的重要一环。当前,国际私法本科课程教学存在诸多难点,学生对课程的重视程度和学习热情不高,必须对课程进行改革才能实现教学目标。国际私法与国家政策、价值理念密切相关,因此除传统上对教学形式进行革新外,课程思政元素的有机融入能为国际私法课程的改革另辟蹊径。通过"讲好中国故事",将"一带一路"建设案例带进课堂,鼓励学生将积极维护涉外民商事交往利益、积极参与国际规则制定纳入未来职业规划等思想政治元素的融入,在帮助学生树立爱国热情和家国情怀的同时,提高学生对国际私法课程的重视,带动学生的学习热情,进而实现国际私法课程的教学目标。

参考文献

[1] 《国家中长期教育改革和发展规范纲要(2010—2020)》[EB/OL]. (2010-07-29)[2022-09-06]. http://www.gov.cn/jrzg/2010-07/29/content_1667143.htm.

[2] 曹丹平,印兴耀.加拿大BOPPPS教学模式及其对高等教育改革的启示[J].实验室研究与探索,2016,35(2):196-200.

[3] 杜新丽,宣增益.国际私法[M].5版.北京:中国政法大学出版社,2017.

[4] 杜涛.国际私法国际前沿年度报告(2020—2021)[J].国际法研究,2022(4):109-128.

[5] 国际法与中国成立70年立法实践[EB/OL]. (2021-08-24)[2022-09-06]. http://

---

① 国家鼓励高校和科研机构加强国际法专业人才培养,采取定期选送优秀人才到相关国际组织学习。参见:国际法与中国成立70年立法实践[EB/OL]. (2021-08-24)[2022-09-06]. http://www.npc.gov.cn/npc/dzlfxzgcl70nlflc/202108/7e3aaf6b374f428881637ee92ab921f7.shtml.

www.npc.gov.cn/npc/dzlfxzgcl70nlflc/202108/7e3aaf6b374f428881637ee92ab921f7.shtml.

[6] 韩俊."一带一路"国际法律业务探究[M].北京:法律出版社,2018.

[7] 何其生.国际私法秩序与国际私法的基础性价值[J].清华法学,2018,12(1):31-50.

[8] 何其生.中国国际私法学的危机与变革[J].政法论坛,2018,36(5):68-84.

[9] 黄进,鲁洋.习近平法治思想的国际法治意涵[J].政法论坛,2021,39(3):3-13.

[10] 黄进.关于国际私法教学的几点思考[J].武大国际法评论,2003(1):311-316.

[11] 教育部关于印发《高等学校课程思政建设指导纲要》的通知[EB/OL].(2020-05-28)[2022-09-06].http://www.gov.cn/zhengce/zhengceku/2020-06/06/content_5517606.htm.

[12] 敬云川,解辰阳."一带一路"案例实践与风险防范(法律篇)[M].北京:海洋出版社,2017.

[13] 李双元."一带一路"倡议下国际私法理念的新发展[J].陕西师范大学学报(哲学社会科学版),2019,48(2):69-72.

[14] 刘仁山.坚持统筹推进国内法治和涉外法治[J].荆楚法学,2021(1):19-34.

[15] 刘仁山.践行法治、坚守梦想,为新时代中国国际私法事业而努力奋斗[M]//黄进,肖永平,刘仁山.中国国际私法与比较法年刊(2020·第二十七卷).北京:法律出版社,2021:350-357.

[16] 刘晓红.加强涉外法治人才培养[N].法治日报,2021-01-20(9).

[17] 裴予峰.从国际私法课堂教学方式方法改革谈涉外卓越法律人才的培养[J].黑龙江教育学院学报,2016,35(2):56-59.

[18] 邱伟光.课程思政的价值意蕴与生成路径[J].思想理论教育,2017(7):10-14.

[19] 谭晓杰.人类命运共同体构建下国际私法使命的重新解读[J].时代法学,2022,20(4):90-98.

[20] 田洪鋆.国际私法教学方法选择与教学改革初探[J].吉林省教育学院学报,2007,23(5):37-39.

[21] 王学俭,石岩.新时代课程思政的内涵、特点、难点及应对策略[J].新疆师范大学学报(哲学社会科学版),2020,41(2):50-58.

[22] 翁杰.中国国际私法学科体系:由"宏大叙事"向"围观论证"转变[J].法学教育研究,2015(2):120-136.

[23] 习近平在中央全面依法治国工作会议上强调 坚定不移走中国特色社会主义法治道路 为全面建设社会主义现代化国家提供有力法治保障[N].人民日报,2020-11-18.

[24] 肖永平,毕小婧.中国国际私法学四十年回顾与展望[J].武大国际法评论,2018,2(6):51-71.

[25] 徐东波.讲好中国故事[N].解放军报,2018-12-21.

[26] 赵庆寺.创新中国学术话语提升国际话语权[N].中国教育报,2016-06-09(5).

[27] 中共中央关于全面推进依法治国若干重大问题的决定[EB/OL].(2014-10-29)[2022-09-06]. http://finance.cnr.cn/gundong/201410/t20141029_516682137.shtml.

[28] 朱鹤群.基于"问题中心主义"之案例教学法探讨——以"国际私法"案例教学为例[J].中国农业教育,2018(2):64-69.

[29] 已同中国签订共建"一带一路"合作文件的国家一览[EB/OL].(2022-02-07)[2022-09-06]. https://www.yidaiyilu.gov.cn/xwzx/roll/77298.htm.

[30] 莫纪宏,徐梓文.善于运用法律武器维护国家利益加强涉外法治体系建设[EB/OL].(2021-01-11)[2022-09-06]. http://www.npc.gov.cn/npc/c30834/202101/2e4dafe2a53342609191ab522b88dfc2.shtml.

13 国际私法与课程思政的统筹难题与机制构建

何叶华[①]

摘　要：专业课程与课程思政相结合是当前大学教育发展的正确方向。只有将显性教育课堂和隐性价值引导相统一，形成协同效应，才能顺利构建全方位育人大格局。但当前针对课程思政融入专业课教学的学术研究在理论与实践方面也存在不足，理论研究偏向单纯的政策解读，对于具体课程的实践展开缺乏指导性，在一定程度阻碍了教学实践与课程思政建设向更深入推进。因此，本文将选取国际私法作为具体专业课程与课程思政互动的切入点，重点发现专业课教学中思政建设的难点，并从专业教学与课程思政的契合视角提出解决路径。最后，以福建章公肉身佛像追索案教学内容为例，详细论证前述理论路径如何应用于具体教学实践。

关键词：国际私法；思政元素；统筹难题；机制构建

一、问题的提出

近些年，国际局势正在发生着难以预料的变革：新冠疫情在全球范围广泛传播、层出不穷的经济制裁引发逆经济全球化、俄乌战争突发进而打破二战后世界和平秩序……种种社会事件不仅反映着客观世界的复杂多变，也从主观层面介入，在不断挑战着我们的人生观、价值观与世界观。面对这纷繁复杂的客观世界，相较于采取何种直接的应对措施，我们首先需要进行的，是建构自身正确的价值观体系，因为只有以此为基础，方能以不变应万变，把握住时代发展的正确方向。那么如何实现这一理想呢？反思价值观的形成过程，大学教育毫无疑问是其中最为关键的阶段。这主要因为，一方面学生在大学教育中获得更为系统的"高阶知

[①] 何叶华，南京航空航天大学人文与社会科学学院法律系讲师，南京大学法学博士，研究方向国际私法。本文系南京航空航天大学 2022 年研究生教育教学改革研究项目"以涉外法治人才培养为导向的国际法案例式教学研究"、中央高校基本科研业务费专项资金资助（1010 - XAB22014）的阶段性成果。

识",通晓科学发展规律,为今后成为社会栋梁之材打下专业基础;另一方面,大学阶段是学生践行"人的全面发展"的关键阶段。①受教育者往往以高等教育提供的专业知识为素材,通过不断地思考与实践形成自身独特的思维方法与认知体系,最终塑造出自我与他人、自我与社会相联系的价值观体系。那么大学教育应当如何肩负好价值观形塑的使命呢?是通过专业知识传递吗?这是远远不够的。既然大学教育不仅仅是传授知识与技能的载体,更是为社会输送具有独立品质与道德观念人才的必经之路,那么这条道路的建设实际上离不开一种贯穿不同学科和专业课程的价值观形塑方法——课程思政。

2016年,习近平总书记在全国高校思想政治工作会议上的讲话强调:"高校思想政治工作关系高校培养什么样的人、如何培养人以及为谁培养人这个根本问题。要坚持把立德树人作为中心环节,把思想政治工作贯穿教育教学全过程,实现全程育人、全方位育人,努力开创我国高等教育事业发展新局面。"2019年中共中央办公厅、国务院办公厅印发《关于深化新时代学校思想政治理论课改革创新的若干意见》,明确:"思政课是落实立德树人根本任务的关键课程,发挥着不可替代的作用。"2020年5月,教育部印发《高等学校课程思政建设指导纲要》,指出:"全面推进课程思政建设,就是要寓价值观引导于知识传授和能力培养之中,帮助学生塑造正确的世界观、人生观、价值观,这是人才培养的应有之义,更是必备内容。"从讲话精神到意见纲要,其内容均从国家高度指明课程思政对于当前我国大学教育的重要意义,及时回应了当前我国大学教育"立德树人"人才培养的价值观形塑需求,进一步印证当前大学教育正确的发展方向是将专业课程与课程思政相结合,将显性教育和隐性教育相统一,形成协同效应,构建全员全程全方位育人大格局。

以上述宏观设计为基础,向微观层面推进,我们需要进一步解决的具体实践问题是如何将专业知识与课程思政相结合。正如教育部《高等学校课程思政建设指导纲要》中所述,专业课程是课程思政建设的基本载体。要深入梳理专业课教学内容,结合不同课程特点、思维方法和价值理念,深入挖掘课程思政元素,有机融入课程教学,达到润物无声的育人效果。但是,结合当前课程思政实践可以发现,虽然部分高校已经进行一定有益探索,但是尚未在具体专业课的思政建设方

---

① 胡娟.推动人的全面发展是教育的时代使命[N].光明日报,2021-07-13(15).

面取得突破性进展。① 此外,当前针对课程思政融入专业课教学的学术研究在理论与实践方面也存在不足,理论研究偏向单纯的政策解读,对于具体课程的实践展开缺乏指导性,在一定程度上也阻碍了教学实践与课程思政建设向更深入推进。因此,本文将选取国际私法作为具体专业课程与课程思政互动的切入点,②重点发现专业课教学中思政建设的难点,之后,找准专业教学与课程思政的契合点,并提出解决路径。最后,以福建章公肉身佛像追索案教学内容为例,详细论证前述理论路径如何应用于具体教学实践。

二、国际私法与课程思政的统筹难题

从发展历程来看,课程思政是我国高等教育领域在党的十八大所确立的"把立德树人作为教育的根本任务"的时代背景下,深入学习贯彻习近平总书记关于教育的重要论述,为培养担当民族复兴大任的时代新人,助推实现中华民族伟大复兴中国梦,而对新时代高校育人理念、育人模式、育人机制等进行的探索与创新。课程思政缘起于全国高校思想政治工作会议,并伴随立德树人根本任务的深化拓展,逐步在实践探索中完成其基本理论建构,有力促使我国高等教育面貌发生格局性变化。③ 在顶层设计方面,目前各项政策、规范性文件虽然已经做出前置引领;但是在具体实践层面,高校在推进课程思政的过程中仍然存在一系列难题。总体来看,这些问题主要体现在客观与主观两个方面。

(一)缺乏科学系统的统筹模式

当前专业课与思政融合建设中的一个显著难题在于,目前关于课程思政的理论与实践尚未形成内容全面、可操作性强、可以广泛推广的教学模式。④ 以国际私法教学为例,目前国际私法教学一般采用基本原理与司法案例相结合的传统教学模式,并且由于国际私法特有的冲突规范,主要通过法律选择的双边方法来调整不同法域之间的法律冲突,具有天然的技术性、中立性特征,因此与思政课程建

---

① 例如,复旦大学开设"治国理政"、华东师范大学开设"中国智慧"、上华东政法大学开设"法治中国"等通识课程。
② 本文选取国际私法课程作为切入点的原因主要在于:第一,国际私法区别于其他部门法,是专门解决涉外民商事法律冲突的国内法规则,其内容既包含国内民商法部分,也包含国际法方面的内容。因此对于思政因素的把握与引入来说,国际私法教学具有独特性。第二,近年来,国际社会纷繁复杂,从经济制裁到跨国公司人权诉讼,既涉及国际私法一般原理,也关系着我国在国际实践中的应对措施。这其中必然包含着大量值得挖掘的思政元素,因此是值得课程思政进一步推进的理想领域。
③ 韩宪洲.课程思政的发展历程、基本现状与实践反思[J].中国高等教育,2021(23):20-22.
④ 田洪鋆.批判性思维视域下课程思政的教与学[M].北京:法律出版社,2021:10.

设的距离似乎相隔甚远。但与此同时,以当前国际实践为背景,知识产权领域出现的禁诉令、涉外反垄断领域出现的惩罚性赔偿以及涉外民事领域出现的代孕、同性婚姻问题等新型问题,又似乎暗示着这是国际私法课程应当成为思政建设大有所为的潜力之地。因此可以看出,国际私法课程思政建设实际上是一项复杂的工程,需要结合课程的基本原理与时代背景进行全方位的综合判断。具体来说,又可分解出教学过程中需要首先明确的本专业思政元素的范畴,以及在符合客观教育规律的前提下,采用何种教学方法将思政元素融入日常教学过程,此外,还需要对教学过程进行反思评价,以判断是否符合特定的思政教育目标。很显然,上述问题均是当前国际私法教学实践仍需进一步摸索的空白领域。

除上述宏观教学模式的缺位之外,目前国际私法课程的体系定位,尤其是与思政课程之间的平衡关系,也构成课程思政与国际私法专业教学相融合需要关注的重要问题。对此,有学者认为,"思政课程是思想政治理论教育的课程体系,而课程思政则是教学体系,课程思政与思政课程的关系可以理解为教学体系与课程体系的关系。"[1]另有学者则提出,"思政课程是课程思政的理论基础,课程思政是思政课程的具体实践。"[2]可以看出,在课程思政与思政课程的关系界定上,学界存在不同看法与模糊认识,而这将导致要么专业课程教学出现思政化,要么影响思想政治理论课程的核心地位,最终也难以达成预期的统筹协调效果。[3]具体到国际私法课程与思政课程的关系,虽然二者建立在统一的思想价值体系,均是以立德树人为核心目标,同时构成高校思想政治工作的内在要求,具有高度契合性。[4]但由于二者的授课内容、体系定位有不同侧重,例如,思想政治理论课具有"第一课程"的特点,其教学内容、教师队伍建设均已进行专门设置,[5]因此仍然需要在内容安排、思政阐述比重等方面加以明确区分,否则在实践中将出现思政课程与国际私法专业课程功能可替代的、内容相重复的不利后果。

(二)教学认识与方法相对滞后

在主观层面,当前课程思政也存在着专业课教师教学认识不足以及教学方法

---

[1] 何衡.高职院校从"思政课程"走向"课程思政"的困境及突破[J].教育科学论坛,2017(30):27-30.
[2] 韩宪洲.课程思政:新时代中国特色社会主义高等教育的理论创新与实践创新[J].中国高等教育,2020(22):15-17.
[3] 石书臣.正确把握"课程思政"与思政课程的关系[J].思想理论教育,2018(11):57-61.
[4] 陈慧女.高校思政课程与课程思政协同育人的生成逻辑[J].高校辅导员,2020(6):14-18.
[5] 钟金雁.论"思政课程"与"课程思政"的异同及协同育人机制的构建[J].思想政治课研究,2020(1):116-121.

过于保守相对滞后的问题。具体来看,"不少专业课教师尚未将专业课程教学与国家坚持的社会主义办学方向和建设社会主义现代化强国的根本战略相结合,也未能将授课视角提升到为国家培养社会主义接班人的高度。此外,也有部分老师存在错误认识,认为自身缺乏马克思主义专业系统的理论知识,无论是专业课中思政元素的挖掘,还是思政元素的融入日常教学课程的方式,均难以达到理想效果。"[1]

上述看法实际上反映出当前课程思政的探索在主观方面主要存在两个问题。第一,部分教师对于思政课程的认识仍然相对滞后。正如习近平总书记在学校思想政治理论课教师座谈会上强调:"办好思想政治理论课关键在教师,关键在发挥教师的积极性、主动性、创造性。思政课教师,要给学生心灵埋下真善美的种子,引导学生扣好人生第一粒扣子。"教师是课程思政的关键,[2]因此如果存在思政建设与专业课讲授二者难以兼顾、相互割裂的错误认知,那么将极大阻碍后续专业课程价值观引导与育人目标的落实。第二个原因在于,专业课教师缺乏科学方法,将思政教学引入专业课程的能力有待提升。以国际私法课程中的学说史为例,如果仅仅停留在传统的知识灌输式教学模式,通过梳理国际私法不同阶段的理论观点应用于教学,那么学生既不能充分理解不同学说观点的本质,更难以从发展的视角评价不同学说对当前国际社会涉外民商事法律发展的借鉴意义,并立足我国客观实际,提出有针对性的意见。长期来看,这种传统不灵活的教学方法将极大阻碍学生在课堂中完成从知识—能力—思维的顺利转化。

三、国际私法与课程思政融合机制的有效构建

考虑到国际私法与课程思政仍然存在一定统筹难题,在客观方面主要体现在缺乏科学系统的统筹模式,尤其是与思政课程之间的平衡关系尚未得到较好把握。另外,在主观层面,由于授课教师教学认识与方法相对滞后,思政教学能力有待提升,因此,有必要在发现问题的基础上,有针对性地对国际私法与课程思政的融合机制进行全方位的论述。具体来看,主要包含教学目标的明确、思政元素的挖掘、教学主线的设定以及教学方法的优化四个方面。

---

[1] 田洪鋆.批判性思维视域下课程思政的教与学[M].北京:法律出版社,2021:11.
[2] 习近平.思政课是落实立德树人根本任务的关键课程[J].奋斗,2020(17):4-16.

（一）教学目标的明确

教学目标对后续教学工作的展开起到方向引领作用。因此，国际私法与课程思政结合的首要任务是结合本课程的特点，为课程思政理念的融入明确思政育人具体、明确、清晰可落实的目标。教师要以"为谁教""培养什么人"等教育的首要问题为根本导向，以促进学生成长成才为出发点和落脚点，结合学校和专业的人才培养目标、课程所归属的学科专业的发展要求、学生未来所从事工作的职业素养来明确人才培养的定位与目标。[①]

那么如何明确思政改革中国际私法的教学目标呢？从宏观视角来看，"课程思政建设内容要紧紧围绕坚定学生理想信念，以爱党、爱国、爱社会主义、爱人民、爱集体为主线，围绕政治认同、家国情怀、文化素养、宪法法治意识、道德修养等重点优化课程思政内容供给，系统进行中国特色社会主义和中国梦教育、社会主义核心价值观教育、法治教育、劳动教育、心理健康教育、中华优秀传统文化教育。"具体内容又体现为："第一，推进习近平新时代中国特色社会主义思想进教材进课堂进头脑。坚持不懈用习近平新时代中国特色社会主义思想铸魂育人，引导学生了解世情国情党情民情，增强对党的创新理论的政治认同、思想认同、情感认同，坚定中国特色社会主义道路自信、理论自信、制度自信、文化自信。第二，培育和践行社会主义核心价值观。教育引导学生把国家、社会、公民的价值要求融为一体，提高个人的爱国、敬业、诚信、友善修养，自觉把小我融入大我，不断追求国家的富强、民主、文明、和谐和社会的自由、平等、公正、法治，将社会主义核心价值观内化为精神追求、外化为自觉行动。第三，加强中华优秀传统文化教育。大力弘扬以爱国主义为核心的民族精神和以改革创新为核心的时代精神，教育引导学生深刻理解中华优秀传统文化中讲仁爱、重民本、守诚信、崇正义、尚和合、求大同的思想精华和时代价值，教育引导学生传承中华文脉，富有中国心、饱含中国情、充满中国味。第四，深入开展宪法法治教育。教育引导学生学思践悟习近平全面依法治国新理念新思想新战略，牢固树立法治观念，坚定走中国特色社会主义法治道路的理想和信念，深化对法治理念、法治原则、重要法律概念的认知，提高运用法治思维和法治方式维护自身权利、参与社会公共事务、化解矛盾纠纷的意识和能力。第五，深化职业理想和职业道德教育。教育引导学生深刻理解并自觉实践

---

① 郭为忠.春风化雨,润物无声:课程思政元素的挖掘与融入[EB/OL].（2021-10-14）[2022-08-20]. https://ctldnew.sjtu.edu.cn/news/detail/746.

各行业的职业精神和职业规范,增强职业责任感,培养遵纪守法、爱岗敬业、无私奉献、诚实守信、公道办事、开拓创新的职业品格和行为习惯。"①

另外在专业层面,教育部在《高等学校课程思政建设指导纲要》也指明:"专业课程是课程思政建设的基本载体。要深入梳理专业课教学内容,结合不同课程特点、思维方法和价值理念,深入挖掘课程思政元素,有机融入课程教学,达到润物无声的育人效果。针对法学专业课程,要在课程教学中坚持以马克思主义为指导,加快构建中国特色哲学社会科学学科体系、学术体系、话语体系。要帮助学生了解相关专业和行业领域的国家战略、法律法规和相关政策,引导学生深入社会实践、关注现实问题,培育学生经世济民、诚信服务、德法兼修的职业素养。"

具体对于国际私法课程来说,国际私法诞生于中世纪商业繁荣的地中海沿岸,主要用于解决不同城邦之间的法律冲突问题,以便利商业的发展与人员的流动。但需要注意,国际私法的诞生并非是商业社会发展的自然结果,其根基在于"法律共同体"基础上多元法律文化的发展,这对于全球化与逆全球化并存的今天实际上极具有反思与借鉴意义,国际私法课程思政教学也因此具有将专业知识转化为学生认识世界工具的功能目标。除此之外,国际私法所特有的冲突法方法,既是区别于其他部门法的显著特征,也是国际私法课程理论基础中最为复杂与抽象的方法论内容。因此在讲授过程中,应当结合这一特征,重在引导学生进行一定深度的学理思考,通过掌握多边主义的冲突法原理,挖掘学生主动学习的能力,进而是实现教学过程中,学生习得国际私法基本原理的应用、处理乃至树立创新性思维的方法目标。国际私法课程的另一重要目标是培育学生的责任与使命感。国际私法是在尊重多元法律体系的前提下,协调不同法域之间的法律冲突,一方面体现了个主权国家之间的平等与互惠;另一方面也是维护国际民商事法律秩序的重要工具。立足我国本土,党的十九大报告已明确提出:"新时代我们要坚持对外开放的基本国策,积极促进'一带一路'国际合作,努力实现政策沟通、设施联通、贸易畅通、民心相通,打造国际合作的新平台。"也只有善于借助国际私法的法律工具,才能开创出符合国际法、各国互利共赢的国际合作新模式。② 因此,国际私法课程的学习也需要以价值共享为导向,培养学生客观分析国际实践的能力,树立正确的世界观。

---

① 参见:《教育部关于印发〈高等学校课程思政建设指导纲要〉的通知》(教高〔2020〕3号)。
② 何其生.国际私法秩序与国际私法的基础性价值[J].清华法学,2018,12(1):31-50.

(二) 思政元素的挖掘

国际私法思政教学另一个重要的环节是思政元素的挖掘。只有准确地挖掘好思政元素，才能同时兼顾好专业知识与思政建设双重育人优势，进而保证后续教学内容的顺利展开。那么哪些属于思政元素的呢？有学者以《中国学生发展核心素养》为基础，结合国家各项意见规定，整理并总结出以下思政元素体系（见表13-1）：①

表 13-1 思政元素体系

家国情怀	国际理解：全球意识、开放的心态，人类文明进程、世界发展动态；尊重世界多元文化的多样性和差异性，跨文化交流的重要性；人类面临的全球性挑战，人类命运共同体的内涵与价值等
	国家认同：国家意识，国情历史，国民身份认同，国家主权及捍卫、尊严和利益；文化自信，对中华民族的优秀文明成果的了解，对中华优秀传统文化和社会主义先进文化的传播和弘扬；中国共产党的历史和光荣传统，热爱党、拥护党的意识和行动；社会主义核心价值观，共同富裕，中国特色社会主义共同理想，中华民族伟大复兴中国梦
	社会责任：自尊自律，文明礼貌，诚信友善，宽和待人；孝亲敬长，感恩之心，同理心；公益和志愿服务的意识，爱岗敬业，奉献精神，职业道德，团队意识和互助精神；主动作为履职尽责，责任感培养；能明辨是非，规则意识与法治意识，公民权利和公民义务；自由平等，社会公平正义；敬畏自然人和自然的关系，绿色生活方式和可持续发展理念
人文素养	人文积淀：古今中外人文领域传统文化和成果的智慧与精髓；人文思想中所蕴含的认识方法和实践方法等
	人文情怀：以人为本，人的尊严和基本人权；人的生存、发展和幸福等
	审美情趣：艺术知识对性格、情绪和品格的影响；文化艺术需多样性，发现、感知、欣赏、评价美的重要意义；健康的审美价值取向；生活中的艺术表达、艺术创意的重要性

---

① 田洪鋆. 批判性思维视域下课程思政的教与学[M]. 北京：法律出版社，2021：85-87.

续表 13-1

科学精神	理性思维：求真精神，基本的科学原理和方法的运用；尊重事实和证据，有实证意识和严谨的求知态度；逻辑清晰，能运用科学的思维方式认识事物、解决问题、指导行为等
	批判质疑：问题意识；独立思考、独立判断；思维缜密，多角度、辩证地分析问题，明智的决策等
	勇于探究：好奇心和想象力的重要性；不畏困难，坚持不能的探索精神；大胆尝试，积极寻求有效的问题解决方法的能力和韧性
深度学习	乐学善学：正确认识和理解学习的价值，积极的学习态度和浓厚的学习兴趣；养成良好的学习习惯，掌握适合自身的学习方法；自主学习，具有终身学习的意识和能力等
	勤于反思：具有对自己学习状态进行审视的意识和习惯，善于总结经验；根据不同情境和自身实际，选择调整学习策略和方法等
	信息意识：自觉有效地获取、评估、鉴别、使用信息；数字化生存能力，"互联网＋"等社会信息化发展趋势；网络伦理道德与信息安全意识等
人格发展	珍爱生命：生命意义和人生价值；安全意识与自我保护能力；适合自身的运动方法和技能，健康文明的行为习惯和生活方式等
	健全人格：积极的心理品质，自信自爱，坚韧乐观；自制力，调节和管理自己的情绪，抗挫折能力等
	自我管理：正确认识与评估自我；依据自身个性和潜质选择适合的发展方向；合理分配和使用时间与精力；达成目标的持续行动力等
实践创新	劳动意识：尊重劳动，积极的劳动态度和良好的劳动习惯动手操作能力，劳动技能；改进和创新劳动方式、提高劳动效率的意识；诚实合法劳动和创造成功生活的关系等
	问题解决：发现和提出问题、解决问题的兴趣和热情；制定合理的解决方案；复杂环境中行动的能力等
	技术运用：技术与人类文明的有机联系，学习掌握技术的兴趣和意愿；工程思维，创意和方案转化力，现有技术的改进与优化等

教师结合国际私法专业特色并参考和借鉴上述表格内容,可以进一步挖掘和解释具有国际私法专业导向的思政元素,并应用于教学全过程。其中最为突出的毫无疑问是"人类命运共同体"理论。该理论主要涉及表13-1中第一部分以家国情怀为中心的思政元素。这主要因为:一方面,自二战后建立的以联合国宪章为基础的多边国际秩序正在面临严峻挑战,美国等西方国家不断否定既有国际习惯法规则,将维护本国利益与遵守国际法规则相对立,并通过单边主义的方法将本国法适用于域外,侵犯他国主权;另一方面,我国经济外交实力不断提升,积极参与各项国际实践,为促进国际社会的和平与繁荣作出巨大贡献。面对当前纷繁复杂的国际社会,作为负责任的世界大国,我国适时提出人类命运共同体理念,并在2018年正式写入我国宪法序言部分。由此人类命运体从一项具有东方智慧的发展理念转化为具有规范效力的法律原则。在国际层面,人类命运共同体继承并巩固了以联合国宪章的宗旨与国际法原则,将本国人民利益同世界各国人民利益统一起来,从尊重法律共同体基础上的多元法律体系为前提,探索涉外民商事法律冲突的解决途径与促进全球一体化新路径。在国内层面,则体现出我国超越了以部分国家主导的单边主义范式,[①]倡导构建开放包容的世界,尊重人类文明的多样性,为全球经济、文化的持续繁荣提供中国方案,并不断增强我国在国际社会中的话语权。

(三)教学主线的设定

为了呼应前述思政建设对国际私法课程的改革需求,协调专业课程与思政建设同向同行,不仅需要不断强化思政建设对国际私法育人过程的积极导向作用,更要善讲、讲好"思政故事",将"全球意识、人类命运共同体的内涵与价值、世界发展动态、人类面临的全球性挑战、国家主权及捍卫、问题意识、独立思考、独立判断的科学精神与实践创新"等思政元素源源不断的引入专业课堂,让学生在思政元素的导向下更深入把握国际私法的理论与实践,从而建立个人与国家、本土与世界正确的理解逻辑与话语体系。

课程主线主要由两个方面构成:第一,国际私法基础理论。第二,国际私法实践问题。前者重让学生掌握国际私法尤其是传统冲突法部分的基本原理,通过自身思辨、论证更好地把握国际私法解决涉外民商事法律冲突的逻辑脉络。后者则

[①] 杜涛.从"法律冲突"到"法律共享":人类命运共同体时代国际私法的价值重构[J].当代法学,2019,33(3):145-160.

直面国际私法中的司法实践问题,重在指导学生对实践中的困境进行独立思考,坚定我国提出的人类命运共同体价值共享理念,并将理论与实践链接,辩证分析当前国际社会中的热点问题。按照课程主线,又以专题为教学单元模式,共安排四个教学专题(见图13-1),分别是:第一,百家争鸣:国际私法学说思想史;第二,慎思明辨:冲突规则与适用问题(反致、识别、外国法查明、先决问题、直接适用法、公共秩序保留);第三,博学详说:身份、物权、合同、侵权冲突法;第四,践履所学:涉外民事诉讼程序(管辖权、判决承认与执行)。

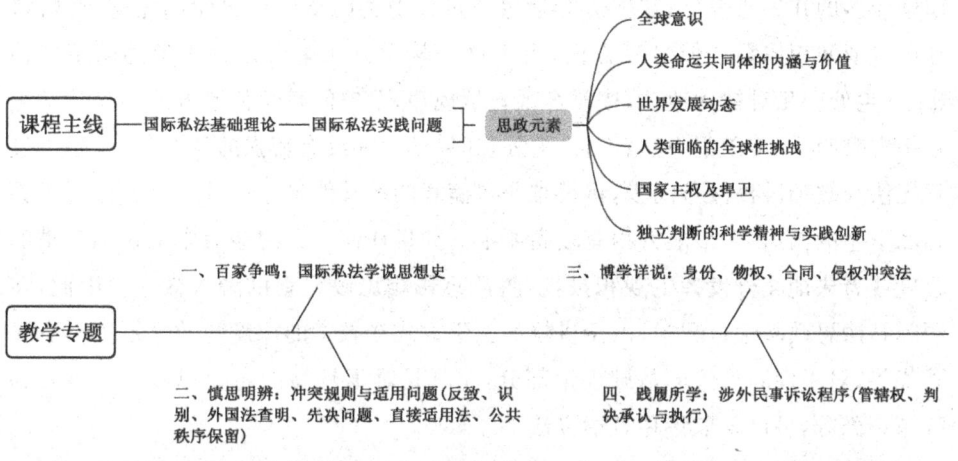

图13-1 国际私法的两条主线+四个教学专题

(四)教学方法的优化

教学方法的优化关系到在思政元素融入专业课程过程中,应当采用何种方式更能提高学生消化、吸收课堂内容的学习效果。更重要的是适当的教学方法是落实思政内容的工具,对学生形成正确的价值观、人生观、世界观具有积极推动作用。在人类教育事业的发展过程中,虽然各国的教学理念、教育水平均存在较大差异,但是就教学方法问题,已经积累相当数量的教学方法,并达成一定共识。首先,教学方法具有工具性。教学方法一般与相应的教学目标相配套,其实际效果以教学内容的落实为评估标准。其次,教学方法具有双向作用的特征。教学方法虽然交由授课老师来选择,但是其最终效用的发挥需要教师与学生相互支持,合力完成。因此对于国际私法专业课程教学方法的选取,一方面需要结合前述所阐述的国际私法课程思政教学目标进行选取;另一方面也需要依据学生消化吸收的实际效果进行适当调整。

一般来看,国际私法教学常用的教学方法主要包括三种:讲授型教学法、问题导向型教学法以及自主学习型教学方法。讲授型教学法是指通过系统的语言描述、展示、讲解和示范从而促进学生习得专业知识的方法。作为最为传统的教学方法,讲授型教学方法也是当前课程教学中最为普遍的方法。这种方法的特点是在课堂教学过程中,教学过程由教师主导,学生出于被动接受的地位。一方面,这种教学方式具有高效、有深度、知识体系完整的优点。教师以自身知识结构为基础,充分准备、编排课程内容,由浅入深设定研究主题,可以在有限的课程时间内串联较多的知识与信息,在传递给学生的过程中也向学生输出轮廓完整、逻辑清晰的专业知识体系。但另一方面,由于这一教学方法主要依赖于教师的单向输出,学生处于相对被动地位,按照客观教学规律,单向的教学传递方式容易让学生在一定时间后,难以集中注意力。另外,如果学生并没有较强的认知能力,思维过程无法与教师讲授保持同步,将很难获得满意的教学效果。这种教学方法对于教师和学生的沟通、领悟能力均有较高要求。如果任何一方的能力未能达到要求的程度或者未能充分发挥主观积极性,将严重影响思政元素的融入效果。因此,在国际私法思政教学过程中,由于讲授型教学方式在教学的深度与效率层面具有显著优势,对于国际私法的基础理论部分,尤其是难度较高的主权思政因素与管辖权理论部分,可以采取该种教学方法。

另外一种重要的教学方法是问题导向型,与讲授型教学方法的师生负担分配比例相反,问题导向教学法中,一般由教师负责抛出问题,引导学生进行思考。而问题的分析、论证过程以及最终结论的形成均交由学生自主完成。在此教学方法的引入过程中,师生以问题的解决为共同目标,通过资料检索、文献整合、沟通讨论等过程展开团队作战,因此这种教学方法一般可以达到比较满意的教学效果。对于学生来说,在课堂上将与教师处于同等地位,直面待解决的问题,这将极大激发学生的参与积极性,并形成同学之间、同学与教师之间的良好互动。对教师而言,问题导向型的教学方法,也将使其在与学生的互动过程中,发现教学中真正的难点,并试试调整讲课过程中的内容,实现教学相长。但是该种教学方法也存在一定不足。具体来看,其一,该种教学方式的前提是在课堂上对问题进行充分讨论、分析,因此客观上占用的时间比重会较大,需要教师对于讨论过程进行有效的时间控制。其二,从知识体系的视角上看,问题导向型更多强调发挥发散思维,给予更多头脑风暴的空间,因而可能忽略整个知识体系的抽象化总结。因此,在国际私法教学中,针对国际社会热点问题的研究可以采用该种教学方法,一方面可以最大程度调动学生积极性,关注身边的国际现实;另一方面也以问题为导向,由学生对问题进行进一步解读,丰富国际社会实践的分析视角。

最后一种较为常用的教学方法是自主学习法。直观上来看,该种教学方法主要由学生主导独立解决问题,教师仅提供适当引导。这种方法一般的流程是:由教师制定一定阅读清单供学生进行参考,学生在阅读一定文献的基础上总结核心问题,并逐个进行分析论证,最后教师对此过程进行总结与评估。这种教学方法实际上最大程度尊重并发挥学生的积极性,但是应当注意,该种方法对于学生的基本功有一定要求。如果学生未先掌握文献检索方法,不具备文献综述的总结分析能力,那么在自主学习的过程中将可能出现目无章法的困难。因此在国际私法课程教学初始阶段,不建议采用该教学方法,否则将可能对学生的学习积极性、耐心等方面构成较大挑战。

从整体来看,三种教学方法各具优点,如果正确运用,均能在国际私法课程的思政建设过程中发挥积极作用。但是又同时具有部分不足,国际私法教学实践应当结合具体专业课程涉及的教学内容以及思政元素的特点进行理性选择,扬长避短。因此,论文最后一部分将以福建章公肉身佛像追索案的教学为例,对国际私法课程思政建设的实践进行具象分析。

四、实践尝试——以福建章公肉身佛像追索案教学为例①

在前述分析的基础上,本部分将以福建章公肉身佛像追索案作为实践蓝本,对国际私法课堂中的思政教学,按照实践顺序从理念与目标、内容与视角、环节与方法三个方面展开详细分析论证。

(一) 理念与目标

为了更好地将思政元素贯穿于课堂教学全过程,应当首先结合教学内容明确课程教学的思政目标。案件基本情况涉及我国福建地区一尊肉身佛像。② 在1995年佛像突然被盗,村民痛哭流涕,如丧考妣。其后,村民偶然发现欧洲某一展览的佛像疑似祖师肉身,遂开启中国、荷兰追索之路。

在国家利益层面,该案关系到我国被盗文物的所有权归属及返还,文物作为

---

① 本文选取福建章公肉身佛像追索案作为实践蓝本的理由在于:第一,该案属于我国海外流失文化遗产的追回问题,与民族精神、国家主权等思政元素具有密切关联。第二,该案在学理上又极具分析价值,包含国际民事诉讼程序问题、涉外物权的法律适用问题等国际私法问题。

② 章公六全祖师,原名章七三。当地习俗喜用数字取名,章公祖师刚出生时,祖父正好七十三岁,于是为其取名章七三。章公祖师在吴山乡张坑村放牛时受到仙人点化成为得道高僧,最后选择在阳春村"普照堂"坐化,受当地香火供养千年,是当地居民重要的精神寄托。

国家重要文化财产,既是时代遗留下的历史宝藏,也是民族精神的象征,具有极其重要的精神文化价值。因此本课程的教学应当围绕"国家主权及捍卫、民族精神、中华民族的优秀文明成果、世界发展动态的家国情怀"以及"人文积淀、文化艺术的重要性的人文素养",明确引导学生结合案例背后的时代背景,正确看待我国流失海外的文化遗产的法律性质。

在学术研究层面,该案又包含国际私法与国际民事诉讼法中的关键问题,例如,肉身佛像属于物还是尸体将对法律适用产生相应差异的结果。因此本课程的思政教学又可以挖掘出"运用科学的方法认识问题,辩证分析以及积极寻求有效解决方法的科学精神",对于本案充满争议的法律问题进行深度剖析,并充分发挥课程的思政教育功能,实现价值引领、知识传递、能力培养的有机统一。

(二)内容与视角

在明确本课程的思政教学目标后,目光需要进一步在思政元素与专业知识之间循环往返,设计课程的教学内容,保证思政元素与教学内容的相互衔接。对此,可以按照教学内容—问题拆分—交互作用—思政元素的逻辑顺序进行设计,避免思政元素与国际私法教学"两层皮"的现象。国际私法课程的教学内容设计如图13-2所示。

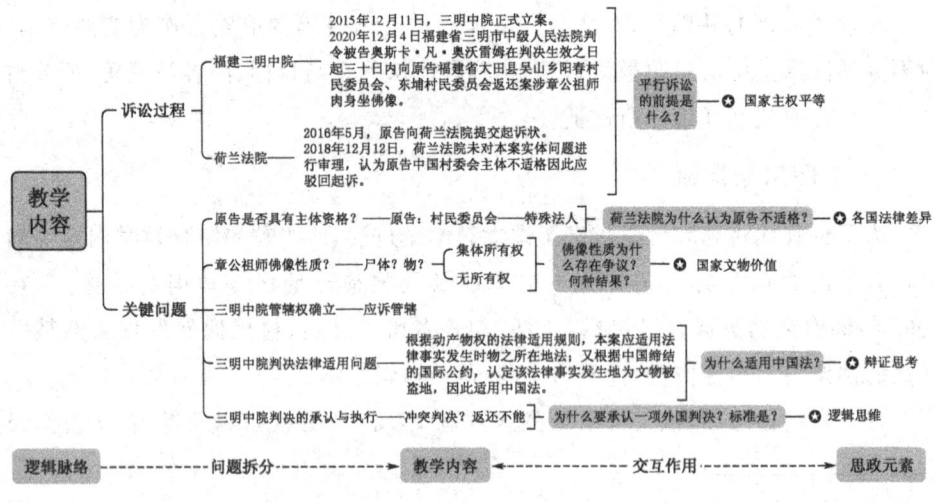

图13-2 国际私法课程的教学内容设计

（三）环节与方法

在具体教学过程中,也同时需要针对不同教学内容的思政特色,选取相应的教学方法。具体来看,在福建章公肉身佛像追索案的教学过程中,由于学生已经从社会热门新闻中知晓该案基本案情,在此基础上,可以首先由学生从自身了解出发,总结案件基本事实,并谈谈个人看法,通过这一过程,可以尽可能全面的了解学生对于本案的意见以及最初始的理由。在此基础上,教师可以进一步抛出案例背后的核心问题,由学生围绕该问题做出判断,并提供依据。福建章公肉身佛像追索案主要涉及六个核心关键问题,第一,村委会是否具有主体资格?第二,章公祖师的性质是物还是尸体?不同的结论会对案件审理产生什么影响?第三,福建三明法院针对荷兰被告是否有管辖权?第四,案件应当适用哪一国法律?第五,中国法院与荷兰法院的诉讼属于平行诉讼吗?会产生何种法律效果?第六,三明中院的判决做出后如何在荷兰获得承认与执行?承认或拒绝的理由是什么?

针对上述一系列问题的思考,也迫使学生从复杂的案情中总结出背后的逻辑体系,继而完成逻辑论证、辩证思考的教学目标。与此同时,针对学生无法明确的疑难问题,教师需要通过讲授的教学方法进行及时释明,目的是帮助学生建构对于我国海外文物的所有权归属问题形成一个完整的知识体系。例如,对于海外文物的法律适用问题实际上是以文物本身的定性作为先决问题,如果将本案中的章公佛像认定为物,那么则应当依据动产物权的法律适用规则完成判断。但由于讼争的章公祖师像并非一般意义上的动产,属于非法出口的被盗文物,兼具人类遗骸、历史文物、供奉信物等多重属性,反映中国闽南地区传统习俗和历史印记,是当地村民长期供奉崇拜的信物,与当地村民存在特殊情感,因此很难与一般动产所等同。

在围绕案件关键问题的知识传递后,有必要从全局视角,要求同学对案件重新进行评价。这一环节的目的是为了引导学生从思政元素的角度来对案件进行进一步的政策分析。具体来说,章公祖师追索案不仅反映出由于战乱、偷盗等特定的历史事件导致我国文物大量流失海外,而且同时反映出文物经第三人私人购买获得文物所有权后,文物的归属将出现重重障碍。法律在此过程中既充当了追回本国文物的有力武器,也同时可能扮演私人买家"善意取得"私人财产权的一种保护。因此如何进行正确的价值判断,需要学生树立正确的民族观、文化观、法律观。此外从该案发散开来,我国海外流失文化遗产数量惊人,前途漫漫。因此如何利用法律武器有效的追回国家文物是需要持续关注的现实问题。本案的判决开辟了一条新的诉讼思路,那么除此之外,是否可以同时采取外交途径、私人购买等方式促成我国海外文物早日回家呢?法律之外的其他路径又存在哪些优势与缺陷呢?对此,教师可以鼓励学生集思广益,梳理正确的法律观、价值观,为我国海外文化财产的返还之路贡献绵薄之力。

五、总结

大学教育不仅仅是传授知识与技能的载体,更是为社会输送具有独立品质与道德观念人才的必经之路,这条道路的建设实际上离不开一种贯穿不同学科和专业课程的价值观形塑方法——课程思政。具体到国际私法专业课程中的思政建设过程,虽然国家各项政策、规范性文件虽然已经做出顶层设计,但是在实践层面,由于客观层面缺乏科学系统的统筹模式,以及主观层面教师教学认识与方法相对滞后,因此课程思政的推进面临严重挑战。对此,可以从教学目标的明确、思政元素的挖掘、教学主线的设定以及教学方法的优化四个方面有针对性地对国际私法与课程思政的融合机制进行全方位的完善。思政元素融入国际私法教学,如春雨般润物细无声,不仅帮助学生掌握国际私法基本原理,对当前国际涉外民商事法律冲突形成更透彻的理解,更为学生成为具有正确的价值观、世界观、民族使命感的栋梁之材指明方向。

参考文献

[1] 陈慧女.高校思政课程与课程思政协同育人的生成逻辑[J].高校辅导员,2020(6):14-18.

[2] 杜涛.从"法律冲突"到"法律共享":人类命运共同体时代国际私法的价值重构[J].当代法学,2019,33(3):145-160.

[3] 郭为忠.春风化雨,润物无声:课程思政元素的挖掘与融入[EB/OL].(2021-10-14)[2022-08-20]. https://ctldnew.sjtu.edu.cn/news/detail/746.

[4] 韩宪洲.课程思政的发展历程、基本现状与实践反思[J].中国高等教育,2021(23):20-22.

[5] 韩宪洲.课程思政:新时代中国特色社会主义高等教育的理论创新与实践创新[J].中国高等教育,2020(22):15-17.

[6] 何衡.高职院校从"思政课程"走向"课程思政"的困境及突破[J].教育科学论坛,2017(30):27-30.

[7] 何其生.国际私法秩序与国际私法的基础性价值[J].清华法学,2018,12(1):31-50.

[8] 胡娟.推动人的全面发展是教育的时代使命[N].光明日报,2021-07-13(15).

[9] 石书臣.正确把握"课程思政"与思政课程的关系[J].思想理论教育,2018(11):57-61.

[10] 习近平.思政课是落实立德树人根本任务的关键课程[J].求是,2020(17):4-16.

[11] 田洪鋆.批判性思维视域下课程思政的教与学[M].北京:法律出版社,2021.

[12] 钟金雁.论"思政课程"与"课程思政"的异同及协同育人机制的构建[J].思想政治课研究,2020(1):116-121.

14 课程思政视角下国际刑法学教学改革研究

袁建军　陈　洁①

摘　要：课程思政是一种全新的思想政治教育理念。推行课程思政是我国高等院校开展学生思想政治教育的一种创新模式，也是落实立德树人根本任务的有效途径。法学课程思政是加强高校法学专业大学生国家认同和自我认同的重要教育方式。法学课程思政方兴未艾，教育模式需要进一步研究和完善。国际刑法学课程作为法学专业的一门交叉学科课程，是开展马克思主义法律理论教育的重要平台，因此在国际刑法学课程中开展课程思政教育具有重大意义。基于国际刑法学学科性质，国际刑法学课程可以从培养爱国主义的家国情怀、践行社会主义核心价值观、追求人类命运共同体的价值目标三方面挖掘课程思政因子改进教学设计。

关键词：课程思政；国际刑法学；教学改革

一、引言

党和国家一贯高度重视教育工作，尤其是党的十八大以来，以习近平同志为核心的党中央，把教育放在优先发展的战略位置，提出"培养什么人、怎样培养人、为谁培养人"的命题。自2016年全国高校思想政治工作座谈会以来，习近平总书记多次强调"立德树人，培养全面发展的社会主义接班人"是高等教育的根本任务，要坚持把立德树人作为中心环节，把思想政治工作贯穿于教育教学全过程，实现全程育人、全方位育人。为了打破思政课程"孤岛化"和思政课教师"孤军作战"的局面，习近平总书记提出并强调要充分利用各类课堂开展课程思政，各门课都应当在"守好一段渠、种好责任田"的同时，与思想政治理论课同向同行，形成协同

---

① 袁建军，南京航空航天大学人文与社会学院法律系副教授，南京大学博士在读，研究方向：法哲学、国际法和国际政治理论。陈洁，南京航空航天大学人文与社会学院法律系教授，南京大学法学博士，研究方向：国际法和欧洲一体化。

效应。①

课程思政是相对于思政课程提出的新概念,它来源于对高校思政教育的发展要求以及高校人才培养目标的总体领会,立足于挖掘思想政治理论课以外的各类不同课程中所蕴含的思政教育资源,以各专业课程来承载思政教育。课程思政是高校通过思政课、综合素养课以及专业课开展思政教育工作,从而构建"三位一体"的思政课程体系,是与"网络思政""文化思政"等概念相对应的思政教育。"课程思政"旨在构建全员、全程、全课程育人格局,使各类课程与思政教育工作同向同行,利用协同效应推动高校"立德树人"根本任务的稳定发展。从形式层面来看,"课程思政"是将理论知识、价值理念以及精神追求等思政教育元素融入具体课程之中。从价值追求层面来看,"课程思政"是对全体教师和一切教育教学活动提出的共同要求,根本目的在于实现"立德树人",为中国特色社会主义事业培养可靠人才。②

在全面推进依法治国的背景下,高校法学教育也面临着法治教育与思政教育的双重任务:一方面要不断深化法治教育,充分吸收马克思主义法治思想中国化的新理念新思想新战略,坚持培养德才兼备的高素质法治工作人才,坚定依法治国事业;另一方面也要坚持强化思政教育,充分运用"新时代中国特色社会主义思想铸魂育人",贯彻党的教育方针以落实立德树人的根本任务,牢筑思想政治屏障。③面对如此重任,法学课程开展课堂思政教学是落实好、贯彻好、实现好新时代法学教育工作目标的必由之路和必要之选。国际刑法学课程是法学教育的攻坚环节,在国际刑法学课程中开展思政教学意义尤甚。笔者拟从论证国际刑法学开展课程思政的重要意义开始,然后根据国际刑法学学科性质和学科特点论证如何开展国际刑法学课程思政教学。

二、法学课程思政教学的内涵

有学者认为,课程思政的实质"是将高校思想政治教育融入课程教学和改革

---

① 参见:《习近平在全国高校思想政治工作会议上强调把思想政治工作贯穿教育教学全过程开创我国高等教育事业发展新局面》,载央视网,http://news.cctv.com/2016/12/08/AR - TIihpHZs56dGPSnK5b5x5y161208.shtml,最后访问日期:2022年8月1日。
② 王静."课程思政"视角下高校历史教学的思考与探索[J].北京城市学院学报,2021(2):78-84.
③ 习近平.加强党对全面依法治国的领导[J].奋斗,2019(4):1-8.

的各环节、各方面,实现立德树人润物无声"①。有学者认为,它是指将思政教育寓于专业课程教学中,使两者产生良性互动,发挥课堂主渠道所承载的立德树人的功能与职责,促使学生在专业课程的学习活动中潜移默化地接受思政教育,以达到内化于心、外化于行的教育目的②。另有学者主张,课程思政是"将思想政治教育元素,包括思想政治教育的理论知识、价值理念以及精神追求等融入各门课程中去,潜移默化地对学生的思想意识、行为举止产生影响"③。

与思政课程相比,课程思政具有如下特征:首先,它本质上不是一门课,而是一种理念与价值观的培育④;其次,在内容上,它要求高校中所有的课程都挖掘思政教育资源、发挥思政教育效能⑤;再次,在途径上,它通过运作整个课程,在全员参与下,对于学生予以全方位、全过程的思政教育;最后,在目的上,它要求把知识传授、能力培养、思想引领融入每一门课程的教学中,在每一门课程中体现育人的功能。由上可见,课程思政是立足于各学科课程而产生的一种新型思政教育模式,它通过深挖各门课程中的思政教育资源,使学生在课程学习中潜移默化地接受思政教育,从而实现课程学习与思政教育的良性互动,达到立德树人、协同育人的目的。⑥

法学是"正义"之学,法学教育本质上是意识观念与思维形态范畴的塑造与完善,其担负的不是单纯意义上的知识技能传授与职业素养培育,还包含社会人文教育与国家价值观念的培养。法学课程思政教育教学改革发展即在传统高校法学教育中逐渐融入社会主义法治观念与思想道德教育工作,从社会主义法治建设角度出发,将学生培养成符合国家复兴发展需求的"德法兼修"高素质综合型法律人才。因此,在高校法学专业课程中,全面贯彻课程思政教育教学改革发展理念,不仅能使学生更深层次掌握与学习马克思主义法学,实现马克思主义法学的中国特色社会主义化发展,并且能帮助学生熟悉法律条例,形成良好的法律人格、法律

---

① 高德毅,宗爱东.从思政课程到课程思政:从战略高度构建高校思想政治教育课程体系[J].中国高等教育,2017(1):43-46.
② 巩茹敏,林铁松.课程思政:隐性思想政治教育的新形态[J].教学与研究,2019(6):45-51.
③ 王学俭,石岩.新时代课程思政的内涵、特点、难点及应对策略[J].新疆师范大学学报(哲学社会科学版),2020,(2):50-58.
④ 王海威,王伯承.论高校课程思政的核心要义与实践路径[J].学校党建与思想教育,2018(14):32-34.
⑤ 邱伟光.课程思政的价值意蕴与生成路径[J].思想理论教育,2017(7):10-14.
⑥ 朱继胜,谭洁,朱振明.论法学课程思政特点、难点与实施路径[J].高教论坛,2021(9):56-59.

价值观与职业素养,具有一定的理论与实践意义。①

三、国际刑法学课程开展思政教学的意义

我国对国际刑法学的开拓性研究始于 20 世纪 80 年代中后期,此后国际刑法学也逐渐发展成一门学科。与传统的国内刑法不同的是,国际刑法是以国际刑事法律关系为调整对象的,"其存在依赖于国际法的渊源和发展",调整方法主要是国际协商与合作,而目的在于惩治与防范涉外犯罪、跨国犯罪和国际犯罪。因此,以国际刑法为研究对象的国际刑法学实质为国际刑事法学,在课程体系建设方面已然有别于刑法学和国际法学等学科。

"交叉学科教育的核心是知识的整合,其过程是各个学科的相互作用,其目标是培养学生解决复杂问题的能力。"②国际刑法学作为国际法学项下的三级学科,是由刑法学、刑事诉讼法学与国际公法学交叉、融合后发展形成的,其研究对象不仅包含实体内容,也包括程序内容;其触及范围不仅涵盖法律关系,还涉及国际关系与外交问题。③

作为法学专业中一门交叉学科,国际刑法学同法学其他分支学科相比,研究领域更窄,专业性更强,对研究人员素质要求更高。国际刑法学不仅要求其研习者具备一定程度的刑法学、刑事诉讼法学和国际公法学等学科的理论水平和研究能力,还要了解国际关系学、外交学的相关知识,能够熟练地阅读外文资料。④ 因此,在国际刑法学课程教学中落实好、贯彻好思政课程的基本精神兼具理论和现实意义:一方面,当代中国国际刑法学是马克思主义法学中国化的产物,国际刑法学课程教学在于使学生认识、掌握和理解真正的马克思主义法学;另一方面国际刑法学课程有利于法律学习者认识并厘清国际社会的文化与社会价值分歧,培养成熟法律世界观、良好法学素养。

法律总是在做着价值选择,一个法律学科也很难有一个既定的或是唯一的价值取向,尤其对于国际刑法学这样复杂的学科而言。保障人权、维护主权、维护世界秩序、实现刑事司法正义等,都是国际刑法学课程教学需要考量的价值因素,而这些价值之间一定程度上存在着矛盾与冲突,这与国际社会的文化与社会价值分歧及利益牵扯不清有关。

---

① 唐素林.高校法学"课程思政"教育教学改革发展探究[J].高教学刊,2021(1):122-125.
② 王冬梅.美国高校交叉学科教育研究综述[J].比较教育研究,2007(3):38-43.
③ 李海滢,梁翔宇.国际刑法学科发展的定位与瓶颈[J].当代法学,2013(2):41-48.
④ 李海滢,梁翔宇.国际刑法学科发展的定位与瓶颈[J].当代法学,2013(2):41-48.

国际刑法学课程教学的基本目的在于让学生掌握法律以及法律背后的基本原理,能够运用法律或法律基本原理解决社会矛盾和冲突,协调社会各方利益需求,实现客观公正,能够在是非与纠纷面前保持价值中立,维护人性尊严和法治权威。

四、国际刑法学课程思政教学基本思路

近年来课程思政理念的提出和践行对高校思想政治教育起到了一定的提升作用,因此基于国际刑法学课程开展思想政治教学的重要意义,在课程设计方面就必然要做出一些改变,甚至是创新。我们认为,针对国际刑法学课程的课程思政教学设计,需要考虑的问题包括以下几个方面:

(一)养成爱国主义的家国情怀

爱国主义是人们对自己祖国的深厚感情,揭示了个人对祖国的依存关系,是人们对自己家园以及民族和文化的归属感、认同感、尊严感与荣誉感的统一。它是调节个人与祖国之间关系的道德要求、政治原则与法律规范,也是中华民族精神的核心。爱国主义是思想政治教育的重要内容,也应是国际刑法课程思政教学目标之一。

国际刑法是国家之间意志的协调,国际法渊源中主要的渊源形式——国际条约就是通过国家之间的协议而缔结的。国家决定了国际法规则的产生、发展和修订。在学习国际刑法的有关原则、规则与制度的过程中,在涉及国家领土争端、惩罚国际犯罪、国际人权保护等领域相应国际规则的确立、适用和发展的过程中,会面临不同国际利益集团的博弈。在纷繁复杂的国际局势下,学生需要明确我们国家对相关国际法原则、规则与制度的立场、态度与观点,需要理解我国在参与国际谈判与国际规则的制定过程中所坚决维护的核心利益和重要关切。而这些根源于对祖国的爱,对中国政治制度、价值观念、国家利益的认同与自觉的维护。这需要师生在爱国主义的引领下,坚定中国的立场、维护中国国家及人民的利益。

(二)践行社会主义核心价值观

法学家伯尔曼说:"在任何一个社会,法律本身都促成对其自身神圣性的信念。它以各种方式要求人们的服从,不但付诸他们物质的、客观的、有限的和合理的利益,而且还向他们对超越社会功利的真理、正义的信仰呼吁,也就是说,以一

种不同于流行的现实主义和工具主义理论的方式确立法的神圣性。"①法律需要被信仰,要树立它的权威性,需要通过建立共同的价值目标来把各项具体的法律制度联结起来,获得目的的正当性,进而形成全社会普遍的价值认同。

社会主义核心价值观的基本内容是:富强、民主、文明、和谐,自由、平等、公正、法治,爱国、敬业、诚信、友善。② 社会主义核心价值观是社会主义核心价值体系的高度凝炼和集中表达,是社会主义核心价值体系的基本内核。2017 年 10 月 18 日,习近平同志在十九大报告中指出:"要培育和践行社会主义核心价值观,要以培养担当民族复兴大任的时代新人为着眼点,强化教育引导、实践养成、制度保障,发挥社会主义核心价值观对国民教育、精神文明创建、精神文化产品创作生产传播的引领作用,把社会主义核心价值观融入社会发展各方面,转化为人们的情感认同和行为习惯。"大学生是革命事业的接班人,作为时代新人中优秀的群体,正处在价值观形成的重要时期,思维敏捷,接受新鲜事物迅速,将社会主义核心价值观内化于课堂,将做人理念巧妙地融入专业课程的教学,是培养优秀人才的重要途径,二者的有效结合可以取达到事半功倍的效果。③

正义、人权、自由、秩序、效率是法的核心价值。国际刑法作为法的组成部分,必然具有法的价值。国际刑法通过惩罚罪恶、补偿损失以实现正义;通过提供诉讼规则和诉讼程序以保障犯罪人人权;通过制裁犯罪、限制国家公权力保障自由免受侵犯;通过惩罚国际犯罪维持和平安定的国际秩序;通过承认与保护人权和人类的利益以促进效率。从法律作为人的一种生存方式和生活方式出发,在法的核心价值中,正义应该是最高位阶的价值,④因而国际刑法首先应该体现正义。

(三)追求人类命运共同体的价值目标

国际刑法是国际关系在法律制度层面的反映,是制度化和法律化的处理国际关系的原则、规则和制度的总和。国际刑法的学习既要立足于本土,同时也应具备国际视野与全球情怀,树立人类命运共同体的价值理念。人类命运共同体的理念自提出以来,不仅是中国处理国际关系、推进全球治理的倡议和构想,其谋求国际社会和谐、合作与共赢发展的理念也得到了国际社会的广泛认可。人类命运共

---

① 哈罗德·伯尔曼.法律与宗教[M].梁治平,译.上海:生活·读书·新知三联书店,1991:44.
② 王勤芳,许翠霞.以社会核心价值观阐释民法典基本原则——对民法学教育"课程思政"的思考[J].集美大学学报(教育科学版),2021,(2):64-69.
③ 王勤芳,许翠霞.以社会核心价值观阐释民法典基本原则——对民法学教育"课程思政"的思考[J].集美大学学报(教育科学版),2021,(2):64-69.
④ 姚建宗.法理学:一般法律科学[M].北京:中国政法大学出版社,2006:235.

同体的理念将国际社会连接成为一个你中有我、我中有你的"命运共同体",各国在追求本国利益的同时也要兼顾他国的合理关切,在谋求本国发展中促进各国共同发展。这就要求在国际规则的制定、国际合作、国际冲突的解决过程中,中国应坚定自己的立场和态度,以"人类命运共同体"理念为指导参与国际关系,引领国际规则的制定,引领新型国际关系的形成。因而学习国际刑法应以人类命运共同体理念为基本的价值指引,探索在国际交往的各个领域实践人类命运共同体的理念。①

当然,我们也应该认识到,法学教育与思政教育毕竟有所不同,因此国际刑法学课程思政的开展与落实必然要遵循一定的基本原则,使思政教育与法学专业教育能够有机结合,相得益彰。第一,融入思政教育要找准契合点,科学取舍适当的思想政治内容。第二,作为法学专业课程,国际刑法学课程在进行课程思政教学过程中要重点突出,保持专业本身的特殊性,同时也要尽可能深入挖掘课程本身的思政因子,拓展课程边缘的思政周边。第三,科学规划,循序渐进。国际刑法学课程思政教育是一种独特的知识教育、理念教育和思维教育,在开展国际刑法学课程思政教育时不可操之过急,而要循序渐进。②

五、结束语

综上所述,国际刑法学课程思政教学是在非思政课程中融入或提炼思政教学,是专业教育与思政教育融合与复加的教学模式。"课程思政"教学旨在对一般课程教学进行思政拓展和深化,是一种新的教学思维方式和教学理念。"课程思政"的教学宗旨在于坚持以"育人"为根本出发点,围绕"知识传授与价值引领相结合",于无声中润物,从全方位、全过程实现"立德树人"的终极目的。在课程思政建设与实施过程中,"课程"是平台,"思政"是方针,"思政理念"是课程思政教学有效开展的重要理论和实践指引。③ 高校法学课程思政教育教学改革是一个长期的实现过程,对我国社会主义法治建设有非常重要的影响。国际刑法学教学过程中要聚焦法学专业知识与思想政治教育工作,将思想政治教育充分融入法学专业知识教育中,以党和国家政策方针为导向,建立全方位全过程的长期法学专业育

---

① 陈晓芳.浅析《国际法》课程思政教学目标的设计[J].法制与社会,2020(9):185-186.
② 兰婷婷."法理学"课程思政教学改革模式初探[J].公安学刊(浙江警察学院学报),2019(2):107-112.
③ 兰婷婷."法理学"课程思政教学改革模式初探[J].公安学刊(浙江警察学院学报),2019(2):107-112.

人机制,让学生在潜移默化中受到影响,实现培养新时代中国特色社会主义对法学教育培养"德才兼备"法治人才的目标。

参考文献

[1] 王静."课程思政"视角下高校历史教学的思考与探索[J].北京城市学院学报,2021(2):78-84.

[2] 习近平.加强党对全面依法治国的领导[J].奋斗,2019(4):1-8.

[3] 高德毅,宗爱东.从思政课程到课程思政:从战略高度构建高校思想政治教育课程体系[J].中国高等教育,2017(1):43-46.

[4] 巩茹敏,林铁松.课程思政:隐性思想政治教育的新形态[J].教学与研究,2019(6):45-51.

[5] 王学俭,石岩.新时代课程思政的内涵、特点、难点及应对策略[J].新疆师范大学学报(哲学社会科学版),2020,(2):50-58.

[6] 王海威,王伯承.论高校课程思政的核心要义与实践路径[J].学校党建与思想教育,2018(14):32-34.

[7] 邱伟光.课程思政的价值意蕴与生成路径[J].思想理论教育,2017(7):10-14.

[8] 朱继胜,谭洁,朱振明.论法学课程思政特点、难点与实施路径[J].高教论坛,2021(9):56-59.

[9] 唐素林.高校法学"课程思政"教育教学改革发展探究[J].高教学刊,2021(1):122-125.

[10] 王冬梅.美国高校交叉学科教育研究综述[J].比较教育研究,2007(3):38-43.

[11] 李海滢,梁翔宇.国际刑法学科发展的定位与瓶颈[J].当代法学,2013(2):41-48.

[12] 哈罗德·伯尔曼.法律与宗教[M].梁治平,译.上海:生活·读书·新知三联书店,1991.

[13] 王勤芳,许翠霞.以社会核心价值观阐释民法典基本原则——对民法学教育"课程思政"的思考[J].集美大学学报(教育科学版),2021,(2):64-69.

[14] 姚建宗.法理学:一般法律科学[M].北京:中国政法大学出版,2006.

[15] 陈晓芳.浅析《国际法》课程思政教学目标的设计[J].法制与社会,2020(9):185-186.

[16] 兰婷婷."法理学"课程思政教学改革模式初探[J].公安学刊(浙江警察学院学报),2019(2):107-112.

15　国际经济法课程思政的理念、元素及方法：
以南京航空航天大学法律系本科生国际经济法课程为例

聂明岩[①]

摘　要：课程思政注重在专业课的授课过程中融合思政元素，达成立德树人目标。国际经济法是法学核心课程之一，具备多元化和综合性特征。推进国际经济法课程思政有助于在塑造正确的世界观、人生观、价值观的同时，提升学生的法治素养并拓宽国际视野。结合南京航空航天大学法律系国际经济法教学经验，深入探讨国际经济法课程思政蕴含的家国情怀、法治建设以及中国维护和引领国际法律秩序发展的理念；结合其知识性、人文性、引领性、时代性和开放性等课程思政元素并辅之以课堂讲授、案例讨论、辩论等综合性教学方法，可以在一定程度上实现课程思政目标。当然，在未来教学中，仍需进一步加强国际经济法课程思政理念、元素的有效结合，灵活运用线上、线下综合性教学模式，增加实践、实训环节，完善国际经济法课程思政方法，从而更好地实现课程思政目标。

关键词：国际经济法学科；课程思政理念；课程思政元素；课程思政方法

教育部于2020年5月印发的《高等学校课程思政建设指导纲要》明确提出：为落实立德树人根本任务，必须将价值塑造、知识传授和能力培养三者融为一体、不可分割。全面推进课程思政建设，就是要寓价值观引导于知识传授和能力培养之中，帮助学生塑造正确的世界观、人生观、价值观，这是人才培养的应有之义，更是必备内容[②]。课程思政更加重视在专业课的授课过程中充分有效融合思政元素，达成立德树人的目标。不过，通过近年来课程思政的实践看，专业授课过程中容易存在专业知识、能力培养和思政元素融合不够或融合过于割裂的情形，仍有

[①] 聂明岩，南京航空航天大学人文与社会科学学院法律系副教授，德国科隆大学法学博士，研究方向为国际法、外层空间法、航空法，主讲课程包括：国际经济法、民用航空法与航天法等。本文系南京航空航天大学人文与社会科学学院2021年示范性课程思政建设项目（2021KCSZ01）的阶段性成果。

[②] 教育部关于印发《高等学校课程思政建设指导纲要》的通知[EB/OL]. (2020-05-28) [2022-08-28]. http://www.gov.cn/zhengce/zhengceku/2020-06/06/content_5517606.htm.

进一步探讨、完善的必要。

法治是社会主义核心价值观的重要内容,应发挥规范和保障作用①。统筹推进国内法治和涉外法治是习近平法治思想的重要组成部分②。作为法学本科生核心课程的"国际经济法"是培养学生具备建设社会主义法治思维、国际法治视野的不可或缺的学科,也是涉外法治的重要依托。因此,围绕国际经济法学科开展课程思政建设有良好的理论和现实基础。本文以南京航空航天大学法律系本科生国际经济法课程为例,重点关注国际经济法课程思政理念、元素和方法三个方面的问题,在总结经验、归纳不足的基础上,提出完善思路与方法。

一、"国际经济法"课程思政理念

国际经济法作为一个单独的学科的发展历史并不长,其快速发展主要是在第二次世界大战结束之后。起初,国际法学者将国际经济交往中的经济问题作为一个单独的领域思考、研究,但并未与其他的政治、军事和外交问题作出明显区分,只是将其视作国际公法的一个分支③。1986 年,学者瓦茨编写《跨国商务问题》,此后,诸多美国学者明确使用"国际经济法"的概念,并将调整跨国经济交往的有关国内法规范和国际法规范都纳入国际经济法范畴④。

第二次世界大战结束之后,国际社会建立起以联合国为核心的国际秩序体系,国际社会主题也逐步以和平与发展为基本遵循。如果说国家间的政治、军事和外交等由国际公法调整的关系主要关乎世界和平,那么跨国的商务交往以及由此形成的法律关系则更多的关乎发展(主要表现为经济发展)。当然,和平与发展相辅相成,不可分割。一般情况下,和平是发展的前提,发展又可以反过来促进、保障和维持和平。国际经济法对于当代国际社会意义重大,在其发展进程中,不断进行完善和修正,同时也时常遭遇挫折,详言之:

其一,国际经济法是在世界各国经济交往日渐频繁的背景之下逐步形成并快速发展的。其作为单独学科存在的历史虽不甚悠久,但历史底蕴深厚。在经济全

---

① 王淑芹.进一步把社会主义核心价值观融入法治建设[EB/OL].(2019-04-10)[2022-08-28]. http://www.wenming.cn/ll_pd/shzyhxjzg/201904/t20190410_5071575.shtml.
② 人民日报评论员.坚持习近平法治思想:论学习贯彻习近平总书记在中央全面依法治国工作会议上重要讲话[N].人民日报,2020-11-20(1).
③ 关于国际经济法性质的讨论,参见:王维成.国际经济法是国际法的一个分支[J].现代法学,1984, 6(4):23-26;另见:陈安.国际经济法[M].2版.北京:法律出版社,2007:21-22.
④ 陈安.国际经济法[M].2版.北京:法律出版社,2007:22-23.

球化背景下,国际经济法是维护经济秩序、保障世界各国稳定发展的重要方式。

其二,在国际经济法的产生和发展进程中,伴随民族独立和民族解放运动的发展,后发国家的地位逐渐突出。1955年第一次亚非会议上,摆脱殖民的弱小国家讨论切身利益问题,提出在互利和主权平等基础上,在生产、金融、贸易、航运、石油等诸多方面,开展国际经济合作①。1974年5月,联合国大会第2229次全体会议通过的《建立新的国际经济秩序宣言》明确提出要为建立一种新的国际经济秩序努力,这种秩序"将建立在所有国家的公正、主权平等、互相依靠、共同利益和合作的基础上,而不问它们的经济和社会制度如何,这种制度将纠正不平等和现存的非正义并且使发达国家与发展中国家之间日益扩大的鸿沟有可能消除,并保证目前一代和将来世世代代在和平和正义中稳定地加速经济和社会发展②"。应该说,国际经济新秩序的建立是维护战后经济发展的一个重要前提,也是国际经济法发展的必经阶段。

其三,近年来,逆全球化发展趋势逐渐呈现,其中国际经济交往的割裂是一个重要表现,这是国际经济法发展进程中的巨大挫折,从某种意义上决定了国际经济秩序包括国际经济法的未来。肇始于2018年的中美贸易摩擦已经逐步发展至贸易、科技、金融、外交、地缘政治、国际舆论、国际规则等全领域③。而"跨太平洋战略伙伴关系协定"(即TPP,后更名为CPTPP)④等加强区域经济合作的倡议的提出,一方面试图在全球化经济进程中推动更高标准的合作模式,另一方面也对以世界贸易组织(WTO)为代表的全球性经济合作机构提出了挑战。

中国是世界上最大的发展中国家,同时也是全球第二大经济体,在国际经济法的发展进程中起到举足轻重的作用。作为第一次亚非会议的重要参加国,中国提出的和平共处五项原则是建立国际经济新秩序的理论基础,其中蕴含的平等互

---

① 关于第一次亚非会议的介绍,参见:背景资料:万隆会议及其精神[EB/OL].(2015 - 04 - 22)[2022 - 08 - 28]. http://world.people.com.cn/n/2015/0422/c157278 - 26888480.html.

② 建立新的国际经济秩序宣言,3201(S-IV)。

③ 任泽平,华炎雪,罗志恒,等.中美贸易摩擦:本质、影响、进展与展望[EB/OL].(2020 - 12 - 28)[2022 - 08 - 28]. https://www.thepaper.cn/newsDetail_forward_10559971.

④ 关于TPP的介绍,参见:TPP是什么[EB/OL].(2015 - 10 - 06)[2022 - 08 - 28] http://world.people.com.cn/n/2015/1006/c157278 - 27665043.html;另见:张宇.CPTPP的成效、前景与中国的对策[J].国际贸易,2020(5):52 - 60.

利、和平共处等理念确定了国际经济合作的目标和基石[①]。2001年中国加入WTO[②],同年,WTO多哈回合谈判开启,中国作为"20国协调组"成员之一,发挥了重要作用。加入WTO之后,中国积极维护WTO法律秩序,在通过WTO争端解决机制解决纠纷[③]、维护自身利益的同时,为国际经济法治建设贡献力量。然而,自2018年起,美国以关税作为武器,引发中、美之间的贸易摩擦,国际贸易武器化情势加剧[④]。中美贸易摩擦发展至今,给全球经济发展蒙上阴影,加之新冠疫情冲击,国际经济未来发展处于极大的不确定性之中。而中国是这百年未有大变局之下的重要参与方,也是国际规则和秩序的坚定维护者。

总体而言,中国一直是国际经济的重要参与者,也是建立国际经济法律秩序的推动者,在经济逆全球化发展的今天,中国则是国际规则的维护者和引领者。由此看来,作为法学学科的国际经济法的课程思政理念可概括为如下几个层面:

其一,家国情怀层面。家国情怀是《高等学校课程思政建设指导纲要》中要求的培养学生理想信念的重要内容。从国际经济法课程学习的角度看,中国是国际经济活动的重要参与者、贡献者。中国的和平发展关系到全体中国人民的福祉,同样也与世界各国的发展密切相关。法律是维护和平与发展的制度基础,维护并完善国际经济法治是实现持久和平和普遍安全的保障,也是实现中华民族伟大复兴的中国梦的重要基础。在逆全球化大行其道,以美国为代表的西方发达国家不断突破现行国际法规则,寻求单边措施以抑制中国发展的大背景下,国际经济法的学习与研究者更应意识到维护国际经济秩序和国际经济法治对我国发展的重要意义,同时也应努力探求突破美国单边措施的做法。中华民族伟大复兴不仅关乎中国也关乎世界,因而,从中国的视角探究世界秩序的维护是一种家国情怀,同时也是世界视野。

其二,法治建设层面。法治思维的培养是《高等学校课程思政建设指导纲要》提出的目标之一。习近平法治思想中蕴含的统筹推进国内法治和涉外法治是国际经济法学习、研究者应理解的重要思想。习近平新时代中国特色社会主义思想

---

① 蔡武.纪念和平共处五项原则发表50周年:和平共处五项原则的历史意义和现实指导意义[J].当代世界,2004(6):4-6.
② 关于中国加入WTO的细节性介绍,参见:共和国的足迹——2001年:加入世界贸易组织[EB/OL].(2009-10-10)[2022-08-28].http://www.gov.cn/test/2009-10/10/content_1435051.htm.
③ 与中国相关的WTO案件的介绍与分析,参见:杨国华.WTO中国案例评析[M].北京:知识产权出版社,2015.
④ 参见:东艳,李春顶.深刻认识美国"关税武器化"政策的根源与危害[EB/OL].(2019-06-27)[2022-08-28].http://www.qstheory.cn/llwx/2019-06/27/c_1124676499.htm.

蕴含的构建人类命运共同体理念则应是通过学习国际经济法之后应认识到的重要目标。与传统的以处理国家之间关系为主的国际公法不同,国际经济法的主体除了包括国家之外,还包括自然人与法人等①。以自然人和法人为主体的国际经济关系中,涉及涉外的合同、侵权等诸多民事法律关系。从这一角度看,国际经济法实则沟通了国内法和涉外法,是学习国内法治和涉外法治内涵的综合性学科。此外,正如上述,国际经济法是建立在调整国际经济秩序的基本考量之上的,对于维护世界的和平和发展意义重大,因而也是践行人类命运共同体理念的重要方式。

其三,中国引领、推动的实践层面。中国一直是国际经济活动的重要参与者,同时也逐渐实现从国际规则的遵守者、贡献者向引领者的角色转换。在经济逆全球化和单边措施大行其道的时代大背景下,我国提出"一带一路"倡议并稳步推进,且在实践过程中逐步形成了出色的中国方案和中国方法,为国际经济秩序的完善和发展注入了新的动力。"一带一路"倡议的共建原则包括:"恪守联合国宪章的宗旨和原则;坚持开放合作;坚持和谐包容;坚持市场运作;坚持互利共赢②。"这些原则和理念则是弥补逆全球化背景下经济秩序撕裂的重要遵循。随着"一带一路"倡议实践的逐步深入以及越来越多的国家的加入③,相关原则、理念必将逐步得到世界各国广泛认可,从而在维护现行国际经济秩序的基础上,推动建立更为公平、合理的新秩序,实现对经济逆全球化发展的破局。

二、国际经济法课程思政元素

国际经济法课程内容繁杂,以马工程教材编排的体系为例,除绪论之外,共分为七编④。其中第一编为国际经济法概述,阐释了本门课程与课程思政的理论衔接,余下六编则分别从货物买卖、国际贸易管理、国际投资、国际货币金融、国际税法、国际经济与贸易争端解决等专业知识角度展开。探索并全面梳理这些具有相当技术性和知识性要求的专业内容中的思政元素,有利于避免造成阐释了课程思

---

① 《国际经济法学》编写组.国际经济法学[M].2版.北京:高等教育出版社,2019:19-27.
② 国家发展改革委,外交部,商务部.推动共建丝绸之路经济带和21世纪海上丝绸之路的愿景与行动[EB/OL].(2016-05-14)[2022-08-28]. http://www.scio.gov.cn/xwfbh/xwbfbh/wqfbh/33978/34499/xgbd34506/Document/1476358/1476358.htm.
③ 截至2022年7月底,我国已经与149个国家、32个国际组织签订了200多份合作文件,详见:关于共建"一带一路"进展情况[EB/OL].(2022-08-16)[2022-08-28]. https://www.yidaiyilu.gov.cn/xwzx/gnxw/269051.htm.
④ 《国际经济法学》编写组.国际经济法学[M].2版.北京:高等教育出版社,2019.

政理论内涵的第一编与其他各编的割裂,回顾笔者过去数年讲授经验,国际经济法课程思政元素可做如下总结:

其一,知识性、人文性因素在国际经济法课程中的体现。《高等学校课程思政建设指导纲要》提出要根据不同学科专业的特色和优势,深入研究不同专业的育人目标,从课程所涉专业、行业、国家、国际、文化、历史等角度,增加课程的知识性、人文性。从知识性和人文性角度看,国际经济法课程中与国际货物买卖相关内容涉及销售合同缔结、货物运输与保险以及国际支付等问题。以货物合同缔结为例,目前国际社会上已经形成了以《联合国国际货物销售合同公约》(以下简称《公约》)和《国际贸易术语解释通则》(以下简称 Incoterms)为代表的国际条约和惯例,基本涵盖国际货物销售合同缔结的主要方面。其中《公约》全面结合了英美法系和大陆法系,从知识性角度看,有助于学生融会贯通,通过比较的方式深入学习和理解。在跨国货物贸易中适用《公约》情形较多,在"一带一路"建设过程中,同样涉及对《公约》的适用和理解。在课程教学中,通过引入相关案例,使学生深入了解《公约》的内容和可能产生的争议,这是知识学习的要求,而联系实践则是强化人文性的需要。

事实上,无论是《公约》还是 Incoterms 都是国际贸易实践中逐渐积累并经世界各国认同而形成的经验总结。其发展历程反映国际社会的沧桑变化,这本身便是人文性的体现。以 Incoterms 为例,其早期的仅适用于海运和内河运输的几组术语明显反映了海事运输在国际货物贸易进程中的重要意义,尤其是大宗货物很多只能依赖海事运输。如 FAS 术语起初便用于北欧与北美的木材贸易,尤其是将原木编成木筏,从产地沿河运至装运港,再将这些木筏横靠船边,以便于装船①。世事变迁,科学不断发展、技术飞速进步,但 FAS 这一船边交货术语仍旧被保留和沿用,这不仅是一种习惯性的传承,也是人类贸易中智慧的总结。同样是 Incoterms,在买卖双方义务中关于单据交付的内容开始逐渐承认电子资料和数据的法律效力,冠以"国际"二字的术语也逐渐可以完全适用于国内贸易,而涉及买卖双方负责运输的相关术语如 FCA、DAP、DPU 和 DDP 也认定买卖双方可以使用自有运输工具,而不再推定使用第三方承运人进行运输②。这种种变化都反映了国际贸易自身的变化,包括我们可以察觉的电子化、无纸化和网络化;区域一

---

① 陈岩.最新国际贸易术语适用与案例解析[M].北京:法律出版社,2012:97.
② 中国国际商会,国际商会中国国家委员会.国际贸易术语解释通则 2020[M].北京:对外经济贸易大学出版社,2020:18-19.

体化和贸易自由化以及贸易主体业务的多元化、综合化等。而 Incoterms 不断修改、完善,其宗旨便在于为交易双方提供最佳选择,从而推动国际贸易更好地发展。从这一角度看,法律的继承和发展本质上就是人类生活的继承和发展,在国际贸易这个看似离生活非常遥远的领域,遵循着同样的规律。也可以说,法律秩序便是人文的组成部分,这或许也是社会主义核心价值观追求法治的内在原因之一。

其二,引领性、时代性和开放性因素在国际经济法课程中的体现。《高等学校课程思政建设指导纲要》同样要求提升课程的引领性、时代性和开放性。国际经济法是一个发展中的新兴学科,其诸多制度体系并不健全,需要进一步完善。从引领性和时代性角度看,国际经济法的诸多不完善部门需要我国积极参与、引领提出可行方案。例如,国际技术贸易与国际知识产权保护问题。由于技术本身的特殊性,国际技术贸易一直未能形成具有普遍适用意义的国际规则,国际社会对此虽有所尝试,但由于发达国家和发展中国家的利益分歧过大,导致相关提议不了了之[①]。在中美贸易摩擦背景下,美国以保护国家安全为由相继将部分中国企业、高校等列入实体清单[②],便是通过管制方式对技术的出口进行限制。国家安全作为阻断自由贸易的理由存在天然的合法性,对此,世界各国并无太多异议。但是,存在的问题是,这种以打压特定对象为目的的单边措施本质上是对国际贸易秩序的破坏。令人惋惜的是,现行国际法秩序很难对此种行为做出有效反制,只能依赖国内措施。对于我国而言,除依法采取反制措施之外,更为重要的是努力加强研发,突破卡脖子技术,以免受制于人。在此问题上,我国航天领域便是一个典范。早在 2011 年,美国国会便通过了沃尔夫条款,限制美、中在航天领域的合作。该条款规定不得利用联邦资金以任何方式与中国在太空项目上进行合作或协调,以及禁止 NASA 接待来自中国的任何官方访客[③]。然而,中国航天人秉承独立自主、艰苦奋斗的精神,积极进取、锐意创新,取得了举世瞩目的成就。其

---

① 例如,从 20 世纪 70 年代初开始,在发展中国家的强烈呼吁下,联合国贸发会开始进行技术转让方面的立法,并于 1978 年拟定了联合国《国际技术转让行为守则(草案)》交参加会议的成员讨论。由于发展中国家和发达国家在一些重要问题上分歧严重,草案至今未获正式通过。关于《国际技术转让行为守则(草案)》的详细介绍和分析,参见:冯大同.关于国际技术转让行动守则草案的几个问题[J].国际贸易问题,1979(2):23-30+5.

② 陈思佳.美商务部将 77 个实体列入"实体清单":中芯国际在列[EB/OL].(2020-12-19)[2022-08-28]. https://www.guancha.cn/internation/2020_12_19_575114.shtml?s=zwyxgtjbt.

③ Foust J. Defanging the wolf amendment[EB/OL]. (2019-06-03)[2022-08-28]. https://www.thespacereview.com/article/3725/1.

中嫦娥-4号月球探测器实现了人类社会首次在月球背面的软着陆①,在世界各国引起巨大反响,有学者将嫦娥-4号给西方社会带来的冲击比作 Sputnik-Ⅰ号的成功发射②。时过境迁,在沃尔夫条款提出十余年之后,2022年4月27日,美国国家航天局局长比尔·纳尔逊又指责中国缺乏航天合作意愿,明显颠覆了沃尔夫条款规定的合作态度③。这实则是中国取得的技术成就为国际交流和合作提供的强有力的支持。在这样的强大支持下,中国便获得了更多的引领制定更为公平合理的国际规则的可能性。我国于2008年联合俄罗斯提出的《PPWT草案》(后经2014年修改)④以及未来将在月球探索与开发规则制定中起到的重要作用都是典型事例⑤。在国际经济交往中,法律规则努力提供平等、公平和开放的贸易环境,然而,在很多情形下,单边措施的提出会极大程度地减损法律规则的效力,对于技术发展处于劣势的一方而言极为不利。因此,我国应一方面积极推动相关科技的发展,另一方面努力塑造公平、开放的国际规则。

其三,中国特色学科体系、学术体系、话语体系在"国际经济法"课程中的体现。"国际经济法"的主要内容体系以欧、美为主,其中相关习惯、规则更多地体现出欧洲诸国过去百年间海事贸易的经验。新中国成立之后,尤其是改革开放之后,我国开始在国际贸易各个领域发挥重要作用。以和平共处五项原则为指导的国际经济新秩序便是中国贡献给世界的先进理念。近年来,中美贸易摩擦对中国的国际贸易提出了挑战,对此,我国从理念和实践层面做出了有力应对。在理念

---

① 参见:"探月梦"托举"中国梦":人类首次月球背面探测全纪实[EB/OL].(2019-01-11)[2022-08-28]. http://www.gov.cn/xinwen/2019-01/11/content_5357129.htm.

② Copp T. If China and the US claim the same moon-base site, who wins? [EB/OL]. (2022-08-08)[2022-08-28]. https://www.defenseone.com/technology/2021/08/if-china-and-us-claim-same-moon-base-site-who-wins/184352.

③ 相关介绍可以参见:鞠峰.10年前出台沃尔夫条款,NASA现在又怨中国不合作[EB/OL].(2022-04-27)[2022-08-28]. https://www.guancha.cn/internation/www.guancha.cn/internation/2022_04_27_637161.shtml?s=zwyxgtjbt.

④ 关于《PPWT草案》的具体内容及其对推动外空军控国际规则制定的重要意义,可以参见:聂明岩."总体国家安全观"指导下外空安全国际法治研究[M].北京:法律出版社,2018:96-116.

⑤ 2020年,中国与俄罗斯宣布联合建立国际月球科研站项目,并欢迎所有感兴趣的国家加入。2021年6月,中、俄发布《国际月球科研站合作指南》,确定了国际月球科研站建设的目标和相关法律原则。可以预见,随着国际月球科研站项目的进展,中国会在月球国际规则的制定中起到重要作用。相关介绍和分析可以参见:中俄发布关于合作建设国际月球科研站的联合声明[EB/OL].(2021-04-24)[2022-08-28]. http://www.mod.gov.cn/topnews/2021-04/24/content_4883874.htm;中俄两国签署合作建设国际月球科研站谅解备忘录[EB/OL].(2021-03-09)[2022-08-28]. http://finance.people.com.cn/n1/2021/0309/c1004-32047188.html;国际月球科研站合作伙伴指南V1.0[EB/OL].(2021-06-16)[2022-08-28]. http://www.cnsa.gov.cn/n6758823/n6758838/c6812147/content.html.

层面,我国提出并践行在国际贸易交往与合作过程中的"共商、共建、共享"原则;在实践层面,我国通过双边、多边机制与世界各国进行广泛沟通,提出"一带一路"倡议,努力实现贸易各方的互利共赢。在"国际经济法"课程体例之中,这些理念和实践主要表现为多种规则和机制的建立,例如,国际经济与贸易争端解决规则和机制。无论是国际商事争端还是国际投资争端,抑或是 WTO 的争端解决机制,都与我国对外贸易以及"一带一路"倡议密切相关。"一带一路"倡议努力推动商品贸易,相关商事争端的有效解决自然是重中之重;同时,以亚洲基础设施投资银行为代表的"一带一路"建设机构专注于基础设施投资,因而,投资争端的解决同样不容小觑。另外,"一带一路"虽非政府间国际组织法律性质,但相关国际组织的成熟争端解决经验仍有借鉴意义。目前,替代性争端解决机制(ADR)、国际商事仲裁和国际民商事诉讼是解决跨国商事争端的主要模式;解决投资争端国际中心则主要关注国家与他国国民间投资争端的解决。在"一带一路"倡议下的诸多争端可以依托现有机制,但同时也有创新和完善的必要性。以解决国际商事争端的国际商事仲裁模式为例,目前世界范围内较为权威的仲裁机构包括例如:国际商会仲裁院(ICA)[1],伦敦国际仲裁院(LCIA)[2],斯德哥尔摩商会仲裁院(SCC)[3]以及美国仲裁协会国际争端解决中心(AAA-ICDR)[4]等。这些仲裁机构可以提供解决争端的多元化方式,包括调解、仲裁以及 ADR 等。这些机构广泛覆盖多种商业争端,例如,ICA 与 SCC 可以解决有关贸易和投资的所有相关争端。LCIA 则声明其可以解决所有类型的仲裁争议。AAA-ICDR 则更进一步,除了其主要事务委员会广泛覆盖商事、建筑、雇佣、国际和劳工争端外,新建立的特别事务委员会包含了航天、民航与国家安全、特大工程项目、网络安全、能源以及知识产权等诸多方面的新兴争端[5]。在"一带一路"倡议背景下,2018 年 6 月,中共中央办公厅、国务院办公厅印发了《关于建立"一带一路"国际商事争端解决机制和机构的意见》,提出了建立"一带一路"国际商事争端解决机制和机构应遵循的基

---

[1] ICC international court of arbitration[EB/OL]. [2022-08-28]. https://iccwbo.org/dispute-resolution-services/icc-international-court-arbitration/.

[2] LCIA introduction[EB/OL]. [2022-08-28]. https://www.lcia.org/LCIA/introduction.aspx.

[3] About the SCC[EB/OL]. [2022-08-28]. https://sccinstitute.com/about-the-scc/.

[4] About ICDR-AAA: the expertise to address a world of disputes[EB/OL]. [2022-08-28]. https://www.icdr.org/about_icdr.

[5] AAA primary panels and specialty panels[EB/OL]. [2022-08-28]. https://adr.org/aaa-panel.

本原则等①。此后不久,最高人民法院建立了国际商事法庭作为专门处理国际商事纠纷的常设审判机构,其目标包括推动诉讼、调解、仲裁有机衔接,形成便利、快捷、低成本的"一站式"争端解决平台②。国际商事法庭是践行"共商、共建、共享"理念的典范,也是中国在国际争端解决问题上形成话语体系的重要实践。理念和实践的话语体系的形成,自然少不了理论体系的支撑,同时也为学科体系的形成奠定了基础。

三、国际经济法课程思政方法

国际经济法课程几个明显的特征不容忽略:其一,其课程性质具有多元化特质,同时涵盖国际法与国内法、实体法与程序法内容,具体领域则包括有形货物的贸易和无形服务和技术贸易,还包括投资等内容。其二,其兼含理论性和实务性特质。理论性源于本门学科本身在以往百余年间的贸易实践中的积累以及对于世界不同法系相关方面的整合;实务性则源于本门学科主要处理的是跨国商事活动的具体问题,在国与国的关系框架之下更为关注私人实体的贸易关系。其三,兼含历史性与现实性特征。历史性同样源于学科本身的发展底蕴,诸多源于百余年前的规则和机制仍在当今社会发挥作用;现实性则主要体现在本门学科受到现实发展因素的影响巨大,例如WTO,其在近10年的时间发生了翻天覆地的变化,其经济联合国的光环愈加暗淡。同样的事例还包括欧盟,原来区域合作的典范在短短数年之间也遇到了各种问题。而这些问题有的是历史经验可以提供镜鉴的,更多的则是这个百年未有的大变局之下的新生事物。其四,其兼具国内性和国际性特征。如上所述,无论是从法律关系主体还是从法律渊源的角度看,国际经济法都包含国内和国际双重特征。而在经济全球化高歌猛进的过去数年间,越来越多的国家发展命运和整个地球村绑定在了一起,即便今天逆全球化大行其道,但构建人类命运共同体已是大势所趋,不可逆转。

在国际经济法教学过程中,应首先意识到学科本身的主要特征,并以之为起点和抓手,结合课程思政理念和元素展开教学。结合笔者教学经验,将国际经济法课程思政方法总结如下:

---

① 中共中央办公厅、国务院办公厅印发《关于建立"一带一路"国际商事争端解决机制和机构的意见》[EB/OL].(2018-06-27)[2022-08-28]. http://www.gov.cn/zhengce/2018-06/27/content_5301657.htm.

② 国际商事法庭简介[EB/OL].(2021-06-28)[2022-08-28]. https://cicc.court.gov.cn/html/1/218/19/141/index.html.

其一，国际经济法课程思政理念与国际经济法学科特征整体契合，因此，在教学过程中将二者有效融合，贯穿课程始终。如上所述，国际经济法自身具有多元性，诸多内容之间本身在知识结构上的衔接便不甚明显，而课程思政理念刚好可以作为不同内容的衔接点，可以在不同章节和知识内容之间起到承上启下的作用。

其二，依循国际经济法自身学科特征，在授课方式上，综合采取历史、比较等方法，培养学生学习兴趣，启发学生对于相关问题的多层次、多角度的思考。此外，通过引入现实案例，尤其是与中国相关的案例，例如"一带一路"相关案例，"一带一路"沿线国家案例，中国相关的WTO案例等，培养学生理论联系实际能力的同时，增加学生对知识认知的现实感，培养学生的责任感。

其三，综合运用讲授和讨论等多种方式。法学包括国际经济法学科一方面依赖学习者对于诸多法律、规则的熟知，另一方面也对学习者的逻辑思维能力、表达能力和应对能力有极高要求。在本科学习阶段，规则识记和理解一般是授课和学习的重点之一，除此之外，学生通过对案例的解析可以有效锻炼逻辑能力。但一般而言，课堂上锻炼表达和应对能力的机会不多，各大院校开展的模拟法庭课程便有意对此进行专门锻炼。国际经济法课程为主的模拟法庭活动并不多见，因此，在课程讲授的实践学时中，通过开展对专门问题、案例（例如："一带一路"相关的跨国贸易争端解决、WTO中国案件解决等）的讨论和辩论，可以在一定程度上起到与模拟法庭相同的作用。此外，由于国际经济和贸易相关诸多判决都为英文表述，学生通过讨论，也能够在一定程度上提高法律英语表述能力，一方面符合专业学习要求，另一方面也可以开阔学生思路，达到课程思政要求的从课程所涉专业、行业、国家、国际等角度，提升课程的开放性目的。

四、存在的不足及完善思路

课程思政任重道远，国际经济法学科博大精深，受限于笔者能力和经验，在国际经济法课程思政中仍存在诸多不足，需要进一步完善和加强：

首先，课程思政理论与课程思政元素结合仍然不足。在国际经济法课程教学中，笔者虽努力将课程思政理论与本学科特征相结合，并试图使相对松散的课程体系统一起来，但总体而言，结合仍显不足。例如，目前课程思政元素注重知识性、人文性、引领性、时代性和开放性以及学科、学术话语体系元素等几个层面，其他元素如将课程与中华文化传统的融合尚显不足。

其次，课程思政方法仍偏向于传统教学方式，不够多元化。虽然相对综合地运用了讲授、讨论与课堂辩论等教学方式,但更为新兴的教学方式如翻转课堂、雨课堂等线上、线下结合教学模式等在课程中的运用仍有进步空间。

最后,实践部分以案例解析讨论为主,实习、实训活动开展仍显不足。在以往的国际经济法教学中,虽然相对充分地利用了讲授、讨论以及辩论等模式,但从实践的角度看,仍然局限于纸面上案例的解析与讨论,对于《高等学校课程思政建设指导纲要》中所提倡的"中国政法实务大讲堂"以及其他实习、实训模式的运用仍有不足之处。

针对上述存在的问题,在未来国际经济法教学中,计划从如下几个方面进行完善,以实现课程思政目标,提升课程思政效果:其一,注重国际经济法学科包含的所有内容的课程思政元素的挖掘和整理,形成整合国际经济法课程思政理论、元素、方法为一体的综合性模式,并在实践中不断完善和调整。其二,继续探索多元、综合的教学模式,除深入打磨现有讲授、案例分析、讨论和辩论相结合的模式之外,充分利用多种线上、线下教学工具,努力推动学生学习的自主意识,提高学习效率。其三,充分利用学校、学院的实习、实践平台,将国际经济法课程中已经相对成熟的课堂讨论、辩论的方式与实务讲堂和实习、实训相联系。通过组织学生对暑期实习、实践经验进行总结、梳理,邀请涉外法实务专家讲座的方式,将国际经济法实践落实。

五、结论

国际经济法是具备多元性与综合性特点的学科,国际经济法课程思政应紧密结合学科的国际法与国内法并存、理论性与实务性兼顾、历史性与发展性统一的特征。在加强知识性、人文性因素,提升引领性、时代性和开放性因素的同时,关注学科体系、学术体系、话语体系因素的体现。在此基础上,还应进一步提炼"国际经济法"所含内容的其他课程思政元素,与课程思政理论内涵,包括诸如家国情怀以及法治建设等形成有效协调,避免思政元素与课程知识的割裂。在课程思政方法上,除了全面运用和完善现有的较为成熟的方法之外,还应引入线上、线下结合,实践、实训等模式,提升课程思政教学效果。《高等学校课程思政建设指导纲要》指出,课程思政要寓价值观引导于知识传授和能力培养之中,帮助学生塑造正确的世界观、人生观、价值观。这是人才培养的应有之义和必备内容,同时,这也正是教育工作者的初心和使命。

参考文献

[1] 《国际经济法学》编写组.国际经济法学[M].2版.北京:高等教育出版社,2019.

[2] 背景资料:万隆会议及其精神[EB/OL].(2015-04-22)[2022-08-28].http://world.people.com.cn/n/2015/0422/c157278-26888480.html.

[3] 蔡武.纪念和平共处五项原则发表50周年:和平共处五项原则的历史意义和现实指导意义[J].当代世界,2004(6):4-6.

[4] 陈安.国际经济法[M].2版.北京:法律出版社,2007.

[5] 陈思佳.美商务部将77个实体列入"实体清单":中芯国际在列[EB/OL].(2020-12-19)[2022-08-28].https://www.guancha.cn/internation/2020_12_19_575114.shtml?s=zwyxgtjbt.

[6] 陈岩.最新国际贸易术语适用与案例解析[M].北京:法律出版社,2012.

[7] 东艳,李春顶.深刻认识美国"关税武器化"政策的根源与危害[EB/OL].(2019-06-27)[2022-08-28].http://www.qstheory.cn/llwx/2019-06/27/c_1124676499.htm.

[8] 冯大同.关于国际技术转让行动守则草案的几个问题[J].国际贸易问题,1979(2):23-30+5.

[9] 共和国的足迹——2001年:加入世界贸易组织[EB/OL].(2009-10-10)[2022-08-28].http://big5.www.gov.cn/gate/big5/www.gov.cn/test/2009-10/10/content_1435051.htm.

[10] 关于共建"一带一路"进展情况[EB/OL].(2022-08-16)[2022-08-28].https://www.yidaiyilu.gov.cn/xwzx/gnxw/269051.htm.

[11] 中国国际商会,国际商会中国国家委员会.国际贸易术语解释通则2020[M].北京:对外经济贸易大学出版社,2020.

[12] 国际商事法庭简介[EB/OL].(2021-06-28)[2022-08-28].https://cicc.court.gov.cn/html/1/218/19/141/index.html.

[13] 国际月球科研站合作伙伴指南V1.0[EB/OL].(2021-06-16)[2022-08-28].http://www.cnsa.gov.cn/n6758823/n6758838/c6812147/content.html.

[14] 国家发展改革委,外交部,商务部.推动共建丝绸之路经济带和21世纪海上丝绸之路的愿景与行动[EB/OL].(2016-05-14)[2022-08-28].http://www.scio.gov.cn/xwfbh/xwbfbh/wqfbh/33978/34499/xgbd34506/Document/1476358/1476358.htm.

[15] 教育部关于印发《高等学校课程思政建设指导纲要》的通知[EB/OL].(2020-05-28)[2022-08-28].http://www.gov.cn/zhengce/zhengceku/2020-06/06/content_5517606.htm.

[16] 鞠峰.10年前出台沃尔夫条款,NASA现在又怨中国不合作[EB/OL].(2022-04-27)
[2022-08-28]. https://www.guancha.cn/internation/www.guancha.cn/internation/
2022_04_27_637161.shtml.

[17] 聂明岩."总体国家安全观"指导下外空安全国际法治研究[M].北京:法律出版社,
2018.

[18] 人民日报评论员.坚持习近平法治思想:论学习贯彻习近平总书记在中央全面依法治国
工作会议上重要讲话[N].人民日报,2020-11-20(1).

[19] 任泽平,华炎雪,罗志恒,等.中美贸易摩擦:本质、影响、进展与展望[EB/OL].(2020-
12-28)[2022-08-28]. https://www.thepaper.cn/newsDetail_forward_10559971.

[20] TPP是什么[EB/OL].(2015-10-06)[2022-08-28] http://world.people.com.cn/
n/2015/1006/c157278-27665043.html.

[21] "探月梦"托举"中国梦":人类首次月球背面探测全纪实[EB/OL].(2019-01-11)
[2022-08-28]. http://www.gov.cn/xinwen/2019-01/11/content_5357129.htm.

[22] 王淑芹.进一步把社会主义核心价值观融入法治建设[EB/OL].(2019-04-10)[2022-
08-28]. http://www.wenming.cn/ll_pd/shzyhxjzg/201904/t20190410_5071575.shtml.

[23] 王维成.国际经济法是国际法的一个分支[J].现代法学,1984,6(4):23-26.

[24] 杨国华.WTO中国案例评析[M].北京:知识产权出版社,2015.

[25] 张宇.CPTPP的成效、前景与中国的对策[J].国际贸易,2020(5):52-60.

[26] 中俄发布关于合作建设国际月球科研站的联合声明[EB/OL].(2021-04-24)[2022-
08-28]. http://www.mod.gov.cn/topnews/2021-04/24/content_4883874.htm.

[27] 中俄两国签署合作建设国际月球科研站谅解备忘录[EB/OL].(2021-03-09)[2022-
08-28]. http://finance.people.com.cn/n1/2021/0309/c1004-32047188.html.

[28] 中共中央办公厅、国务院办公厅印发《关于建立"一带一路"国际商事争端解决机制和机
构的意见》[EB/OL].(2018-06-27)[2022-08-28]. http://www.gov.cn/zhengce/
2018-06/27/content_5301657.htm.

[29] AAA primary panels and specialty panels[EB/OL].[2022-08-28]. https://adr.org/
aaa-panel.

[30] About theSCC[EB/OL].[2022-08-28]. https://sccinstitute.com/about-the-scc/.

[31] About ICDR-AAA: the expertise to address a world of disputes[EB/OL].[2022-08-
28]. https://www.icdr.org/about_icdr.

[32] Copp T. If China and the US claim the same moon-base site, who wins? [EB/OL].
(2022-08-08)[2022-08-28]. https://www.defenseone.com/technology/2021/08/
if-china-and-us-claim-same-moon-base-site-who-wins/184352.

[33] Foust J. Defanging the wolf amendment[EB/OL]. (2019-06-03)[2022-08-28]. https://www.thespacereview.com/article/3725/1.

[34] ICC international court ofarbitration[EB/OL]. [2022-08-28]. https://iccwbo.org/dispute-resolution-services/icc-international-court-arbitration/.

[35] LCIA introduction[EB/OL]. [2022-08-28]. https://www.lcia.org/LCIA/introduction.aspx.

后 记

《法学课程群课程思政研究》虽然是一本论文集,但这不仅是诸篇纸面上的文章,也是这几年来南京航空航天大学法律专业教师课程思政的教学实践的写照。近三年来,新冠疫情对高等学校的教学工作有很大的影响,但是法学课程思政教学的探索没有停止,《法学课程群课程思政研究》今天得以成书,是各位教学第一线的法学教师共同实践和探索的成果。在此,作为主编对各位作者表示由衷的感谢。

本书涉及的研究项目得到了南京航空航天大学教务处、研究生院、高教所等单位的资助,也得到人文学院的大力支持,一并表示诚挚的谢意。此外,还要感谢东南大学出版社的全力支持,特别是本书的编辑团队,从选题构想伊始,我们就一直与责任编辑孙松茜老师进行研讨,她对本书出版付出了大量的心血与汗水。从书稿内容到结构,从字词到规范,本书的编辑团队都给予了专业的指导和帮助,编辑老师们的专业精神让人感动。在此深表谢意!

法学课程课程思政的教学与研究一直在路上,相信我们大家会以本书的出版为契机,继续努力在自己的法学课程教学的过程中不断进步。

郭莉　张鸣胜